HONORARE VERTRÄGE URHEBERRECHT
EIN ICOM-RATGEBER

**FÜR DIE BEREICHE
COMIC, CARTOON UND ANIMATION
VON FRANK PFEIFER (HERAUSGEBER),
CHRISTOF RUOSS UND MARTIN BODEN, LL.M.
UNTER MITARBEIT VON ANDRÉ STÄMMLER
MIT ILLUSTRATIONEN VON HARTMUT KLOTZBÜCHER**

W0197002

4. NEU ÜBERARBEITETE UND ERWEITERTE AUFLAGE
INTERESSENVERBAND COMIC E.V. **ICOM** 2019

HONORARE
VERTRÄGE
URHEBERRECHT

ICOM-Ratgeber
von Frank Pfeifer (Herausgeber),
Christof Ruoss und Martin Boden, LL.M
Redaktion und Layout: Burkhard Ihme
Illustrationen: Hartmut Klotzbücher
Umschlaggestaltung: Andreas Mergenthaler
und Burkhard Ihme unter Verwendung der
Illustrationen von Hartmut Klotzbücher
ISBN 978-3-88834-925-6 (Softcover)

Der **ICOM-Ratgeber** ist ein Projekt des
Interessenverbandes Comic e.V. **ICOM**
Danneckerstraße 12
70182 Stuttgart
Tel (0711) 24 45 78
E-Mail: icomic@aol.com
Internet: www.comic-i.com

Blog und Linkliste zum **ICOM-Ratgeber**:
www.comicratgeber.de

Vertrieb:
Comic Combo Vertrieb
Regentenstraße 29
42389 Wuppertal
Tel (0202) 75 88 31 71
E-Mail: vertrieb@comiccombo.de
Internet: www.comiccombovertrieb.de

Druck:
Steinmeier GmbH & Co. KG
Gewerbepark 6
86738 Deiningen
Tel (09081) 29 64–0
E-Mail: info@steinmeier.net

INTRO

INHALT

EDITORIAL

Geschafft! Der neue **ICOM**-Ratgeber **Honorare Verträge Urheberrecht** ist da. Wir haben den Inhalt erweitert und gehen ausführlich auf Themen wie Geschäftsmodelle, Self marketing, Urheberrecht, Verwertungsgesellschaften, Steuern, Versicherungen usw. ein. Wir stellen aktuelle Vertragsmuster bereit und ergänzen dazu die Muster-AGB (Allgemeine Geschäftsbedingungen). Und die Honorarfrage behandeln wir im neuen **ICOM**-Ratgeber noch gründlicher als in den vorherigen Ausgaben.

Als in Deutschland lebender Herausgeber habe ich im **ICOM**-Ratgeber vorwiegend die deutsche Realität abgebildet, bin mir aber der zahlreichen Interessierten und Enthusiasten im gesamten deutschsprachigen Raum bewusst, die mehr über die geschäftliche Seite von Comic und Cartoon erfahren wollen. Soweit es mir möglich war, habe ich versucht, auf die Verhältnisse in Österreich, in der Schweiz sowie im europäischen Raum einzugehen. Kernstück meiner Recherche war eine Umfrage unter **ICOM**-Mitgliedern, die teilweise über Deutschland hinaus Aufschluss über Üblichkeiten bei Honoraren gegeben hat. Obwohl Animations- und Gamesmarkt bisher keine Domäne des **ICOM**-Ratgebers waren, konnte ich zu diesem Bereich einiges zusammentragen.

Die Autoren des Ratgebers sind **Christof Ruoss**, der Verfasser des alten **ICOM**-Ratgebers, dessen Texte nach wie vor Gültigkeit besitzen und aktualisiert sowie erweitert in den neuen eingeflossen sind, **Martin Boden**, LL.M., Fachanwalt für Urheber- und Medienrecht aus Düsseldorf und Autor unserer Rechtsmusterdokumente, sowie ich selbst, **Frank Pfeifer**, Kommunikationsdesigner und Illustrator aus Frankfurt am Main.

Ebenfalls an diesem Ratgeber hat Rechtsanwalt **André Stämmler** aus Jena mitgewirkt. Der Fachanwalt für Medien- und Urheberrecht hat die juristischen Themen in diesem Ratgeber korrekturgelesen und überarbeitet.

Frauen arbeiten ebenso genauso hart und talentiert an ihren Schöpfungen wie Männer. Im Zuge einer geschlechtergerechten Sprache verwenden wir bei Berufsbezeichnungen deshalb beide Formen.

Martin Jurgeit hat nach der Veröffentlichung der Vorabexemplare des **ICOM**-Ratgebers im Juni 2019 einige in meinen Augen berechtigte Kritikpunkte vorgebracht und Verbesserungen vorgeschlagen. Vor allem ging es ihm um die Szenaristinnen und Szenaristen, deren Bedeutung für den deutschsprachigen Comic in diesem Band zu wenig berücksichtigt würde. Ich muss ihm Recht geben, kann das in dieser Ausgabe jedoch aus zeitlichen Gründen nicht mehr umsetzen. Für die nächste Ausgabe des **COM**-Ratgebers merke ich das Thema allerdings schon vor.

Frank Pfeifer im September 2019

Im Namen der Autoren:
Christof Ruoss
Martin Boden, LL.M.
André Stämmler

VORWORT

Der **ICOM**-Ratgeber **Honorare Verträge Urheberrecht** folgt gegenüber den vorigen Ausgaben einer anderen Gliederung und wurde um etliche Bereiche erweitert. Werfen wir einen kurzen Blick auf das neue Konzept.

Ein Ratgeber lässt sich auf verschiedene Weise nutzen. Dabei gibt es die Möglichkeit, ihn wie einen Roman einfach durchzulesen, was sicher am meisten Aufschluss über das Themenfeld bietet. Für diese Lesart haben wir den **ICOM**-Ratgeber aufgebaut, indem wir immer weitere, sich logisch ergebende Themenkreise an die vorigen anschließen und fangen zunächst ganz von vorne an: Wie wird man eigentlich eine *Comiczeichnerin*, ein *Comiczeichner*? Wir verwenden hier im Übrigen oft den inzwischen gut eingebürgerten Begriff „Comicschaffende". Damit haben wir nicht nur beide Geschlechter, sondern gleich noch die schreibenden und künstlerischen Kreativen an einem Comicwerk gemeinsam berücksichtigt.

Eine weitere Lesart für einen Ratgeber ist, ihn als Nachschlagewerk zu benutzen und nur einzelne Abschnitte zu lesen. Das erfordert im Text eine klare inhaltliche Struktur und sich möglicherweise wiederholende Informationen, da wir nicht davon ausgehen können, dass Sachverhalte, die einige Abschnitte vorher behandelt wurden, in einem späteren Abschnitt als Wissen vorausgesetzt werden können. Wir bitten um Verzeihung für das eine oder andere unvermeidbare Déjà-vu und versuchen, die Inhalte durch Vor- und Rückverweise im Text besser zugänglich zu machen, ohne sie umständlich zu wiederholen.

Wir beginnen den **ICOM**-Ratgeber mit einer allgemeinen Betrachtung zum Beruf als Kreative im Comic- und Cartoon-Geschäft. In **Teil 1: Geschäftsmodelle** werden grundlegende Themen wie Berufswunsch und Ausbildung, Geschäftsarten und Kreativbranche sowie Wege zu einer freien künstlerischen Existenz als Zeichnerin oder Zeichner und Comicautorin oder -autor erläutert. Im weiteren behandelt der Teil Fragen zum Werkbegriff, zum Selfmarketing und zur Akquise, zu Zielgruppen und Agenten, sowie zur Entwicklung des Marktgeschehens. Mitten im Berufsleben stehende Profis dürften das hinreichend kennen. Der erfahrenen Leserschaft wird somit in diesem Teil möglicherweise wenig Neues geboten, doch Neulinge und Berufsinteressierte werden durchaus fündig. Wer bereits sein Kreativ-Business gegründet und zum Laufen gebracht hat, der kann diesen Teil getrost überblättern. Aber vielleicht entdecken sogar Profis noch den einen oder anderen wertvollen Hinweis ...

In **Teil 2: Rechtslage und Verträge** wird es ernst. Wenn ihr professionell und mit Gewinnerzielungsabsicht arbeitet, müsst ihr wissen, welche Rechte es gibt, die das eigene Geschäft schützen. Die Materie ist naturgemäß etwas trocken, dennoch ungemein wichtig für die eigene Existenz, so weit ihr sie freiberuflich als Selbstständige bestreitet. An erster Stelle steht das Urheberrecht, das ihr in den euch betreffenden Bereichen kennen solltet.

Dazu gehören Urheberpersönlichkeitsrecht und Verwertungsrecht, die beide zum Grundwissen zählen. Daneben stellen sich noch weitere Fragen der Auswertung der eigenen Arbeit: Was sind Verwerter? Was bringen euch Verwertungsgesellschaften? Außerdem behandeln wir den Geschäftsverkehr mit seinen vielen Üblichkeiten und rechtlich relevanten Herausforderungen – Angebotsschreiben, Abrechnung, Mahnverfahren bis zum Rechtsstreit – und geben ein paar allgemeine Tipps für den Umgang mit Interessenten und Geschäftspartnern. Zum Schluss stellen wir euch Mustervorlagen für euer berufliches Wirken zur Verfügung. **ICOM**-Mitglieder können sie sich im Mitgliederbereich der **ICOM**-Website als offene Dateien zum einfachen Anpassen herunterladen.

Geschäftsleute und Unternehmen, die in ihren Verträgen ein rechtliches Verhältnis mit euch eingehen, sind die eine Seite der beruflichen Realität. Die andere füllt ein allumsorgendes Staatswesen aus, das euch jede Menge Pflichten auferlegt. In **Teil 3: Steuern und Versicherungen** kümmern wir uns um diesen Aspekt der künstlerischen Selbstständigkeit. Dazu erörtern wir beispielsweise, was das Finanzamt von euch will, ab wann ihr Gewerbetreibende seid, was die Umsatzsteuer ist usw. Dann beantworten wir Fragen zum Thema Versicherungen, die in ihrer Gesamtheit (Kranken-, Renten-/Lebens-, Pflege-, Arbeitslosigkeits-, Rechtsschutz-, Haftpflicht-, Berufsunfähigkeitsversicherung) das persönliche Budget stark belasten können. Der Gesetzgeber ist uns Freischaffenden in künstlerischen und publizistischen Berufen mit der Künstlersozialversicherung zwar entgegengekommen, zwingt uns aber gleichzeitig, etwas für unsere Vorsorge zu tun. Wir geben euch Auskunft darüber, was euch die Künstlersozialversicherung bietet, und welche weiteren, für euch möglicherweise interessanten Versicherungen es zudem gibt.

Könnt ihr eure Bedenken angesichts der Risiken einer künstlerischen Laufbahn zerstreuen, wird es Zeit für Einschätzungen und Berechnungen zur Rentabilität einer selbstständigen Existenz als Freiberufler/-in (in der Kreativwirtschaft redet man gerne von „Freelancern"). Dazu findet ihr in **Teil 4: Betriebskosten** Hilfe zur Berechnung des eigenen Einkommens.

Im letzten großen Abschnitt des **ICOM**-Ratgebers, in **Teil 5: Honorar**, geben wir Empfehlungen zur Honorarberechnung. Diese wurden nach den Erfahrungen vieler freiberuflicher Kreativer sowie nach einfachen Regeln berechnet. Die angegebenen Beträge stellen aus unserer Sicht in jedem Fall Untergrenzen dar. Nach oben hin stehen die Räume für Honorare immer offen.

Ein **Beratungsangebot** mit den Adressen der Autoren und Anwälte kommt am Schluss nach der Danksagung. Hier könnt ihr euch Beratung und Unterstützung bei möglichen sich anbahnenden Rechtsstreitigkeiten holen.

Die Themen Selfpublishing und Webcomics werden aus Platzgründen nicht in diesem Ratgeber behandelt. Stattdessen ist eine eigene Publikation des **ICOM** dazu geplant. Dazu wünscht sich der Herausgeber eine Zusammenarbeit mit der *Comic Solidarity*, die sich der Förderung dieser Ausrichtung des Comic Machens verschrieben hat.

Wir bitten um Verständnis dafür, dass die Angaben in diesem Ratgeber über einen relativ großen Zeitraum recherchiert wurden und deshalb manchmal etwas weiter zurückliegende Zahlen enthalten. Maßgebliches Datum für den Informationsstand ist der Redaktionsschluss im September 2019. Aktuelles zu Themen des **ICOM**-Ratgebers wird in unregelmäßigen Abständen auf dem Blog des Herausgebers auf **www.comicratgeber.de** publiziert.

DU ZEICHNEST.
WIR SCHÜTZEN.

DEINE COPYRIGHT LEAGUE

TEIL 1
GESCHÄFTSMODELLE

1 GESCHÄFTSMODELLE

Teil 1 des **ICOM**-Ratgebers, **Geschäftsmodelle**, informiert über die Möglichkeiten, eine eigene berufliche Existenz im Cartoon-, Comic- oder Trickfilmgeschäft aufzubauen. Es richtet sich in erster Linie an Beginnende und Interessierte, die sich für das Thema Comic, Cartoon, Graphic Novel und Animation begeistern und dahingehende Berufswünsche hegen, aber noch nicht wissen, auf welche Profession sie sich hier möglicherweise einlassen werden.

Die Fragen, die sich Existenzstarter in ihrer Berufsfindungsphase als allererstes stellen, sollten sich u.a. um die eigene Qualifikation drehen: Was macht sie zu Künstlerinnen und Künstlern, zu Autorinnen und Autoren? Wie sieht der Markt aus? Was können sie für ihre Arbeit verlangen? Wir werden mit diesem Ratgeber ein paar Antworten liefern, doch an einer gründlichen Selbstprüfung kommt niemand vorbei. Dazu gleich der erste Abschnitt.

BERUFSWUNSCH: COMICS ZEICHNEN

Ein erfolgreiches Comic-, Cartoon- oder Animationsfilmbusiness startet nicht sofort mit dem ersten Werkvertrag oder der ersten selbstgeschriebenen Rechnung. Am Anfang müsst ihr euch zuerst einmal eine grundlegende Frage stellen: Werdet ihr von euren Ideen und Werken leben können?

Wenn ihr euren Berufswunsch im Comicbusiness ausgemacht habt, geht zu Fachleuten der Branche und lasst euch beraten. Comicschaffende sind meistens weltoffen, ansprechbar und freuen sich, wenn sie weiterhelfen können. Stellt Kontakt her zu erfahrenen Kreativen in den Bereichen Cartoon und Karikatur, zu den Leuten in Animationsfilmstudios, Verlagen, Künstlerrepräsentanzen, Werbegenturen, Medienunternehmen usw. und zeigt ihnen eure Arbeiten. Sie sind erfahren im Kreativgeschäft und haben eine Ahnung davon, was sich auf dem Markt tut, was dort geht und was nicht. Sie können euch sagen, wie sie euch einschätzen, Chancen aufzeigen und euch mit Tipps und Ratschlägen aus dem eigenen Berufsleben helfen.

Auch wir, die Verfasser dieses Ratgebers, möchten euch eine Empfehlung geben: Wir raten auf jeden Fall zur Vorsicht, denn wir kennen zumindest den Markt und wissen deshalb, dass es nicht nur hierzulande schwierig ist und nur wenigen gelingt, unabhängig vom eigentlichen Talent eine auskömmliche Existenz als Cartoon-/Comicschaffende oder Animatorinnen und Animatoren zu führen. Diese Erkenntnis hat uns veranlasst, diesen Ratgeber zu verfassen. Er soll einen realistischen Eindruck davon vermitteln, wie das Dasein in unserem kreativen Business aussieht und gestaltet werden kann.

AUSBILDUNG ODER STUDIUM

An unseren staatlichen Berufsschulen, Kunst-Akademien und Design-Hochschulen wird das Fach **Comiczeichnen** bis auf einige Einzelfälle nicht unterrichtet. So gibt es lediglich an der Hochschule der Bildenden Künste Saar im Studiengang Kommunikationsdesign einen Schwerpunkt *Comic/Graphic Novel* und an der

Hochschule Heidelberg im Studiengang Cross Media Design einen Schwerpunkt *Comic und Illustration*. Einige weitere Kurse im Comiczeichnen werden von Persönlichkeiten der Comicszene getragen, die selbst aktive Schaffende sind, z.B. Ulli Lust an der Hochschule Hannover, Mike Loos an der Hochschule Augsburg, Hendrik Dorgathen und Aisha Franz an der Kunsthochschule Kassel, Anke Ricci-Feuchtenberger an der Hochschule für Angewandte Wissenschaften Hamburg und Atak an der Kunsthochschule Burg Giebichenstein. Auch Studiengänge für **kreatives Schreiben** gibt es hierzulande für gewöhnlich nicht an Universitäten und öffentlichen Instituten, mit zwei Ausnahmen: die Studiengänge *Kreatives Schreiben und Kulturjournalismus* an der Universität Hildesheim und *Sprachkunst* am Deutschen Literaturinstitut Leipzig. In anderen Ländern sieht es damit besser aus, aber in Deutschland und Österreich gibt es fast keine akademischen Abschlüsse für Schriftstellerinnen und Schriftsteller. Deshalb müssen wir den Fokus erweitern. Lehrgänge im Comiczeichnen oder kreativen Schreiben bieten manche Volkshochschulen oder private Akademien und Seminare an, die für ihre Leistungen bezahlt werden wollen und deshalb Studien- und Kursgebühren verlangen. Ein solcher Unterricht macht Sinn, wenn man das Handwerkszeug zum Beruf erlernen will und keine öffentlichen Studiengänge findet, in denen derartige Kompetenzen vermittelt werden. Außerdem ergeben sich manchmal Kontakt- und Vernetzungsmöglichkeiten für die angestrebte Branche. Informiert euch vorher, ob euer Studiengeld gut investiert ist. Die Qualität privater Lehr- oder Studiengänge schwankt und sollte vorher von euch geprüft werden.

Für **Animatorinnen und Animatoren** gibt es einige Angebote, entsprechende Studiengänge in Trickfilmklassen an staatlichen Kunstakademien, an Film- und Fernsehhochschulen oder an Universitäten mit medienbezogenem Studium zu belegen. Dabei liefert dieses Studium nebenbei eine gute Ausbildung für Comicschaffende und Illustratoren, denn hier wird neben dem Modellieren und Animieren exzessiv konzipiert und gezeichnet. Nicht zu vergessen ist die Ausrichtung dieses Fachs auf das sequenzielle Erzählen, das einen wesentlichen Gesichtspunkt des Könnens von Comicautorinnen und -autoren ausmacht (hier im weiteren oft „Szenaristinnen" bzw. „Szenaristen" genannt). Bei allen kreativen Studiengängen ist eine Bewerbung mit Aufnahmeprüfung und Mappenvorlage vorgesehen. Diese Hürde muss erst einmal gemeistert werden. Studiengänge für Animationsfilm sind bei manchen Hochschulen mit dem Studiengang Film und bei anderen mit einem Kommunikationsdesign-Studium gekoppelt, das eine breite Ausbildung im Grafikdesign bereithält. Wie überall könnt ihr euch bei einem solchen recht allgemein gehaltenen Studienfach, das wenig konkrete Branchenausrichtung beinhaltet, natürlich jederzeit umentscheiden und am Ende in einem anderen kreativen Beruf landen, in den ihr ursprünglich vielleicht nicht hineinwolltet, der euch aber trotzdem gut liegen kann.

Angehende Szenaristinnen und Szenaristen (Writer, Texter) können sich beispielsweise ein Studium mit sprachlichem Schwerpunkt wie Publizistik oder Literaturwissenschaften suchen. Besser sind Studiengänge an den staatlichen Filmhochschulen, in denen explizit das Drehbuchschreiben und damit das filmische oder sequenzielle Erzählen im Mittelpunkt des Studiums steht. Im Film ist es ebenso wichtig wie im Comic, dass man eine Handlung dramaturgisch aufbaut oder Dialoge schreibt. Deshalb eignet sich ein Filmhochschulstudium gut für den Beruf als Comic-, Manga- oder Graphic Novel-Autorin bzw. -Autor. Nebenbei lernt ihr ein Handwerkszeug, das ihr ebenso für die Film- und Fernsehbranche verwenden könnt. Zu erwähnen ist, dass einige Filmhochschulen Studiengebühren verlangen, über die ihr bei eurer Bewerbung jedoch informiert werdet. Filmhochschulen nehmen nur wenige Bewerber pro Jahr auf. Im deutschsprachigen

Raum gibt es insgesamt ungefähr 220 Studienplätze[1] für Studienanfängerinnen und -anfänger aller Filmstudiengänge – dabei nicht nur Filmskript (Drehbuch), sondern auch Regie oder Kamera. Wesentlich mehr Studienplätze mit einem für angehende Schriftstellerinnen und Schriftsteller geeigneten Studium sind allerdings an den sprachwissenschaftlich ausgerichteten Universitäten verfügbar.

Wege zur Comickunst gibt es zudem für Nichtakademiker. Sie führen in der Regel über eine **Ausbildung** zu Mediengestaltern/-innen, die eine mehr technisch orientierte Form der Produktion grafischer, online- oder audiovisueller Medien betreiben. Die Ausbildung ähnelt einem Medienstudium „light", stellt aber vor allem fundierte Kenntnisse im Umgang mit den gängigen handwerklichen und digitalen Tools bereit. Wie in einem entsprechenden Studium ist hier die berufliche Ausgangsposition sehr allgemein und ermöglicht euch einen professionellen Zugang in die Kreativwirtschaft.

Für Szenaristinnen und Szenaristen, die sich nicht über ein Studium ausbilden wollen, wird es hingegen schwierig. Zur persönlichen Fortbildung sind Workshops in Literaturinstituten, Volkshochschulen oder Privatakademien zu erwähnen, deren Kurse allerdings wiederum kostenpflichtig sind. In manchen Städten existieren Schreibzirkel, die ihre Mitglieder bei ihrer Entwicklung unterstützen. Und bereits vor einiger Zeit haben sich etliche Fanfiction-Communitys im Internet gebildet, die ebenfalls eine Möglichkeit anbieten, das eigene schriftstellerische Können zu erproben.

Wer sich die Option offenhalten will, im Marketing eines (Comic-)Verlags eingestellt zu werden, sollte eine Ausbildung zur Medienkauffrau/zum Medienkaufmann Digital und Print absolvieren – etwa das, was man früher „Verlagskaufmann/-frau" genannt hat. Rund um die geschäftliche Abwicklung eines Comic-, Trickfilm- oder Buchprojekts generell schadet ein fundiertes Wissen über Produktionskosten, Lizenzrecht und Vermarktung natürlich ansonsten niemandem, die oder der eine selbstständige Existenz in der Medienbranche anstrebt oder sogar einen eigenen Verlag aufmachen will.

Wie die geschäftliche Seite einer freiberuflichen Existenz aus der Sicht der Kreativen abgewickelt wird, behandeln leider weder Ausbildung noch Studium. Zwar erfahren Medienkaufleute in der Ausbildung einiges über das Mediengeschäft an sich, aber da sind Kreative nur ein Kostenfaktor wie jeder andere. Die öffentlichen Ausbildungsstätten geben zumeist keine Auskünfte über das Geschäftsleben eines freiberuflichen Kreativen, denn sie bilden eher zum allgemeinen Normaltypus des Angestellten aus, welcher die berufliche Existenzform ist, die hierzulande als Standard gilt. Dabei werden Comicschaffende jedoch zumeist eher keine Anstellung finden, sondern sich als Freischaffende auf dem Markt betätigen. Selbstständige Kreative können sich über die geschäftlichen Seiten ihres Berufslebens im Anschluss an ein Studium beispielsweise mittels kostenpflichtiger Konsultationen von Unternehmensberatern, Steuerberatern o. ä. informieren. Hilfreich sind die Buchhaltungskurse der Volkshochschulen, die teilweise sogar qualifizierende Abschlüsse anbieten.

Zusammengefasst sind die offiziellen Ausbildungen und Studiengänge in grafischen oder literarischen Fächern (etwa als Mediengestalter und Kommunikationsdesigner, Medienkaufleute, Filmschaffende oder Publizisten) in der Lage, euch grundlegende Techniken beizubringen, die ihr für einen breit aufgestellten kreativen Beruf braucht. Ihr habt damit Aussichten, einen Existenz sichernden Berufsabschluss zu erzielen, und könnt euch danach weiter auf eure beruflichen Wunschziele hin mit weiterführenden Kursen wie

---

[1] *Unsere Berechnung stützt sich auf die Angaben der Filmhochschulen Deutschlands, Österreichs und der deutschsprachigen Schweiz, die im CILECT-Verband organisiert sind.*

denen, die von Privatschulen und -instituten angeboten werden, fortbilden. In welche Richtung ihr dann genau eure Fähigkeiten erweitert, ist dann euer eigenes Ding. Eine **dauerhafte Praxis** im Zeichnen, Schreiben oder Animieren ist auf jeden Fall unerlässlich, um die für eine erfolgreiche freie Existenz benötigte Professionalität und Routine zu entwickeln.

Die Wege zur zeichnenden Zunft sind vielfältig und verlaufen bei sehr vielen nicht unbedingt über ein Studium oder eine Berufsausbildung. Manchmal haben Begabte noch vor dem Schulabschluss eine Satire oder eine Space-Opera grafisch in die Tat umgesetzt und ins Netz gestellt. Oder sie füllen neben einem grauen beruflichen Alltag ihre Freizeit damit, bunte Bildergeschichten zu zeichnen und in einem Fanzine zu veröffentlichen. Viele Professionelle sind als Amateure ins Cartoon- und Comicgeschäft eingestiegen und verstehen sich immer noch als Geeks und Fans.

FÖRDERUNGEN UND PREISE

Sobald einmal eine Existenz im Comic-Business anvisiert und eine Ausbildung gesichert ist, warten schon die nächsten Herausforderungen: die zahlreichen Wettbewerbe um Auszeichnungen und Stipendien. Beruflichen Anfängern winken bei Erfolg Preise, die für die weitere Existenzgründung nicht nur wertvolle finanzielle Förderungen bereitstellen, sondern das nicht weniger wichtige Renommee für die Karriere liefern können. Auszeichnungen sind ebenso wie eine gründliche Ausbildung in einem Kreativberuf Türöffner in die Branche und können den Aufbau eines guten Rufs rasch ermöglichen. Daneben stellen Veröffentlichungen und Ausstellungen Eckdaten dar, die Auftraggebern und Geschäftspartnern Ernsthaftigkeit sowie Qualität vermitteln. Sind alle diese Punkte im Lebenslauf abgehakt, kann eure Karriere einen starken Schub erleben.

Für die Dotierung (= finanzielle Ausstattung) eines Preises werden häufig Stiftungen gegründet. Bestimmte Preise und Förderungen werden dabei an besondere Bedingungen gekoppelt. So sind einige z.B. extra für den Nachwuchs vorgesehen, um damit Existenzgründungen zu fördern. Aus diesem Grund steht in den Ausschreibungen, die für Jüngere (aber keine Kinder) vorgesehen sind, zumeist eine Altersbeschränkung (z.B. „bis max. 30 Jahre"). Neben solchen Bedingungen können außerdem weitere Einschränkungen zu beachten sein. Z.B. hat die Stadt Berlin ihre Comicstipendien für Künstlerinnen und Künstler ausgeschrieben, die in der deutschen Bundeshauptstadt wohnen und arbeiten. Andere wie beispielsweise das Goethe-Institut fördern Auslandsaufenthalte und wollen so einen Beitrag zur Völkerverständigung leisten.

Das höchste Preisgeld in Deutschland zahlt derzeit die *Berthold Leibinger-Stiftung* für ihren Comicbuchpreis. 2019 gab es 20.000 Euro für den Sieger sowie jeweils 2.000 Euro für alle Finalisten (neun an der Zahl) zu gewinnen, das sind 38.000 Euro insgesamt. Der Senat der Stadt Berlin wird 2019 zwei Siegern jeweils 16.000 und 15.000 Euro als Comicstipendium zur Verfügung stellen und vergibt noch zwei weitere Förderungen über je 2.000 Euro, alles zusammen 35.000 Euro. Auch die Deutschschweizer Städte Basel, Luzern, St. Gallen und Zürich schreiben jährlich zwei Stipendien aus, die jeweils mit 25.000 und 15.000 Franken dotiert sind und zusammengerechnet nach aktuellem Kurs (Mai 2019) ungefähr rund 35.000 Euro ausmachen.

Ein hohes Preisgeld zahlt das Karikaturmuseum Krems gemeinsam mit dem Land Niederösterreich und der Erich Sokol Privatstiftung Mödling an die Gewinner des *SOKOL – Preis für digitale Karikatur*: 11.000 Euro für den Hauptpreis, weitere 11.000 Euro für den Würdigungspreis für besondere Leistungen oder Lebenswerk sowie 4.000 Euro für den Förderpreis und nochmal zweimal 1.300 Euro für Artist-in-Residence-Stipendien (zuzüglich zu den Wohnkosten von jeweils ca. 2.000 Euro), zusammen ca. 31.000 Euro.

Der Jurypreis wird einmal jährlich ausgeschrieben und im niederösterreichischen Karikaturmuseum Krems bei einem Festakt verliehen. Mit den beiden höchstdotierten Preisen sind 2018 Sebastian Krüger und der US-Amerikaner Thomas Fluharty ausgezeichnet worden.

Die anderen Preise sind nicht weniger wichtig, auch wenn sie nicht so hoch dotiert sind. Sie wirken stattdessen gut für das Prestige. Der wichtigste deutschsprachige Comic-Preis (im Kleinen vergleichbar mit dem Fernsehpreis *Bambi* oder dem Filmpreis *Goldener Bär*) ist der *Max-und-Moritz-Preis*, der alle zwei Jahre von einer Jury auf dem Internationalen Comicsalon Erlangen in neun Kategorien (eine davon ist ein Publikumspreis) vergeben wird, davon sind die Preise „Beste/-r deutschsprachige/-r Comic-Künstler/-in" mit 5.000 Euro und „Beste studentische Comic-Publikation" mit 1.000 Euro dotiert. Der vom **ICOM** jährlich ausgeschriebene *ICOM Independent Comic Preis* richtet sich an kleine Verlage, Künstlerinnen und Künstler, die, wie der Name schon sagt, der Independent-Szene zuzurechnen sind. Dieser Preis wird in mehreren (derzeit sieben) Kategorien von einer Jury vergeben. Insgesamt werden vom **ICOM** 2.500 Euro Preisgeld an die Gewinner ausgeschüttet. Die Preisverleihung findet abwechselnd auf dem Comicsalon bzw. auf dem Münchner Comicfestival statt. Auf der German Comic Con in Dortmund wird seit 2016 der *Rudolph Dirks Award* verliehen. Neben 30 (!) Hauptkategorien wird der undotierte Preis noch in den Kategorien „Preis für das Lebenswerk" und „Beste journalistische/akademische Publikation" vergeben.

Neu ist der *GINCO Award*, der in diesem Jahr (2019) erstmals von der Comic Solidarity und dem Feministischen Comic Netzwerk verliehen wurde. Der Preis bezeichnet sich als „inklusiv" und nennt in der Independent-Szene vor allem marginalisierte Personen als Zielgruppe. Es werden Preise im Gesamtwert von 1.500 Euro in diversen Kategorien vergeben.

Neben diesen Preisen gibt es noch etliche weitere Förderungen. Hier ist insbesondere die Förderung der *Stiftung Kulturwerk* der Verwertungsgesellschaft Bild-Kunst hervorzuheben. In der Kategorie II (Fotografie, Illustration, Design) werden bei einer erfolgreichen Beantragung bis zu 8.000 Euro für ein konkretes Projekt zur Verfügung gestellt. Hier konnten auch schon Comicprojekte erfolgreich finanziert werden.

ANGEBOT ODER NACHFRAGE

Die berühmte Schreibtischschublade, in der bereits hergestellte Meisterwerke herumliegen, ist bei vielen Kreativen sicher nicht nur eine Legende. In diesem Behälter sollten sich Arbeiten befinden, die professionell genug sind, um vermarktet werden zu können. Wie auch immer das Werk entstanden ist, es ist da, aus eigenem Antrieb geschaffen und wartet auf seine Entdeckung. Für uns ist im Augenblick wichtig, dass es existiert und ihr es einem Medienbetrieb wie z.B. einem Verlag anbieten könnt. Hieraus leiten wir einen bestimmten Typ von Geschäft ab, den wir *Angebotswerk* nennen. Damit hat es eine spezielle Bewandtnis, zu der wir gleich kommen. Doch rufen wir uns zunächst den klassischen Entstehungsvorgang eines Werks vor Augen:

- Ihr habt eine **Idee** und stellt damit ein schöpferisches Werk her. Damit seid ihr Urheberinnen bzw. Urheber geworden.
- Ihr zeigt Pläne, Skizzen, Reproduktionen dieses Werks herum (habt dabei nicht vergessen, das ordnungsgemäß zu dokumentieren) und gewinnt das Interesse eines **Medienunternehmens**, das eure von Anfang an nutzungsrechtlich auf eure Person **geschützte** Schöpfung verwerten will.
- Ihr vereinbart mit dem Medienunternehmen einen **Vertrag** über die Gestattung der Nutzung, in dem die Bedingungen für die Nutzung und das euch zu vergütende Entgelt festgelegt werden, und übergebt Unterlagen oder Datenträger zum Reproduzieren.

- Das Medienunternehmen ist jetzt eure Geschäfts- oder **Vertragspartner** (meistens ein Verlag). Es unterstützt euch bei der Herstellung eines veröffentlichungsreifen Werks und nutzt euer Erzeugnis. Ihr rechnet vertragsgemäß ab.

Das ist exakt das Prozedere beim Angebotswerk: Ihr stellt ein Werk oder einen Teil davon nach euren eigenen Vorstellungen her und bietet es einem Verwerter an. Diese Vertragsart findet ihr bei den klassischen Geschäften zwischen Urhebern und Medienbetrieben wie beispielsweise in der Belletristik, bei Comics und Graphic Novels, Zeitungscartoons etc. Unabhängige Schriftstellerinnen und Schriftsteller und freie Künstlerinnen und Künstler arbeiten in dieser Weise, was natürlich ein geschäftliches Risiko in sich birgt, denn ein angebotenes Werk kann mehrfach zurückgewiesen werden, bis es vielleicht einmal eine Agentur, einen Verlag oder eine Produktionsfirma findet, wo es dann lizenziert, vervielfältigt und verkauft wird. Angebotswerke werden zumeist von Medienunternehmen wie Verlagen vermarktet. Das typische Vergütungsmodell in diesem Geschäft ist das **Absatzhonorar**, das sich nach dem Erfolg des Abverkaufs der fertigen Ware (dem „Absatz") richtet.

Kommen wir zur zweiten grundlegenden Art des künstlerischen Geschäftsmodells: Das *Auftragswerk*. Es liefert etwas mehr exis-tenzielle Bodenhaftung, denn hier orientiert sich die künstlerische Arbeit an der konkreten Nachfrage. Es passiert Folgendes:

- Ein Unternehmen plant ein Kommunikationsprodukt und stellt fest, dass es dazu **Bedarf** an einem künstlerischen Werk hat.
- Dieses Unternehmen hält eure künstlerischen Fähigkeiten für geeignet, um dieses Werk zu erstellen, und schickt euch direkt eine **Anfrage**, ob ihr ihm ein **Angebot** machen wollt, oder es veröffentlicht die Anfrage auf einschlägigen Plattformen.
- Ihr nehmt Kontakt auf und kommt ins Geschäft. Ihr vereinbart einen **Vertrag** über die Herstellung des Werks durch euch und dessen Nutzung durch das Unternehmen.
- Ihr stellt das vereinbarte Werk her. Ihr seid damit ebenfalls **Urheberinnen** und **Urheber** geworden und besitzt an diesem Werk die Verwertungsrechte (in Deutschland, Österreich sowie der gesamten EU, in der Schweiz und einigen weiteren Ländern).
- Im Anschluss an die **Lieferung** eurer Arbeit wird vertragsgemäß abgerechnet.

Zwischen den beiden Geschäftsarten „Angebotswerk" und „Auftragswerk" existiert ein grundlegender Unterschied: Bei einem Auftragswerk habt ihr es mit einem anfragenden Auftraggeber (beispielsweise aus der Industrie oder Werbung) zu tun. Ein Angebotswerk

bietet ihr dagegen eigeninitiativ einem publizierenden Unternehmen (wie etwa einem Verlag oder einem Medienbetrieb) an. Geschäfte mit Auftragswerken werden über einen *Werkvertrag* (siehe **Seite 116**) geregelt, die mit Angebotswerken über einen *Verlagsvertrag* (siehe **Seite 103**). Bei Angebotswerken seid ihr in der Gestaltung zumeist völlig frei, bei Auftragswerken müsst ihr euch an bestimmte Vorgaben halten.

Bei einem Auftragswerk arbeitet ihr meistens für die Industrie oder die Werbung und geht vertraglich vereinbarte Pflichten ein, welche die Qualität, die Menge sowie das Lieferdatum der Arbeiten betreffen. Dabei ist es natürlich durchaus möglich, dass Verlage als Auftraggeber auftreten. Dennoch rechnen manche Verlage dann weiterhin so ab, als hättet ihr ein Angebotswerk eingereicht. Oder es gibt auch Mischformen, bei denen ein Festhonorar mit Tantiemen gekoppelt ist. Sobald ihr einen Auftrag erhaltet, müsst ihr euch an die im Vertrag genannten Bedingungen des auftraggebenden Unternehmens halten und eventuell die Rechte von Dritten beachten, die beispielsweise Sympathiefiguren für den Auftraggeber entwickelt haben können, deren Geschichten ihr als Comic umsetzen sollt. Genauso hat natürlich der Auftraggeber Pflichten. Er sollte euch für die Ausführung wichtiges Ausgangsmaterial zur Verfügung stellen (z.B. korrekte Angaben zu Größen, Druck- und Datenformaten, Charactersheets, alle Texte und andere Vorarbeiten, Kontakt zu weiteren Teammitgliedern etc.), Abschlagszahlungen und Rechnungen pünktlich überweisen, zeitig Änderungen und Korrekturwünsche anbringen, euch bei Bearbeitungen von evtl. Forderungen Dritter freistellen (z.B. diejenigen von den zuvor erwähnten Dritten, die die Rechte an den Sympathiefiguren halten) etc.

Solltet ihr anhand einer Auftragsbeschreibung absehen können, dass ihr nicht in der Lage sein würdet, die Anforderungen des Auftrags zu erfüllen, müsstet ihr ihn konsequenterweise ablehnen. Falls ihr den Vertrag dennoch eingeht und eure Arbeiten schließlich deutlich von abgesprochenen Details oder vom vereinbarten Stil abweichen, oder ihr die Lieferzeit nicht einhalten könnt, sind Abschläge auf das Honorar oder sogar eine Zurückweisung der Arbeit im Bereich des Möglichen.

Eine dritte Form des Geschäfts wollen wir nicht verheimlichen. Sie kommt eher selten vor und richtet sich zumeist nach Arbeitszeiten, die für ein bestimmtes Projekt zu erbringen sind. Es kommen vor allem die Einsatzmöglichkeiten als Livezeichner, Storyboard-Artist oder Graphic Recorder etc. zum Zug. Ihr geht vertraglich eine Vereinbarung ein, in der eure kreative Leistung in einem vorgegebenen zeitlichen oder organisatorischen Rahmen zu erbringen habt (z.B. innerhalb einer festgelegten Stundenzahl). Im Vertrag zwischen euch und dem Auftraggeber verpflichtet ihr euch zu dieser Arbeitsleistung, die dem Auftraggeber somit geschuldet ist. Ihr geht dann ein Dienstverhältnis ein, bei dem ihr euch an den Vorgaben des Auftrags zu orientieren habt. Dabei werden Werke geschaffen, die einer späteren Verwertung zumeist nicht zugeführt werden[2]. Der Wert der Arbeit liegt einzig und allein im Rahmen des Entstehungsprozesses. Anmerkung dazu: In der vertraglichen Vereinbarung solltet ihr den Ausschluss einer solchen veröffentlichenden Verwertung durchaus explizit festlegen. Natürlich könnt ihr euch stattdessen eine Option der Verwertung offenhalten, indem ihr von Anfang an eine entsprechende Notwendigkeit zur Nachverhandlung der Rechte vereinbart. So werden in gar nicht seltenen Fällen nach einem entsprechenden Erfolg eines Endprodukts (z.B. ein Spielfilm, ein zum Kult gewordener Werbespot oder ein Musik-Video) Storyboards kommerziell veröffentlicht, obwohl dies ursprünglich nicht absehbar oder vorgesehen war.

---

[2] *Zu den comichaften Formaten der Werbebranche kommen wir ausführlicher in* **Abschnitt 1.3: Kommunikationsmedien der Werbung.**

1.1 DAS FREIE WERK

Ein freies Werk ist ein *Angebotswerk*, das ihr bereits auf eigene Initiative begonnen, vollendet und für euch selbst angefertigt habt, um beispielsweise eine Geschichte zu erzählen oder der Öffentlichkeit eure Ideen in dieser Form mitzuteilen oder einfach nur, um eure Techniken zu perfektionieren.

Cartoons oder Comics (eingeschlossen Mangas und Graphic Novels) werden traditionell von der Presse und von Verlagen veröffentlicht. Ihr bietet euer Werk, welches zwar nicht bei euch in Auftrag gegeben, wohl aber durchaus angefragt wurde, einem oder mehreren Verlagen/Medienunternehmen/Lizenznehmern etc. an. Alternativ dazu könntet ihr andere Wege einer Vermarktung einschlagen, z.B. mittels Selfpublishing-Plattformen wie Print-on-Demand-Services oder speziellen Internet-Diensten.

Die Eigeninitiative, mit der ihr das Produkt eurer Ideen herstellt, um es dann – in einem noch vorläufigen oder bereits fertigen Stadium – sogenannten „Verwertern" (eben Verlage, Presse und andere Medienunternehmen) als nutzbares Werk zum Publizieren („verwerten") anzubieten, ist bei freien Werken von zentraler Bedeutung. Die Möglichkeiten, aus einem Werk Gewinn zu erzielen, kosten Zeit und Geld, da ihr nicht nur zuerst einmal ohne konkrete Entlohnung arbeiten müsst, es fallen Werbungskosten sowie eine Menge „Klinkenputzerei" an. Es erfordert einigen Aufwand und Durchhaltevermögen, für die Veröffentlichung der ersten mit Herzblut kreierten Graphic Novel einen Verlag anzuschreiben, abgewiesen zu werden, einen neuen Anlauf zu nehmen usw. So eine Zurückweisung muss verkraftet werden.

Wenn endlich ein Verlag gefunden ist, der das Werk drucken will, wird kurz nach der Freude darüber jedoch schon der nächste Wermutstropfen fließen, denn das ausgehandelte Honorar wird augenscheinlich recht mickrig ausfallen. Wir müssen ins Auge fassen, nach welchen Gegebenheiten sich die Autorenhonorare in der Realität richten: In einem Verlagsvertrag werden, allgemein gesagt, eure Umsatzbeteiligungen festgeschrieben, deren Erträge völlig vom erzielten Verkauf abhängen, weshalb wir es „Absatzhonorar" nennen. Ein Absatzhonorar bedeutet jedoch kein fest einkalkulierbares Honorar, denn es korreliert eben mit dem Absatzerfolg eurer Publikation auf dem Markt. Ihr schätzt beispielsweise, dass ihr mindestens 20.000 Euro mit eurer Graphic Novel einnehmen müsstet, damit sich die getätigten Investitionen an Arbeit und Zeit auszahlen. Es lässt sich anhand eures Verlagsvertrags berechnen, dass ihr mindestens 10.000 Exemplare davon verkaufen müsstet, damit dieser Betrag zustandekommt. Das dürfte unter den aktuellen Marktverhältnissen jedoch eher unwahrscheinlich sein. Derzeit gelten Absatzzahlen von Graphic Novels irgendwo zwischen 2.000 und 5.000 Stück[3] in Deutschland als Erfolg. Es gibt natürlich hier

---

[3] siehe *www.goethe.de/kue/lit/prj/com/ccs/iuv/de525 3892.htm*

und da Ausreißer nach oben. Falls aber eine Graphic Novel durch die Decke geht, kommen ihre abgesetzten Mengen (z.B. 20.000 Stück bei Carlsen[4]) nicht an die von Bestsellern der Belletristik heran (von „Fifty Shades of Grey" wurden in Deutschland 5,7 Mio Exemplare verkauft).

Dennoch gibt es gute Gründe, einen zunächst geringen Erlös zu akzeptieren. Hier müsst ihr eventuell zwischen Kurz- und Langfristigkeit abwägen. Mit dem Verkauf der Erstauflage werdet ihr in den meisten Fällen nicht auf eure Kosten kommen. Ein Beweggrund, dennoch zu veröffentlichen, kann deshalb beispielsweise in der Hoffnung liegen, dass euer Werk nach der ersten ausverkauften Auflage nachgedruckt wird und in der nachfolgenden Auflage dann endlich einen Gewinn einfährt. In diesem Fall geht es darum, das Werk auf dem entsprechenden Markt zu platzieren und auf eine gute Nachfrage zu hoffen, so dass Nachauflagen weitere Einnahmen sichern. Das Ganze nennt sich „Backlistgeschäft" und wird unter Verlegern sehr geschätzt, wenn es gut läuft. Ein anderer Grund verbirgt sich in der Möglichkeit, die eigene Marktpräsenz weiter auszubauen. Mit ein paar lieferbaren Titeln auf dem Markt verfügbar zu sein, verstärkt euer positives Image bei euren Leserinnen und Lesern und kann euch helfen, eure anderen Werke besser zu verkaufen. Eine zusätzliche Chance liegt in der Möglichkeit, dass eure Arbeit im Ausland wahrgenommen wird und sich (in jeweiliger Übersetzung und gegen Lizenzgebühren) auf einem weltweiten Markt erfolgreich behaupten kann.

Es gibt viele weitere Argumente dafür, eure Werke ohne Aussicht auf gesicherte Einkünfte zu publizieren. Ihr alle werdet eigene finden – vielleicht ganz andere als die bereits erwähnten (z.B. reizt euch das Wagnis, denn es ist eure erste Veröffentlichung überhaupt, oder ihr fühlt euch euren Fans besonders intensiv verbunden und wollt sie mit weiteren eurer Geschichten beliefern, usw.).

Man könnte nun vielleicht denken: „Wo liegt denn das Problem? Vielleicht zahlen die Verlage einfach nicht genug Tantiemen an die Künstlerinnen und Künstler sowie Autorinnen und Autoren?" Und tatsächlich gibt es eine Schieflage. Viele Verträge sind ungerecht, für die Urheberinnen und Urheber nachteilig und bevorzugen die Seite des Verlags oder eines anderen Medienunternehmens. Angesichts dessen, dass die meiste Arbeit an einem Werk auf der Seite der Urheberinnen und Urheber liegt, auch wenn der Verlag manchmal einen wichtigen Anteil an der Herstellung der Druckreife hat, besteht hier ein erhebliches Ungleichgewicht zwischen Verwerter- und Urheberseite. Die Last der Arbeit schultern die Autorinnen und Autoren, Künstlerinnen und Künstler. Der Verlag leistet hier nicht nur zum Werk an sich, sondern zum schlussendlich veröffentlichten Produkt selbst einen verhältnismäßig geringen Beitrag. Oft fügt er nur noch sein Firmenlogo und das Impressum hinzu. Seine Rolle und sein wirtschaftliches Risiko dabei, das Produkt auf den Markt zu bringen und somit überhaupt eine Absatzmöglichkeit zu garantieren, dürfen allerdings ebenfalls nicht unterschätzt werden.

Leider werden schlechte Verträge häufig abgeschlossen – mit ausdrücklichem Einverständnis der Urheberinnen und Urheber. Z.B. bindet er die Urheber/-innen fest an den Verlag, indem er ihnen verbietet, nachfolgende Werke in konkurrierenden Verlagen zu veröffentlichen. Doch das ist nur die eine Seite der Medaille. Schlechte Verträge gehen nicht unbedingt auf die Methoden eines unfairen Verlagspartners zurück. Wer von sich aus einmal bei Auflagenhöhen, abgesetzten Stückzahlen, Vertriebskosten usw. nachrechnet, kommt bei etlichen Comic- oder Cartoon-Veröffentlichungen auf erschreckend niedrige Gewinnaussichten.

---

[4] siehe **www.neuepresse.de/Nachrichten/Kultur/Bild lich-gesprochen**

AUS DER SICHT DES VERLAGS

Hier ein vereinfachtes aber wirklichkeitsgetreues Rechenbeispiel: Ein Urheber mit dem Künstlernamen „Kritzelpaule" hat eine Graphic Novel mit dem Titel „Pauls liebes Leben" mit 100 Seiten geschrieben und gezeichnet, die als Hardcover in einem kleinen Literaturverlag erscheinen soll. Die Erstauflage liegt zunächst nur bei **1.000 Stück** (mehr will der Verlag erst mal nicht drucken, da sich die Projektkosten bei einem Lagervorrat in großer Stückzahl erhöhen). Sie wird mit 21,40 Euro im Laden verkauft, was bedeutet, dass die gesamte Auflage einen theoretischen Brutto-Umsatzwert von 21.400 Euro besitzt (theoretisch deshalb, weil natürlich nicht garantiert ist, dass der Absatz der Ware vollständig erfolgen wird). Der **Nettoladenpreis**, von dem aus das Autorenhonorar berechnet wird, liegt bei **20 Euro**, denn er stellt den Stückpreis nach Abzug der für den Buchhandel gültigen Mehrwertsteuer von 7 % dar. Kritzelpaules Honorar wird vertraglich in einer Höhe von **10 %** des Nettoladenpreises festgelegt. Die Druckkosten für die schwarzweiß gedruckte Erstauflage des Hardcovers betragen — nehmen wir an — 2.500 Euro. Doch von den Einnahmen gehen noch weitere (in diesem Beispiel stark gerundete) Kosten ab: grafische Herstellung (ca. 500 Euro), Festkosten wie Miete, Gehälter, Büromaterial, Lagerkosten etc. (ca. 1.000 Euro), Werbung (ca. 2.000 Euro), Groß- und Einzelhandelsmargen (15 % und 40 % vom Nettoverkaufspreis). Nutzen wir die Gelegenheit für ein bisschen Kopfrechnen mit grob geschätzten, aber realistischen Zahlen und einer für eine Verlegerin oder einen Verleger wohl etwas laienhaften Aufstellung. Dabei gehen wir vom Stückpreis aus, legen den Nettoladenpreis zugrunde, d.h. den Preis ohne die Mehrwertsteuer von 7 %, und ziehen davon die auf das Einzelexemplar heruntergebrochenen Kosten ab:

Nettoladenpreis	**20,00 €**
grafische Herstellungskosten	– 0,50 €
Druckkosten (Hardcover)	– 2,50 €
Festkosten	– 1,00 €
Werbungs- und Marketingkosten	– 2,00 €
Großhändler (ca. 15 %)	– 3,00 €
Einzelhändler (ca. 40 %)	– 8,00 €
Honorar für den Urheber (10 %)	– 2,00 €
Gewinn des Verlags	1,00 €

Nach dieser Kalkulation fällt der Gewinn für den Verlag ziemlich gering aus. Für Kritzelpaule als Urheber sehen die Erlöse ebenfalls nicht sehr ermutigend aus. Im Falle eines kompletten Verkaufs der gesamten Erstauflage würde er einen maximalen Gewinn von 2.000 Euro erwarten dürfen, was bei der ganzen, in die Graphic Novel investierten Arbeit für ihn als Künstler und Autor schon deutlich zu wenig ist, um es als auskömmliches Honorar anzusehen. Das Einkommen aus dem Nutzungshonorar (in diesem Fall in Höhe von 10 %) nennt man „Tantieme". Laut Urhebervertragsrecht (**§ 32 UrhG**) haben Urheberinnen und Urheber Anspruch auf eine angemessene Bezahlung. Wie hoch diese genau ausfällt, sagt der Gesetzgeber jedoch nicht. Nach einer Vereinbarung zwischen dem *Verband deutscher Schriftstellerinnen und Schriftsteller* und einigen deutschen Verlagen sollte die Beteiligungen der Autoren bei Hardcovern zwischen 8 % und 10 % des Nettoladenpreises liegen. In unserem Beispiel wären das am Ende immerhin 2.000 Euro (10 %), vorausgesetzt ein vollständiger Verkauf der Auflage findet statt. Um die Lagerbestände abzubauen und damit die Lagerkosten zu senken, werden Reste meistens nach einiger Zeit verramscht oder eingestampft.

Wenn der Absatz nicht vollständig stattfinden kann, sinken somit die Einnahmen des Urhebers. Als Autor hat Kritzelpaule Anspruch auf seine Anteile an den Verkaufserlösen. Wenn die Auflage nicht komplett, ja vielleicht nicht einmal zu einem Viertel verkauft werden sollte, würden nur die Umsätze aus den tatsächlich abgesetzten Exemplaren vergütet. Nach obigem Beispiel würde Kritzelpaule aus einem Verkauf von 250 Exemplaren nur 500 Euro erhalten und der

Verlag einen Verlust von 4.250 Euro machen (bei nicht-rückzahlbarem Vorschuss 4.750 Euro). Damit das Risiko leer auszugehen nicht zu hoch wird, sollte er sich seinen Anteil am Erlös deshalb in der Höhe von der marktüblichen Hälfte der zu erwartenden Einnahmen vertraglich garantieren lassen und sich einen sogenannten **nicht-rückzahlbaren Vorschuss** auszahlen lassen. Denn wenn der Absatz deutlich unter der Auflage liegen sollte, wären die Einnahmen für ihn dementsprechend geringer. Nehmen wir an, ihm würde die Hälfte seiner vertraglich festgelegten Einnahmen (zur Erinnerung: 10 % des Nettoladenpreises) aus dem Verkauf der Graphic Novel garantiert, dann kann er mit der Veröffentlichung und noch vor dem Absatz der Ware 1.000 Euro Einnahmen als Vorschuss sicher erwarten und hat die Chance, über jährlich ausgeschüttete Tantiemen insgesamt weitere 1.000 Euro zu erzielen.

Das entspricht offensichtlich ganz und gar nicht einer adäquaten Vergütung, wenn man von 100 gezeichneten Schwarzweißseiten mit einer Gesamtarbeitszeit von vielleicht 1.000 Stunden (etwa ein halbes Jahr) ausgeht und außerdem noch Ideen, Herzblut und andere immaterielle Werte des Werks honoriert sehen möchte. Folglich sollte Kritzelpaule seine Arbeit nach betriebswirtschaftlichen Erwägungen eigentlich besser als netten Zeitvertreib betrachten und in der Schublade liegen lassen.

Das obige Beispiel sieht danach aus, als würde sich die kreative Arbeit eines Comickünstlers wie Kritzelpaule überhaupt nicht lohnen. Gerade am Anfang haben es Autorinnen und Autoren ziemlich schwer, von ihrer Arbeit zu leben. Deshalb möchten wir euch an dieser Stelle ans Herz legen, das nicht einfach so hinzunehmen. Ihr könnt versuchen, einen schlechten Vertragsentwurf durch Verhandlung zu verbessern. Die meisten Verlage wissen, dass Künstlerinnen und Künstler, Autorinnen und Autoren wertvolle Vertragspartner sind, die sie nicht einfach über den Tisch ziehen sollten. Sie respektieren, wenn ein Vertrag nicht einfach unterschrieben, sondern erst einmal durchgecheckt wird. Das ist das gute Recht eines jeden Geschäftsmenschen, als den ihr euch begreifen solltet. Aus diesem Grund solltet

---

DIE HONORAREMPFEHLUNGEN DES VERBANDS DEUTSCHER SCHRIFTSTELLERINNEN UND SCHRIFTSTELLER (VS)

Der VS hat die *Gemeinsamen Vergütungsregeln für Autoren belletristischer Werke in deutscher Sprache* aufgestellt, in denen er für Verlagsgeschäfte folgende Beteiligungen empfiehlt:

Hardcover		10 %
Softcover	bis 20.000 Stück Auflage	5 %
	bis 40.000 Stück	6 %
	bis 100.000 Stück	7 %
	über 100.000 Stück	8 % (plus gesonderte Honorare bei besonderen Verkaufserfolgen)
Nebenrechte (Film etc.)		50 %–60 % der Einnahmen durch Lizenzgebühren
Garantierter Vorschuss		33 %–50 % des Nutzungshonorars der Erstauflage

Nach dem Modell des VS wird zuerst die Hardcover-Ausgabe veröffentlicht und einige Jahre später das Softcover. Das gibt es bei Comics jedoch selten, da die meisten direkt als Softcover oder Hardcover oder gleichzeitig in beiden Formen herauskommen.

ihr die Möglichkeiten ausloten, die Bedingungen, unter denen ihr arbeiten werdet, zu verbessern.

In der aktuellen Marktwirklichkeit sind nach weitreichender Meinung unter Kreativen die Erlöse für gezeichnete Geschichten zu niedrig. Wir haben eben beispielhaft gesehen, dass die Vergütungen für Publikationen eher bescheiden sind, und bereits der Aufwand einer Suche nach einem Verlag ganz schön hoch ist und frustrieren kann. Trotzdem entstehen viele Werke aus freien Stücken. So finden viele Graphic Novels erst einen Verlag, sobald sie fertiggestellt sind, und sich Autorinnen wie Autoren auf die Suche nach einem Verlag machen. Viele Animatoren begeben sich nächtelang in ihr Studio, bis sie dann mit einem vorführreifen Werk wieder herauskommen und sich Gedanken über die Teilnahme an einem Festival oder einen Filmverleih und Senderechte machen.

Dennoch gibt es gute Aussichten, euren Traumberuf zu ergreifen und gleichzeitig eine finanziell zufriedenstellende Existenz zu erreichen. Dabei solltet ihr euch jedoch weitere Fragen stellen: Wer könnte euer Werk erwerben wollen? Welche weiteren Verwertungsmöglichkeiten gibt es außerdem?

DIE ZIELGRUPPE

Auch wenn Verlage die passenden Verhandlungs- und Geschäftspartner für euch darstellen, kaufen und „konsumieren" Verbraucherinnen und Verbraucher am Ende eure Werke. Wenn ihr ein Werk erschafft, dann habt ihr am Ende genau diese Personen im Sinn, die sich das alles dann kaufen sollen: die Leserinnen und Leser. Sie bilden als Käuferschaft euren Markt und über diesen könntet ihr euch bereits im Vorfeld der Entstehung des Werks ein paar Gedanken machen.

Am Anfang steht somit die Suche nach der **Zielgruppe** für eure Story: Welche und wie viele Leute würden eurem Werk Interesse entgegenbringen ? Die Vorstellungen von der Zielgruppe werdet ihr wahrscheinlich zunächst vernachlässigen, da es sich um eine freie Arbeit handelt, in der ihr gerne eure eigene Story-Idee verwirklichen möchtet. Trotzdem solltet ihr hier einige Gedanken investieren, denn eine definierte Zielgruppe verschafft euch einen klaren Verkaufsvorteil. Die Vorstellung deutschsprachiger Dichter und Denker, dass großartige Ideen und Gedanken zuerst in ein Werk und danach auf dem Ladentisch umgesetzt werden, geht eigentlich an einer marktgerechten Planung vorbei. Hier können wir Kreativen von klassischen Comicländern wie USA, Frankreich/Belgien oder Japan lernen, wo seit Jahrzehnten marktstrategische Überlegungen bereits von Beginn an in erfolgreiche Comic-Publikationen einfließen.

Wenn ihr ein Werk ohne Auftrag nur für euch selbst anfertigt, seid ihr selbst eure eigene Zielgruppe und könnt euch überlegen, was euch an eurer Story selbst so besonders fasziniert. Es liegt nahe, dass ihr mit dem, was ihr zunächst für euch selbst produziert, eine Gruppe Menschen ansprechen könnt. Deshalb ist es für euch interessant zu erfahren, wie, wo und wodurch ihr diese Menschen für euch gewinnen könnt.

Sobald ihr eure Geschichte entwickelt habt, geht es an die nächste Überlegung: In welchem Rhythmus werdet ihr in der Lage sein, eure Geschichte zu veröffentlichen? Das hat nicht nur einen gewichtigen Einfluss auf die Erzählweise der Geschichte, sondern ebenfalls einen geschäftlichen Aspekt. Soll sie vielleicht nur häppchenweise als Strip oder Onepager oder etwa in 6- bis 8-seitigen Episoden oder als komplett erhältlicher Band erscheinen? So etwas entscheidet nicht nur über die Dramaturgie der Geschichte, auch die geschäftliche Verwertung hat dadurch unterschiedliche Gesichter: Von Zeitungspresse und Magazinen über Anthologien und Alben bis hin zu Büchern und Comicheften gibt es etliche Kanäle, die bespielt werden können. Viele Freiheiten in der Auswahl lassen die Verlage hierbei den Kreativen allerdings selten. Meistens sind sie daran interessiert, ihre Buchreihen oder Magazine zu füllen, oder sie verfolgen ein bestimmtes Verlagsprogramm und bevorzugen dazu gewisse Inhalte und Formate. Größere Freiheiten habt ihr vielleicht, wenn ihr bereit seid, relativ neue Wege zu beschreiten. Das Internet steht als Publikationsplattform mit neuen Möglichkeiten der Monetarisierung zur Verfügung. Es gibt zahllose Webcomics, E-Comics, Comic-Apps, die leicht zugänglich sind und täglich von Menschen auf der ganzen Welt konsumiert werden. Desktop-Geräte sowie Tablets und Smartphones können inzwischen zur Comic-Lektüre verwendet werden und sparen den Weg über einen materiellen Vertrieb komplett ein.

Wenn man davon ausgeht, dass ein durchschnittliches Einkommen in Deutschland derzeit bei einem mittleren Nettostundenlohn zwischen 10 und 15 Euro liegt, kann man mit einer gewissen Sicherheit den Schluss ziehen, dass ein statistisch gesehen durchschnittlicher Lohnempfänger bereit ist, maximal diesen Betrag für eine Stunde Unterhaltung auszugeben, Kinder mit ihrem Taschengeld eher weniger. Die Unterhaltungsindustrie hat diesen Betrag im Blick und versucht sich an entsprechenden Angeboten. Die Möglichkeiten für die alltäglichen Zerstreuungen sind folglich sehr breit gestreut, und Comics stehen als Unterhaltungsmedium in Konkurrenz zu TV-Serien, Kinofilmen, Belletristik und nächtefüllenden Produkten des Games-Markts.

Auflagenschwund und Zeitungssterben sind in den letzten Jahren zu einem in der Öffentlichkeit bereits deutlich wahrgenommenen Phänomen geworden. Mit den Veränderungen der wirtschaftlichen Rahmenbedingungen durch die zur gedruckten hinzugekommene digitale Verbreitung sind Ansätze verbunden, das Urheberrecht zu verändern und den aktuellen Gegebenheiten anzupassen. Dabei sind leider derzeit Vorschläge mit deutlichen Verschlechterungen für uns Urheberinnen und Urheber in die Debatte gekommen, da das Urheberrecht vor allem zugunsten vereinfachter digitaler Verwertung

ausgehöhlt werden könnte. Wir empfehlen allen, sich gründlich über die Diskussion zu informieren und daran teilzunehmen, denn es betrifft die gesamte Gesellschaft: Konsumenten wie Produzenten.

SELBST VERLEGEN

Die Technik macht es möglich, und es gibt via Datenleitung die Option, Werke direkt einer breiten Öffentlichkeit zugänglichzumachen, ohne dass die editorische Power eines Medienunternehmens dahinterstehen muss. Umgeht ihr den Medienpartner, habt ihr es mit einer relativ neuen und deshalb noch wenig erforschten Methode des Publizierens zu tun: dem **Selfpublishing**. Wird euer Werk von einem Verlag gedruckt, setzt sich dieser meistens mit seinem eigenen Interesse an einer guten Vermarktung für den Erfolg des Werks ein. Er kann neben seiner editorischen auch seine gesamte Marketing- und Vertriebskompetenz einbringen. Publiziert ihr eure Werke selbst, dann fehlt euch sehr wahrscheinlich dieses Know-how, außerdem müsst ihr alle Kosten der Herstellung selbst tragen.

DIE LETZTEN ORIGINALE

Wenn ihr noch mit traditionellen, analogen künstlerischen Techniken arbeitet, könnt ihr damit auf Cons, Messen und Börsen gehen, um dort eure von Hand gezeichneten Originale zu verkaufen. Allerdings müsst ihr mit Standmieten oder Teilnehmergebühren rechnen. Wenn ihr selbst einen Raum mietet und dort eine Vernissage veranstaltet, gehört euch allein der Erlös, falls ihr etwas verkaufen könnt. Eventuell lassen sich mit Arztpraxen, Gaststätten oder ähnlichen öffentlich besuchten Einrichtungen Vereinbarungen treffen, dass ihr eure Arbeiten dort ausstellen und verkaufen dürft, und die Inhaber profitieren für eine Weile von der Attraktion eurer Kunst in ihren Räumlichkeiten. Möchtet ihr mit euren Arbeiten in eine gut geführte Galerie, dann habt ihr es schon mit einem Zwischenhändler zu tun, der einen Teil der Erlöse für seine Kosten und sein Händlerrisiko verlangt. Diese fallen sehr unterschiedlich aus. Dabei liegen die Verkaufsprovisionen, die der Galerist einstreicht, bei etwa 30 bis 40 %, in manchen Fällen sogar bei mehr als 50 % der Werke. Grob kann man sagen: Je besser der Ruf (und damit der Kundenstamm) einer Galerie, desto höher liegen die Prozente. Ein entsprechender Aufwand in der Kundenpflege (Werbung, Organisation von Ausstellungen, Bewirtung) rechtfertigt ebenfalls erhöhte Provisionen. Eine Garantie auf einen Verkauf der Werke wird natürlich nicht gegeben. Aber ähnlich wie bei Verlagsprojekten könnt ihr hier auf die Kompetenzen des Galeristen rechnen, der eure Ausstellung publik machen kann, Sammler kennt, mit den Werken auf Veranstaltungen reist und wesentlich mehr Interessenten mobilisieren kann, als ihr mit eurem vielleicht noch unbekannten Oeuvre anlocken würdet. Dennoch gilt hier: Sichert euch gegen unseriöse Leute ab, die eure Gutgläubigkeit ausnutzen wollen. Ein sauberer Vertrag ist schon mal eine gute Rechtsgrundlage, und ein bisschen Recherche über die Galerie und ihre Betreiber sowie das von ihr versorgte Umfeld solltet ihr im Vorfeld betreiben.

In diesem Zusammenhang ist erwähnenswert, dass es im Rahmen des Urheberrechts ein sogenanntes *Folgerecht* gibt, welches besagt, dass bei jedem weiteren Verkauf eines Kunstwerks durch Dritte eine Abgabe an den Künstler zu entrichten ist (Voraussetzung dazu ist die Mitgliedschaft in einer Verwertungsgesellschaft). Näheres auf Seite 78 in Teil 2: Rechtslage und Verträge.

DAS GESCHÄFTSRISIKO

Wir haben in diesem Kapitel schon öfter davon gesprochen: Dass euer angebotenes Werk von einem Verlag angenommen wird und damit überhaupt erscheint, ist von gewissen Weichenstellungen abhängig. Es gibt somit die Gefahr des Misserfolgs, sobald ihr euren Lebensunterhalt als freiberufliche Comic-schaffende bestreiten möchtet. Anders als Angestellte könnt ihr nicht darauf vertrauen, dass ihr dafür jeden Tag genug Einkommen beziehen werdet. Ihr habt Ideen und setzt wunderbare Werke in die Tat um, aber wie gut ihr sie verkaufen könnt, hängt vom Markt ab und wie ihr euch hier aufstellen könnt. Am schwierigsten wird es natürlich, wenn ihr ein größeres Werk plant, dessen Herstellung sich über mehrere Monate hinziehen wird. Woher nehmt ihr in dieser Zeit das Geld, mit dem ihr eure Rechnungen bezahlt? Gut, ihr habt vorgesorgt und schlachtet in dieser Zeit euer Sparschwein. Oder ihr habt enge Verwandte, Partner, Gatten oder Gönner, die eure Lebenshaltungskosten für euch übernehmen. Auf jeden Fall ist diese Zeit von gewissen Entbehrungen gekennzeichnet, denn euer tägliches Budget dürfte aus Sparsamkeitsgründen naturgegeben schmal sein. Doch jetzt kommt das eigentliche Risiko: Es ist möglich, dass ihr euer Werk nach der Fertigstellung nicht sofort verkaufen könnt. Vielleicht werdet ihr es überhaupt gar nicht los, und es bleibt vorerst in der Schublade, denn die Möglichkeiten des Selfpublishings sind ebenfalls mit Risiken behaftet. Dann habt ihr vielleicht monatelang gearbeitet und könnt keinen Gewinn daraus ziehen. Dieses totale Gewinnausfallrisiko ist die Gefahr, mit der ihr in diesem Geschäft leben müsst.

Dieser Ratgeber soll euch dabei helfen, euer Vorhaben zu verwirklichen. Wir geben hier zwar Hinweise und Tipps aus der Praxis, sprechen Empfehlungen für die Höhe des Honorars aus, das ihr verlangen solltet, stellen Muster für Verträge zur Verfügung, und unterstützen euch dabei, euren gewählten Beruf als Kreative in den Branchen Comic, Cartoon und Animation ausüben zu können. Das geschäftliche Risiko geht ihr jedoch ganz für euch alleine ein. Unterstützung und Hilfe solltet ihr euch deshalb in den Initiativen und Verbänden der Branche wie dem **ICOM** oder der **IO** (*Illustratoren Organisation*) suchen. Der **ICOM** stellt Ratgeber und Foren, Mailgroups und Blogs sowie eine

Facebook-Gruppe zur Verfügung, wo ihr erfahrene Kolleginnen und Kollegen antreffen und um Rat fragen könnt.

Das freie Werk ist sicherlich die unabhängigste und schönste Möglichkeit, eure Ideen zu verwirklichen. Da ihr hier gewissermaßen eure eigenen Auftraggeberinnen und Auftraggeber seid, kann euch keiner vorschreiben, was ihr inhaltlich und gestalterisch hervorzubringen habt. Das geschäftliche Risiko ist jedoch groß, denn auf dem Markt herrscht ein dichtes Gedränge um die Gunst des Publikums. Die erste Schwierigkeit liegt darin, einen Verleger zu finden, die zweite, die Käufer. Zwar nimmt ein Verlag hier einige Arbeit hinsichtlich der Vermarktung ab, eine Erfolgsgarantie gibt es jedoch nicht. Außerdem knüpfen Verlage Bedingungen an die Zusammenarbeit. Selbstverleger haben mehr Freiheiten, den Anteil der verlegerischen Arbeit müssen sie dann allerdings selbst übernehmen, das liegt nicht allen.

1.2 DER AUFTRAG

Im Gegensatz zum freien Angebotswerk gibt es bei einem Auftrag bereits von Anfang an jemanden, der die Rechnung am Ende bezahlt: den Auftraggeber. In einem Mix aus freien Werken und sicheren Aufträgen können wir Kreative uns eine stabile Existenzgrundlage schaffen.

Marketingabteilungen der Industrieunternehmen, Werbeagenturen und Designstudios z.b. vergeben Aufträge für Comics, die wir uns angewöhnt haben einfach *Werbecomics* zu nennen. Werbeaufträge werden in einer Kombination aus Stundenhonorar und Nutzungshonorar kalkuliert. Dies kann sich je nach Bedeutung des Kunden gut bis sehr gut auszahlen, weshalb es unbedingt zu empfehlen ist, diesen Markt zu bedienen.

Für das eigene Wirtschaften tragen alle selbstständigen Kreativen selbst die Verantwortung – das ist Kern einer freiberuflichen Existenz. Dabei stehen einige Möglichkeiten zur Verfügung, um Auftraggeber zu finden und sich selbst zu vermarkten: Das eigene Bild in der Öffentlichkeit aufzubauen und zu pflegen, gehört zum **Selfmarketing** und ist ein zentraler Bestandteil der Selbstständigkeit. Die Pflege am eigenen Auftritt sollte etwa 15 bis 20 % der Arbeitszeit einnehmen. Das Ziel der **Akquise** ist dagegen, das Augenmerk auf die Interessenten zu richten und sich Gedanken über Kontaktaufnahme sowie die Herangehensweise an die potenziellen Kunden zu machen. Die geeignete Akquise ermöglicht das konkrete Einholen von Aufträgen. Sie

nimmt Arbeitszeit dabei nur schubweise in Anspruch (z.b. einige Tage pro Monat). Wer sich selbst jedoch weder um Selbstvermarktung noch um Akquise kümmern will (oder kann), für die oder den stehen **professionelle Auftragsvermittler** wie beispielsweise Illustratorenagenturen und -repräsentanzen als Anlaufstellen bereit. Sie vermitteln Auftraggeber und beanspruchen dafür einen Prozentsatz des Honorars. Ähnliches leisten Werbeagenturen.

SELFMARKETING

Für den eigenen Auftritt stehen einige Kanäle zur Verfügung, die mit Content bespielt werden können. Es ist dabei sehr hilfreich, sich zunächst ein eigenes **Portfolio** aufzubauen. Damit gewinnt ihr eine Übersicht über euer bisheriges Oeuvre und könnt es mit dem von anderen Profis vergleichen. Für Kreative sind das Online-Portfolio und analog dazu die Arbeitsmappe gleichermaßen wichtige Werkzeuge für die Akquise. Eine saubere **Geschäftsausstattung** (Briefbogen, Visitenkarten etc.) gehört zur ebenso notwendigen Basis an Druckerzeugnissen, die eventuell noch durch ein Artbook ergänzt werden kann. Die **sozialen Medien** ermöglichen euch nicht nur Kontakte aufzubauen, sondern hier gebt ihr laufend Lebenszeichen von euch. Einsetzen könnt ihr diese ganzen Tools dann u.a. bei einem erfolgreichen **Networking**.

PORTFOLIO

Ein wesentliches Element eurer Bewerbung bei Auftraggebern und Agenturen werden **Arbeitsproben** sein, die ihr zu Gesprächen und Treffen mitbringt. Eine Mappe mit Ausdrucken oder handwerklich gefertigten Arbeiten gehört mit auf jeden Vorstellungstermin. Auf Laptops oder Tablet-Rechnern lassen sich Präsentationen und Filme zeigen. Üblich ist das Versenden von gut bebilderten PDFs per E-Mail, damit sich euer Ansprechpartner schon vorher eine Vorstellung von euch und eurem Schaffen machen kann. Immer noch unerlässlich fürs Networking sind **Online-Portfolios**, die wie soziale Medien aufgebaut sind (z.b. **Instagram, Bēhance, Artstation, Dribbble, CG Society, Deviant Art** etc.), auf die ihr eure Arbeiten hochladen, kommentieren und bewerten lassen könnt. Hier sind Recruiter (Anwerber) auf Ausschau nach Talenten. Die Registrierung bei Portfolio-Portalen, die dagegen wie eine eigene Website funktionieren, ist für die Nutzer zunächst oft gratis, bei manchen wird dann nach einer kurzen Testphase auf einen kostenpflichtigen Account upgegraded. Darunter gibt es kostenlose, aber meist mit Werbung monetarisierte Cloud-Lösungen, die ein sauberes Portfolio-Design liefern und auch Laien ein ansprechendes Webdesign über ein Baukastensystem anbieten (**Jimdo, Wix, Weebly, Portfoliobox** etc.). Teilweise können diese über ein Abo auf einen werbefreien Premium-Account upgegradet werden.

Die analoge Arbeitsmappe sollte eine angemessene Anzahl von Arbeiten (in der Regel DIN-A4- oder DIN-A3-Ausdrucke) enthalten, die euer Spektrum recht gut abdecken. Begutachtet werden dabei nicht nur fertige (beispielsweise gedruckte) Werke, sondern sehr gerne Scribbles, ja mit Vorliebe sogar ganze Skizzenbücher, wenn sie gut und vorzeigbar sind und nicht nur zum Ausprobieren von Stiften und Farben gedient haben. Anerkennung gibt es immer für ausgezeichnete handwerkliche Arbeiten, die nicht am Rechner entstanden sind. Deshalb raus damit aus der Schublade und rein in die Mappe.

Falls ihr eine sehr umfangreiche Mappe zusammenstellen werdet, sollte sie schon sehr abwechslungsreich sein und zumindest eine größere Reihe technisch beeindruckender Werke aufweisen, damit sie bis zum Ende durchgesehen wird. Ihr könnt es durchaus als Maßstab für das Interesse beispielsweise einer Verlagsvertreterin werten, wenn sie die Mappe vollständig anschaut und nicht nach zwei bis drei Zeichnungen wieder zuklappt. Trotzdem ist zu empfehlen, eine kompakte und nicht zu volle Mappe vorzuzeigen: lieber mehr Qualität als Quantität hineintun. Der ungerührte, bisweilen sogar etwas strenge Blick der Medienmanagerin beim Durchsehen sollte euch übrigens nicht irritieren. Schließlich kann eine Mappenvorlage schon der Beginn einer Vertragsverhandlung sein. Und bei Verhandlungen ist halt immer das Pokerface angesagt.

Obwohl ihr zeigen wollt, in wie vielen Bereichen ihr stilsicher seid und Arbeiten vorweisen könnt, ist die Zusendung von sehr umfangreichen Portfolio-PDFs über das Internet eher nicht zu empfehlen. Ihr solltet vielmehr darauf achten, von welcher Natur euer Adressat ist. Einer Werbeagentur könnt ihr z.B. zwar sehr gerne Vielfalt demonstrieren, aber eher weniger – sagen wir mal – einem Unternehmen der Food-Branche (Lebensmittel). Hier dürften beispielsweise detaillierte Explosionszeichnungen von 12-Zylinder-Coupés auf wenig Interesse stoßen. Dagegen wird man eher auf appetitliche Ansichten eines Hefegebäcks oder auf die bunten Farben reifer Früchte stehen. In diesem Fall ist das Food-Unternehmen eure Zielgruppe und soll-te von euch mit Bildern beschickt werden, die in deren Produktwelt passen. Damit zeigt ihr ihnen, dass ihr deren Markenbotschaft verstanden habt und sie exakt visualisieren könnt.

BASISAUSSTATTUNG

Neben dem eigenen Briefbogen gibt es einige weitere Druckerzeugnisse, die für den Start in die eigene Existenz zu empfehlen sind. So solltet ihr ohne **Visitenkarte** nicht auf die

Straße gehen. Zudem lohnt es sich, einen **Flyer** oder eine etwas aufwendigere **Broschüre** herzustellen, von der ihr euch immer ein paar Exemplare in den Rucksack stecken könnt. Zum Schutz des Materials könnt ihr euch verschließbare Etuis besorgen. Visitenkarten übergibt man am besten persönlich. Verschicken ist nur die zweitbeste Wahl und entspricht eigentlich nicht dem Wesen der Visitenkarte, da man sie dem Gegenüber eben bei einer persönlichen „Visite" mit ein paar warmen Worten aushändigt (Mangaka aufgepasst: In Japan übergibt man Visitenkarten mit beiden Händen und einer angedeuteten Verbeugung).

Wer es sich leisten will, kann ein **Artbook** über sein Schaffen drucken. Dank der erfreulich günstigen Preise durch technische Entwicklungen im Druckwesen, sind die Kosten dafür auch in niedrigen Auflagen von etwa 50 bis 100 Stück extrem günstig geworden. Ein Must-have ist das jedoch nicht. Als Überblick über das Schaffen eignen sich bereits in Verlagen erschienene **Werke** (so vorhanden) viel besser, die selbstredend einen relativ hohen Wert besitzen und die ihr deshalb nur

---

DER RICHTIGE CONTENT FÜR EURE CONTENT-STRATEGIE

- In **sozialen Medien** geht es zu wie in einem Bienenstock. Hier könnt ihr z.B. Arbeiten, Skizzen, Einladungen posten sowie Likes und freundliche Kommentare an Kolleginnen und Kollegen weiterreichen. Persönliche Statements, Kraftausdrücke oder banale Alltagserlebnisse, wie sie viele andere sonst abliefern, sollten jedoch von eurem beruflichen Account fernbleiben, da hier die professionelle Distanz gewahrt bleiben und allzu Privates vorwiegend rausgehalten werden soll. Ansonsten wird das Kommunikationsangebot wegen zu viel persönlicher Nähe für die eher fremdelnden Recruiter unattraktiv. Der Wettbewerb um Likes und Follower sowie die Streitereien mit Hatern und Trollen können manchmal ziemlich nerven. Die von Kreativen und Comicschaffenden sowie von Recruitern meistgenutzten sozialen Medien im deutschsprachigen Raum dürften zur Zeit Instagram, Facebook und Twitter sein.

- **Online-Portfolios** sind zugleich Website wie Arbeitsmappe und eignen sich für das ausführliche Posten der eigenen Werkschau. Sie werden von Bildredakteuren, Art Buyern und anderen Verwertern nach passendem Artwork durchsucht und sollten deshalb ausgereifte, evtl. bereits publizierte Arbeiten vorweisen. Mehr und mehr ist die Urversion aller Webpräsenzen, die eigene Homepage, zugunsten der Foren, sozialen Netzwerke und Portale in den Hintergrund getreten. Als steckbriefartige Selbstdarstellung erfüllt sie dennoch ihre Dienste. Der Besitz einer eigenen Domain wirkt immer sehr professionell. Eure Website sollte eher kurz gefasste Aussagen zur Person enthalten. Hier ist Platz für *Case Studies* (ausführliche Fallstudien zu Aufträgen), die neuartig und für Besucher von Interesse sind.

- Ein **Blog** verträgt längere durchaus fachliche Berichte z.B. über Cons und Events, How-To Tipps und Tutorials oder ganz allgemeine Artikel über eure Arbeit. Ein Blog ist so etwas wie ein persönliches Fachjournal. Wenn die Kommentarfunktionen von Besuchern intensiv genutzt werden, können sich Blogs zu einer Art Szene-Forum weiterentwickeln.

ausgewählten Kontakten zukommen lassen solltet. Einige Exemplare erhaltet ihr bereits kostenfrei vom Verlag als Beleg dafür, dass er seiner Veröffentlichungspflicht nachgekommen ist. Man nennt sie *Autoren-*, *Beleg-* oder *Freiexemplare*. Die Mengen dazu werden im Vertrag geregelt, ihr solltet jedoch auf eine größere Menge bestehen, falls nur ein oder zwei Exemplare vorgesehen sind. Die Anzahl kann zwischen fünf und fünfzehn Exemplare betragen, doch viele Verlage geben weniger. Wenn ihr mehr braucht, könnt ihr weitere Bücher zumeist zu Autoren- oder Handelsrabatten erwerben. Ein Weiterverkauf von Belegexemplaren ist übrigens oft laut Vertragsklausel nicht erlaubt.

SOZIALE MEDIEN – DAS CONTENT MARKETING

Eine Website mit eigener Domain zu betreiben oder die sozialen Medien zu nutzen, ist obligatorisch. Wer als kreativer Freelancer noch nicht online zu finden ist, tut gut daran, sich bald darum zu kümmern. Die Registrierung bei **Instagram** oder anderen sozialen Medien der Wahl hat sich schon fast zur Pflicht entwickelt. Denn hier gilt: Wer sich nicht zeigt und bewegt, ist (schein-)tot. Den Newsstream in den sozialen Medien regelmäßig zu füttern, ist sehr arbeitsaufwendig. Etwas Überlegung hilft dabei, das richtige Maß bei der Öffentlichkeitsarbeit in eigener Sache zu finden. Eine *Content-Strategie* (siehe **Textbox**) hilft euch zu planen, was ihr alles und wo ihr es posten wollt.

Auf Netzwerken wie **Instagram**, **Pinterest**, **Twitter** und Co. solltet ihr es schaffen, täglich etwas von euch hören zu lassen, auf einem eigenen Blog reicht es einmal im Monat. Habt ihr eine eigene Portfolio-Website, dann könnt ihr euch hier dagegen deutlich mehr Zeit beim Aktualisieren lassen, denn die meisten Besucher werden sie eher selten und nur unregelmäßig aufsuchen. Aktualisiert hier trotzdem mindestens einmal im Quartal.

Eine gewisse Zeigefreude ist fürs Content Marketing immer förderlich. Erfreulicher-

weise kostet diese Form der Propaganda nichts, oder besser gesagt fast nichts: Selbst gehostete Websites und Blogs werfen im Providing nur geringe Kosten auf und können über Baukastensysteme, Cloud-Angebote oder einfach zu bedienende Content Management Systeme wie **WordPress** bequem selbst eingerichtet und gewartet werden. Doch ob **Instagram**, **Tumblr** oder **Blogger** — eine laufende Aktualisierung sorgt für regelmäßige Zugriffszahlen und gute Rankings in den Suchmaschinen.

VIRALES MARKETING

Das *virale Marketing* nennt sich salopp „Mundpropaganda", und damit sollte klar sein, worum es geht: eine medial verpackte Message, die selbstständig und ohne Zutun der Urheber in diversen digitalen Medien und Netzwerken, bevorzugterweise über das mobile Internet, weitergegeben wird. Die treibende Kraft hinter dieser Verbreitung sind potenziell alle Menschen, die an dieses Netz angeschlossen sind. Die Urheber haben einfach nur eine Art Flaschenpost ins digitale Netz geworfen, die sich allerdings zellteilen kann. Wie schnell sie sich vermehrt und wo sie überall ankommt, entzieht sich jedoch ihrem Zugriff.

Die Effizienz des viralen Marketings lässt sich nicht daran messen, dass sie euch zu einer konkreten Auftragsarbeit verhilft, denn die Stoßrichtung dieser Verbreitung ist ja willkürlich und funktioniert nur über eine „Infizierung" größerer Massen. Die wichtigsten Wirkungen beziehen sich auf die Optimierung des eigenen Images und sind demnach:

• Erhöhung der allgemeinen Bekanntheit
• Zugewinn der eigenen Attraktivität für Interessenten und Auftraggeber
• Aufbau eines Netzwerks

Virales Marketing läuft in der Regel über Social-Media-Kanäle wie **Youtube** oder **Facebook**. Hier ist die Weiterverbreitung durch die Nutzer meist mit einem Klick erledigt, woraus sich teilweise gewaltige Zugriffsraten entwickeln können, so dass eure Inhalte in Kürze auf breiter Front wahrgenommen werden. Allerdings entscheiden die Nutzer in relativ kurzer Zeit über ihre Relevanz. Wenn sie die Message nicht sofort liken, reposten oder retweeten, dann gerät sie schnell in Vergessenheit und verschwindet im Stream.

Durch die Rückverweise auf die Urheber bleibt beim Repost die Verbindung zu den Urhebern gewahrt. Es ist allerdings lizenzrechtliche Vorsicht geboten. Mit dem Posten in euren **Facebook**-Account erteilt ihr dem Netzwerk meistens eine unwiderrufliche und unbeschränkte Nutzungserlaubnis für das Werk. Die ist einerseits notwendig, weil eure Posts dort sonst gar nicht veröffentlicht werden dürften. Um eure Rechte zu behalten, solltet ihr euer Werk deshalb lieber auf eurem eigenen Server oder Webspace und nur mit einer Verlinkung dorthin im Netzwerk zeigen oder als niedrig aufgelöste Version hochladen (mehr dazu in **Teil 2: Rechtslage und Verträge**). Der Sinn einer viralen Kampagne liegt auf jeden Fall darin, den Leuten die Weiterverbreitung zu ermöglichen und das für euch zu nutzen. Die Werke, die ihr für ein virales Marketing verwenden wollt, solltet ihr mit einer allgemeinen Freigabe der Nutzungsrechte beispielsweise über die „Creative Commons" versehen (siehe **Teil 2: Recht und Verträge**).

Es gibt ein paar Nachteile des viralen Marketings:
- Eine Message kann falsch verstanden werden, nach hinten losgehen und eurem Ruf schaden.
- Euer Werk könnte beispielsweise von unliebsamen Gruppen verwendet und für ihre Zwecke missbraucht werden (passierte z.B. dem Meme „Pepe the Frog").
- Unwahre Behauptungen können große Verbreitung erlangen (Fake News).

JOBPORTALE UND BUSINESS NETWORKS
Ab jetzt sucht ihr nach Anfragen von möglichen Auftraggebern, die sich beispielsweise im internen Bereich der **ICOM**-Website, in den Foren des Portals **Comicforum.de**, sowie auf Illustratoren-Netzwerken finden, bei denen ihr euch registrieren müsst. Leider gibt es dabei äußerst selten Anfragen für Werbe- und Auftragscomics, die in öffentliche Jobportale oder Netzwerke eingestellt werden. Meistens fragen die Unternehmen oder eine beauftragte Agentur die Kreativen direkt an, da sie eben nach einer ganz besonderen Qualität der Arbeit suchen. Das überlassen sie dort nicht dem Zufall, denn die Unternehmenskommunikation ist in der Regel auf konkrete Zielgruppen und Messages festgelegt und unterliegt in ihrer Ausgestaltung genauen Richtlinien. Für das Artwork kommen deshalb nur wenige Spezialistinnen und Spezialisten infrage, die deren Zielgruppe in Style und Inhalt ansprechen können. Die Wahrscheinlichkeit, über Jobportale ein lukratives Angebot als Comicschaffende zu finden, sind dementsprechend gering. Trotzdem kann es nicht schaden, sich dort zu registrieren, denn die sozialen Vernetzungen, die mit einer Mitgliedschaft meistens einhergehen, können an sich schon recht wertvoll sein. Insbesondere bieten typische Business-Netzwerke wie **Xing**, **Linkedin** oder **DasAuge** zudem die Erstellung einer eigenen Portfolio-Seite, auf der sich andere Netzwerk-Mitglieder und Außenstehende über Freelancer informieren können. Allerdings gilt hier immer die Annahme: Wo sich in den letzten Monaten oder gar Jahren nicht viel getan hat, wird sich in den nächsten ebenfalls nicht viel tun.

Mitgliedschaften in Business-Netzwerken wie **Xing** (deutscher Markt) oder **Linkedin** (internationaler Markt) sind in der Basisversion zwar umsonst, kosten aber in der Profi-Variante, die dann natürlich bei Auftraggebern einen besseren, weil professionellen Eindruck macht. Weitere Freelancer-Jobportale sind **Grafiker.de** und **Horizontjobs**.

NETWORKING

Wem die sozialen Medien oder Blogs zu anonym, oberflächlich oder anstrengend sind, der sollte seine Bemühungen in Richtung Events und Veranstaltungen ausrichten. Bei der Kontaktaufnahme mit Interessenten, Auftraggebern, Kolleginnen und Kollegen gibt es kaum ein verbindlicheres Kommunikationsmedium als das persönliche Gespräch.

In den Medienbranchen fällt gewöhnlich ein sehr großer Bedarf an kreativen Aufträgen an. Dementsprechend ist der Konkurrenzdruck der Freischaffenden hier ebenfalls ziemlich groß. Zeigt euch den potenziellen Auftraggebern gerne und häufig, dann bleibt ihr dort im Gedächtnis. Eine gute Gelegenheit, um bei den Unternehmen der genannten Branchen reinzuschauen, bieten **Cons** und **Fachmessen** wie für Comicschaffende der *Comicsalon Erlangen* und die beiden *Buchmessen* in Leipzig und Frankfurt, für Concept Artists die *GamesCom* in Köln, für Animatorinnen und Animatoren das *Internationale Trickfilm-Festival* in Stuttgart sowie weitere Veranstaltungen, bei der Medienleute zugegen sind. Dort könnt ihr euch mit den Verantwortlichen treffen, ihnen Arbeitsproben mitbringen und über eine Mitarbeit sprechen. Nicht vergessen: Ihr solltet vorher per Anruf oder E-Mail einen Termin vereinbaren.

Ergänzend zu den oben genannten Messen und Events sind weitere Veranstaltungen mit guter öffentlicher Sichtbarkeit und viel Fachpublikum unseres Erachtens das *Münchner Comicfestival*, die *Comicinvasion Berlin*, das *Comicfestival Hamburg*, die *Comiciade* in Aachen, die *Intercomic Köln*, die *Connichi* in Kassel, der *Comicgarten* in Leipzig, der *Comicpark* in Erfurt, die *Animagic* in Mannheim, die *Comic Con Germany* in Stuttgart, die *German Comic Con* in Dortmund, München und Berlin, die *Fantasy Basel* sowie die *Vienna Comix* in Wien.

Um ein Netzwerk aus Freelancern aufzubauen, bieten **Atelier-** oder **Bürogemeinschaften** gute Ausgangsmöglichkeiten. In gemeinsamen Arbeitsräumen trefft ihr nicht nur auf Gleichgesinnte, sondern könnt von deren Kontakten profitieren oder werdet direkt in die Projekte miteinbezogen. Wem ein eigenes Studio oder Büro in einer solchen Gemeinschaft zu teuer ist, kann sich in die immer zahlreicher werdenden „Coworking Spaces" einmieten. Hier sind die Kosten bei guten Networking-Effekten etwas geringer.

Und noch ein letzter Hinweis für Netzwerker: Die wertvollen Community bildenden Möglichkeiten **lokaler Feste** wie beispielsweise Agentur-Partys, Tage der offenen Ateliers, Ausstellungseröffnungen und weitere Szene-Events werden unterschätzt. Auch wenn ihr nicht eingeladen seid, als Begleitpersonen oder mit einer freundlichen Nachfrage sollte fehlender Zutritt für euch kein Hindernis sein.

DIE AKQUISE

Die Kontaktaufnahme zu möglichen Auftraggebern geht dem erfolgreichen Auftragsabschluss voraus. Aus freien Stücken auf Interessenten zuzugehen, fällt vielen Kreativen nicht leicht. So mancher wird sich dabei wie ein Bittsteller fühlen. Das ist eine für viele Kreative nicht zu unterschätzende Hürde, mit ihren Arbeiten in das Licht der Öffentlichkeit zu treten. Abgelehnt zu werden, ist der Regelfall, wie wir bereits im Kapitel über das freie Angebotswerk erläutert haben, und das können manche eben nicht über längere Zeit ertragen. Aus diesem Grund haben sich einige Menschen Mittel gegen den Misserfolg ausgedacht. Sie entwickelten Methoden der Akquisition (Kundenwerbung). Einige davon sind gut erprobt und können hilfreich sein, z.B. **adressierte Mailings** oder **Empfehlungen** und **Referenzen**. Wir legen nahe, mindestens einen Tag in der Woche (oder zwei halbe) auf die Akquise zu verwenden. Dazu könnt ihr einen (oder zwei halbe) zum Akquisetag erklären (z.B. den „Akquise-Mittwoch") und für diesen Moment vom Writer oder Artworker komplett auf eure andere Persönlichkeit, nämlich die des Marketing Managers umschalten.

DAS ADRESSIERTE MAILING

Nach intensiven Recherchen habt ihr etliche Namen von Ansprechpartnern diverser Firmen gesammelt, mit denen ihr euch eine Zusammenarbeit gut vorstellen könnt. Diese Unternehmen werden sich u.u. über Deutschland, Österreich oder die Schweiz verteilen, vielleicht im fremdsprachigen Europa liegen oder sogar in Übersee. Ein persönliches Vorbeischauen scheint sich somit von selbst zu erledigen. Das sogenannte *Mailing* beschreibt die Methode, das **postalisch** zu tun und nicht online, obwohl ihr Name nach „E-Mail" klingt, wie die elektronische Form des Briefwechsels.

Das macht Mühe und kostet zusätzlich Porto. Warum solltet ihr im Zeitalter der E-Mail zu so einem Mittel greifen? Genau aus dem Grund: Ihr investiert Zeit und Geld in einen postalischen Brief, legt einen Flyer dazu, setzt handschriftlich eure Signatur darunter – vielleicht zusammen mit einer kleinen Handskizze. Dieses Gesamtpaket übersteigt offensichtlich den Wert einer E-Mail. Mit einem auf das Unternehmen gemünzten Anschreiben statt eines Standardtextes wird das Mailing effizienter. Und: Ihr umgeht damit sämtliche Spamfilter beim Empfänger, der sicher sein kann, keine E-Mail mit möglicher Schadsoftware erhalten zu haben. Außerdem ist die in vernetzten Rechnern ansonsten lauernde Ablenkungsgefahr durch weitläufig vorhandene Internetangebote bei einem Brief natürlich nicht gegeben.

Sendet einen Flyer oder Ausdrucke von Arbeiten mit und, wenn ihr es gründlich machen wollt, ein Response-Element, z.B. eine bereits frankierte und rückadressierte Postkarte mit einer kurzen Befragung, die der Empfänger ausfüllen und zurückschicken kann. Das sollte es euch leicht machen, künftig mit Interessenten umzugehen. Die Rückläufe und Art der Reaktionen liefern Hinweise auf die Effizienz des Mailings und auf mögliche Geschäftsbeziehungen.

JE PERSÖNLICHER DESTO BESSER

Viele Medienunternehmen beschäftigen **Bildredakteure**, die für die Auswahl und den Einkauf des verwendeten Bildmaterials zuständig sind. In Industrieunternehmen und Agenturen gibt es Marketing-Abteilungen mit Beauftragten für das **Art Buying**. Art Buyer suchen nach kreativen und talentierten Leuten, die sie für eine Mitarbeit an ihren Marketing-Projekten verpflichten können. Die richtigen Ansprechpartner in den Unternehmen zu finden und gezielt anzusprechen, ist erfolgversprechender als zufällig auf den Schreibtisch von irgendwem zu geraten und auf die eigenen Vorzüge hinzuweisen. Auch die Vertreter aus dem **Recruitment** oder den **Human Ressources** (HR), wie die Personalabteilungen heute heißen, kommen im Übrigen als Adressaten infrage.

Wenn es doch ein **E-Mail**-Rundschreiben werden soll, dann kommt ihr ebenfalls nicht an einer gründlichen Recherche über eure Ansprechpartner vorbei. Falls ihr technisch versiert seid, dann nutzt entsprechende Software (Newsletter-Apps), um solche Mails zu personalisieren und eure Kontaktpersonen namentlich anzusprechen. Damit ihr Leuten E-Mails senden könnt, braucht ihr von ihnen eine Genehmigung zur Nutzung ihrer E-Mail-Adresse. Die Einwilligung muss ausdrücklich erteilt sein. Ein Verfahren zum Opt-Out (also ein Antrag einer Person, ihre Daten aus der Datenbank zu löschen) reicht nicht aus. Bei einer elektronischen Einwilligung (z.B. über ein Newsletter-Formular) muss ein sogenanntes Double-Opt-In-Verfahren angewandt werden. Dazu müsst ihr die Genehmigung zur Verwendung der Daten gleich zweimal einholen, bevor ihr die Daten in eurer Datenbank ablegen dürft. Ihr müsst die Einwilligung in jedem Fall beweisen können. Die immense Hürde, die E-Mail-Adressen zusammen mit den Freigaben einzusammeln, spricht für die Vorteile des postalischen Mailings, dem ihr zur Sicherheit ebenfalls eine entsprechende Datenschutzerklärung beilegen könnt.

RESPONSE

Die Anzahl der Antworten der Unternehmen auf das Response-Element wird sich gemessen an dem betriebenen Aufwand eher bescheiden ausnehmen. Nur ein paar wenige werden antworten, solange ihr ihnen (noch) völlig unbekannt seid.

Zwei große Mailings solltet ihr im Jahr einplanen. Das dritte könnte das obligatorische Weihnachts- oder Jahreswechsel-Mailing sein, das aber nur aus einer Grußkarte besteht (natürlich selbst entworfen). Zwei bis drei Mailings jährlich bedeuten natürlich viel Arbeit. Wenn ihr viele Aufträge und wenig Zeit habt, könnt ihr evtl. auf eines verzichten. Je weniger Aufträge ihr habt, desto öfter solltet ihr jedoch Unternehmen anschreiben. Im Gegenzug werdet ihr für gewöhnlich immer dann eine Antwort mit einer Anfrage von einem Unternehmen erhalten, wenn dort ein konkretes Projekt auf dem Tisch liegt, für das Künstlerinnen und Künstler unmittelbar gesucht werden. Da ist es erfolgversprechend, sich in höherer Häufigkeit zu melden, um sich wieder in Erinnerung zu bringen und diese Wahrscheinlichkeit besser für sich zu nutzen. Lieber öfter eine freundliche bunte Karte verschicken als nur alle zwei Jahre ein dickes Paket.

Neben zwei kurzen Sätzen zu eurer Person solltet ihr auf die stilistischen und inhaltlichen Schwerpunkte eurer Arbeit Bezug nehmen und augenfällige Beispiele für euer Können liefern, damit die Angeschriebenen sehen, was ihr anbietet. Natürlich dürfen die Kontaktdaten nicht fehlen (achtet dabei auf die Richtigkeit der Angaben). Wenn ihr euch mit Online-Befragungen vertraut gemacht habt, könnt ihr versuchen, die Angeschriebenen für ihre Rückmeldung auf eine Website zu bitten, wo sie euch konkrete Fragen zu ihren Geschäften beantworten können. Dazu gibt es Dienste, die ihr entsprechend konfigurieren könnt. Aufgrund aktueller Datenschutzbestimmungen solltet ihr in der Einleitung zur Umfrage erläutern, wofür die Befragung dient. Wenn ihr Daten wie Anschrift, Telefonnummern und E-Mail-Adresse erhebt, müsst ihr wieder über ein Double-Opt-In Verfahren (siehe **oben**) gehen, das die Befragten vorher durchlaufen müssen.

EMPFEHLUNGEN UND REFERENZEN

Empfehlungsmarketing heißt die Strategie, die Kontakte eurer bereits vorhandenen Kunden für eure geschäftlichen Anbahnungen zu benutzen. Das können ebenso Kontakte von Berufskolleginnen und -kollegen sein, die Auftraggeber an euch weitervermitteln wollen, weil sie möglicherweise selbst keine zeitlichen Kapazitäten haben oder ihnen die Skills für den Auftrag fehlen. Bekannte und Verwandte kommen genauso für das Empfehlungsmarketing infrage. Die Idee dieser Methode besteht darin, einen möglichst großen Kreis gut vernetzter Leute kennenzulernen, die eure Fähigkeiten hoch einschätzen und euch deshalb gerne an andere Interessenten weiterempfehlen.

Um einen Namen aufzubauen, der unter Auftraggebern einen guten Klang haben soll, vertrauen viele Kreative lediglich darauf, gute Arbeit abzuliefern und sich dadurch Respekt und einen guten Ruf zu erwerben. Das ist zweifellos wichtig und dient ihnen selbst in eigener Sache. Freischaffende Kreative können ihre Auftragslage deutlich verbessern, wenn die Kritiken für sie sprechen. Ihre Anstrengungen in den sozialen Medien sind kostbar und helfen ihnen dabei, sich bei den Leuten in Erinnerung zu rufen. Doch leider sind soziale Medien in dieser Hinsicht zweischneidig und spielen teilweise eine unrühmliche Rolle dabei, Individuen mit Dreck zu bewerfen. Der Schuss kann nach hinten losgehen, wenn Kreative statt Likes und Glücksgefühlen einen Shitstorm hervorrufen, der sie zum Spielball der Reaktionen ihres Umfelds macht. Gute Empfehlungen lassen sich jedoch gezielt steuern. Das Empfehlungsmarketing gibt euch Möglichkeiten in die Hand.

KUNDEN UM EMPFEHLUNGEN BITTEN

Das berühmte „Kleine-Welt-Phänomen" dürfte vielen vielleicht bekannt sein. Es besagt, dass man rein rechnerisch über eine Kette von nur etwa sechs bis sieben Personen mit jedem einzelnen Menschen auf dieser Welt in Kontakt kommen kann, und das ist in besonderer Weise für das Empfehlungsmarketing interessant. Wenn man von dieser Idee ausgeht, müssten sich eigentlich rasch und problemlos alle Personen zusammenfinden können, die etwas gemeinsam haben oder zusammen unternehmen wollen (diese Vorstellung liefert natürlich den Grund für die Daseinsberechtigung sozialer Medien). Gehen wir davon aus, dass es euch genügt, zwar nicht alle Menschen dieser Welt, aber wenigstens diejenigen kennenzulernen, die eure Werke mögen und vielleicht eure Mitarbeit gebrauchen könnten, dann sollte es doch eigentlich einfach sein, an sie heranzukommen. Hier setzt das Empfehlungsmarketing an.

Nehmen wir dieses Beispiel: Euer Kunde ist ein Unternehmensberater, der mit eurer Arbeit zufrieden ist und euch gerne weiterempfehlen möchte. Ihr erwartet das von ihm, schließlich war er begeistert und hat versprochen, etwas für euch zu tun. Ihr wisst, dass er ein paar, für euch möglicherweise wichtige Leute kennt. Ob er jedoch beim nächsten Mal, sobald er einen von diesen trifft, dann wirklich daran denkt, ihm von euch zu erzählen und ihm eure Adresse zu geben? Vielleicht hat er es einfach vergessen, und ihr wartet vergeblich auf seine versprochenen neuen Geschäftskontakte.

Der Kniff beim Empfehlungsmarketing besteht darin, nicht darauf zu hoffen, dass ein euphorischer Auftraggeber sein Versprechen wahrmacht und eure Kontaktdaten an andere weitergibt, sondern dass er direkt Adressen von Geschäftspartnern an euch herausgibt, die euch weiterhelfen können. Somit bittet ihr eure Kunden um Kontakte, die ihr für euer berufliches Vorankommen nutzen möchtet.

Die Aufnahme von Geschäftsbeziehungen ist ein Grundelement der professionellen künstlerischen Selbstständigkeit. Ein kreativer Beruf hat immer zwei Seiten, die mit ihm essenziell verbunden sind. Die künstlerische Exzellenz, die ihr in eure Arbeit hineinlegt, stellt nur die eine Hälfte des kreativen Wirkens dar. Ihr braucht auf der anderen Seite ein ökonomisches Management, das dafür sorgt, dass eure Werke ihr Publikum finden. Das muss dabei euer Denken und Fühlen nicht unentwegt beherrschen, sondern nur in bestimmten Momenten, in denen ihr euch der Organisation eures Geschäfts widmet. Wir legen nahe, dass ihr mindestens einen Tag in der Woche für solche Tätigkeiten bereitstellt. Schaltet an diesem Tag vom „Künstler"-Modus in den „Manager"-Modus um.

Eure neuen Kontakte müssen nicht immer gleich mögliche neue Auftraggeber werden, es können einfach Leute sein, die in irgendeiner Weise mit euch und eurem Wirken verbunden sind und mit Interesse verfolgen, was ihr so macht. Dabei kann sich manchmal ein unverhoffter Geschäftskontakt entwickeln. Ihr entscheidet lediglich, welchem Kontakt ihr welche Form und welche Intensität der Kommunikation anbietet. Einigen ist ein gelegentliches Mailing willkommen, manche möchten angerufen werden, andere ladet ihr in euer *social network* ein. Trennt zwischen Rezensenten, Konsumenten und Auftraggebern. Allen kommt eine gleichermaßen wichtige Funktion zu.

REFERENZEN ALS MARKETING TOOL EINSETZEN

Ihr kennt das von vielen Wartezimmern, von Websites, Broschüren und Katalogen, von sozialen Netzwerken, aus den Empfangsräumen von Unternehmen, aus Kneipen, Restaurants und Hotels: Die Inhaber zeigen gerne her, wer ihre Kunden, Klienten, Gäste sind, kurz gesagt: wer bei ihnen schon alles aus- und eingegangen ist — manchmal sogar mit Foto und Autogramm der Abgebildeten. Sie demonstrieren damit, dass es viele wichtige Menschen oder Firmen etc. gibt, die ihnen und ihrer Leistungsfähigkeit vertrauen und das öffentlich zeigen. Gästebücher gehören beispielsweise zum Spektrum des sogenannten *Referenzmarketings* genausowie die Ausschnitte aus Zeitungskritiken in den Schaufenstern von Theatern und Kinos oder die bekannten „Business Angels", die junge Unternehmer mit Vertretern der Old Economy in Kontakt bringen. Das Referenzmarketing besteht darin, dass ihr euch gegenüber Interessenten auf die Zufriedenheit von Kunden (als „Referenzgeber") namentlich beruft, die euch (als „Referenznehmer") und euren Skills vertrauen, beispielsweise weil ihr mit ihnen bereits erfolgreich Projekte verwirklicht habt.

Positives Feedback, das ihr für eure Arbeit bekommt, könnt ihr in wörtlichen Zitaten für eure Eigenwerbung verwenden. Das geht allerdings nur mit Einwilligung des Referenzgebers, also auch bei öffentlich zugänglichen Rezensionen (wie in Zeitungen, im Internet, Fernsehen oder Radio). Es geht ebenfalls nicht ohne Einwilligung, wenn ihr eine euch gegenüber persönlich und privat vorgebrachte Belobigung verwenden möchtet. Bittet den Referenzgeber um die Erlaubnis, seine Sätze verwenden zu dürfen. Er wird euch das sicher nicht abschlagen.

Wenn ihr noch weiter in Richtung Effizienz gehen wollt, könnt ihr ein herausgegriffenes, gemeinsam mit einem Auftraggeber erfolgreich erarbeitetes Projekt als **Fallstudie** („case study" genannt) genauer darstellen. Das hat dann eine musterhafte Wirkung auf Interessenten, die möglicherweise ähnliche Projekte mit euch durchführen möchten. Für solche Darstellungen müsst ihr euch das Einverständnis der Auftraggeber einholen, da Produktionsdetails aufgrund von Schutzklauseln in den Werkverträgen zumeist der Diskretion unterliegen. Der richtige Ort für solche Fallstudien ist eure Website, ein Flyer oder eine Broschüre. Ein Artbook kann eine oder mehrere Fallstudien enthalten, wenn es Richtlinien, Scribbles und Concept Art

(eines oder mehrerer) realisierter Projekte zeigt. Schon ein einfaches Online-Portfolio ist im Grunde eine Sammlung von simplen case studies, wenn es Arbeiten zusammen mit den Vorstudien enthält, die ihr im Auftrag eurer Kunden ausgeführt habt.

Bei einer Vergabe einfacher Nutzungsrechte (siehe **Kapitel 2.2: Nutzungsrecht auf Seite 74**) habt ihr grundsätzlich das Recht, die Arbeit für eure Eigenwerbung zu verwenden, solange ihr den Kunden nicht namentlich nennt. Habt ihr jedoch ein exklusives Nutzungsrecht vergeben, dann ist euch die eigene Verwendung untersagt. Trotzdem könnt ihr versuchen, mit eurem Kunden eine einvernehmliche Lösung für euch zu finden.

Eine besonders effiziente Form des Referenzmarketings wird von Referenzgebern angeboten, die als (oben erwähnte) Business Angels auftreten. Sie veranstalten meistens zusammen mit Interessenten der Branche in größerem Rahmen stattfindende Treffen und fördern die Aufnahme eines Dialogs zwischen den Beteiligten zum Zweck der wirtschaftlichen Vernetzung. Diese Veranstaltungen nennen sich „Startup Meetings", „Existenzgründer-Messen" und ähnlich. Erfahrungsgemäß nutzen Comicschaffende diese Highend-Form des Referenzmarketings in ihrer reinen Form eher selten. Wenn ihr jedoch an die Cons, Festivals und Messen denkt, die ihr in unserer Branche einmal besucht habt, werdet ihr feststellen, dass ihr dort vielleicht bereits hin und wieder neue Auftraggeber gefunden habt. Sie haben somit manchmal diese Wirkung, sind aber nicht vergleichbar mit Existenzgründer-Messen. Für diese Business-Veranstaltungen ist unser Geschäftsbereich zu speziell, so dass solche Events eher Zeitverschwendung darstellen. Solltet ihr jedoch im Haupt- oder Nebengeschäft noch Kommunikations- oder Webdesign oder etwas Ähnliches anbieten, dann sind solche Treffen eine Notwendigkeit.

ERFOLGREICHE AUFTRAGSVERMITTLUNG BELOHNEN

Versicherungsfirmen, kleine und mittelständische Betriebe oder Großunternehmen zahlen eine Belohnung dafür, wenn man ihnen ein gutes Geschäft vermittelt. Damit honorieren sie die Bemühungen und den guten Einfluss, den der Vermittler eingesetzt hat, um den Job erfolgreich einzufädeln. Kreative können es ebenfalls belohnen, wenn ihnen auf diese Weise geholfen wird. Mal ganz davon abgesehen, dass das Agenturen zu ihrem Geschäftsmodell gemacht haben, kann es eure Geschäftslage durchaus beleben, wenn gute Kontaktleute einen Anteil am Honorar eines Auftrags erwarten dürfen, den sie euch vermittelt haben. Sie beziehen dann Einkommen aufgrund der guten Vernetzung, die sie sich erarbeitet haben und die euch vielleicht fehlt. Man nennt diese Art von Belohnung *Provision* und misst sie üblicherweise am finanziellen Volumen des Auftrags.

Hier kommt es auf die Attraktivität des Auftrags an. Euer vielleicht zurückhaltend kalkuliertes Honorarangebot ist Entgegenkommen von eurer Seite genug und kommt eher dem neuen Kunden zugute. Hiervon lässt sich keine Provision mehr abzwacken. Darüber solltet ihr offen mit dem Vermittler sprechen. Aber gut bezahlte Aufträge, die möglicherweise noch Folgeaufträge nach sich ziehen, sind auf jeden Fall einen Dank wert. In der Agenturbranche haben sich Prozentwerte von 15 % und mehr bei erfolgreicher Vermittlung eingebürgert. Das gilt jedoch für professionelle Vermittler. Bei Auftragsvermittlungen durch eure Kunden oder andere persönliche Kontakte empfehlen wir, einen Prozentsatz von nicht mehr als **10 %** einzuhalten. Lasst euch einen diesem Satz entsprechenden Betrag von eurer Kontaktperson in Rechnung stellen, sobald ihr von eurem Auftraggeber bezahlt worden seid. Euer Kontakt wird sich ganz sicher freuen und vielleicht meldet er sich bald wieder mit neuen Interessenten ...

AUFTRAGSANBAHNUNG

Sobald ein Unternehmen für ein Projekt einen Bedarf an künstlerischer Mitarbeit ausmacht, sucht es auf diversen Wegen nach künstlerischen Dienstleistern. Seine Anfrage geht beispielsweise direkt an ausgewählte freischaffende Kreative oder wird in einschlägigen Medien (z.B. Foren) veröffentlicht. Nun beginnt ihr mit der Erarbeitung eines passenden Angebots (trotz der Begriffsverwirrung: Hier ist ein Auftragsgeschäft gemeint und kein Angebotswerk). Für das Angebot ist es zunächst wichtig, dass ihr euch ein Bild über die Nutzung macht, indem ihr die Höhe der Auflage oder das Ausmaß der angestrebten Verbreitung in räumlicher und zeitlicher Hinsicht in Erfahrung bringt, falls das nicht schon in der Anfrage mitgeteilt wurde. Daraus lässt sich grob der ungefähre Nutzungswert des Projekts ermitteln, der für die Vergabe der Nutzungsrechte relevant ist. Hier sollte bereits zu erkennen sein, ob es sich um eine professionelle Angelegenheit oder eher um eine Liebhaberei handeln wird. Für das Angebot rechnet ihr den zu erwartenden Aufwand an Arbeitsstunden aus und könnt daraus das sogenannte Werkhonorar errechnen, welches die Arbeitsleistung zur Erstellung des Werks vergütet. Ein Werkvertrag regelt bei einem Auftragswerk das Geschäftliche und ist ergebnisorientiert, da nicht eine Dienstzeit wie beispielsweise bei einem Angestellten geschuldet wird, sondern eben die Erstellung eines Werks. Ergänzt wird das Werkhonorar durch das Nutzungshonorar, weil das Werk später vom Auftraggeber für seine Zwecke genutzt wird. Zum Thema Nutzung und Verwertung sagen wir Näheres in **Teil 2: Rechtslage und Verträge**.

ENTWURFSKOSTEN UND VORLEISTUNGEN

Häufig kommt es in der Praxis vor, dass Kunden vor Erteilung eines Auftrages „erst mal sehen wollen, was der Kreative zu bieten hat". Dies ist innerhalb eines gewissen Rahmens nachvollziehbar und steht ihnen selbstverständlich zu. Dies kann beispielsweise über den Verweis auf entsprechende Referenz-Jobs, über die Ansicht eines Online-Portfolios oder eines Artbooks ermöglicht werden. In einigen Fällen gehen die Interessenten jedoch noch weiter und wollen konkrete Entwurfsarbeiten zu ihrem Projekt sehen.

Ein solches Ansinnen kommt leider sehr häufig ausgerechnet von Kunden, die bereits genau wissen, welche Befähigungen sie vom Kreativen erwarten können — wegen dieser Kompetenzen wenden sie sich mit der Anfrage ja ausgerechnet an ebendiesen. In solchen Fällen geht es dem Kunden meist darum, günstig oder gar unentgeltlich an erste, oft umfangreiche und entscheidende Konzept- oder Entwurfsschritte zu gelangen. Einer ähnlichen Situation sieht sich gegenüber, wer von Agenturen oder sonstigen großen Auftraggebern „in den Pitch" gebeten wird (d. h. in eine wettbewerbsartige Jobausschreibung, deren Zuschlag über die ersten Vorleistungsschritte entschieden wird).

Beide Fälle sind durchaus branchenüblich und können von daher nicht pauschal abgelehnt oder verteufelt werden. Gegen eine angemessene (im Vergleich zum üblichen Honorar evtl. leicht ermäßigte) Vergütung könnt ihr im Allgemeinen durchaus darauf eingehen. Von untentgeltlicher Ausführung solltet ihr jedoch in jedem Fall Abstand nehmen. Um dem Kunden eine Vergütung von testweisem Artwork schmackhaft zu machen, könnt ihr die Probearbeiten auf der Basis von konkreten, für das Projekt notwendigen Artwork-Konzepten anfertigen und dem Kunden zusagen, dass die entsprechenden Zahlungen für diese Konzepte bei Zustandekommen des Auftrags dann später mit dem anfallenden Gesamthonorar verrechnet werden.

PROFESSIONELLE AUFTRAGSVERMITTLER

Bevor sie eine Künstlerin oder einen Künstler in ihre Kartei aufnehmen, prüfen Illustratorenagenturen (manchmal „Repräsentanzen" genannt) ihre Bewerber zuerst gründlich und wählen unter ihnen dann die geeigneten Kandidaten aus. So sichern sie einen gewissen Stil oder eine besondere künstlerische Qualität, die sie als nachgefragte Fachleute eben weiterverkaufen wollen. Illustratorenagenturen vertreten eure Interessen beispielsweise bei Verlagen sowie anderen Medienunternehmen und haben weitläufige Kontakte in die entsprechenden Branchen. Sie sind aber mit ihrem großen Repertoire an Künstlerinnen, Künstlern und Stilen vor allem Anlaufstelle sowie Ansprechpartner für Kunden aus Industrie und Werbung und erreichen mit großer Wahrscheinlichkeit eine wesentlich größere Zahl an lukrativen Geschäftspartnern, als es beispielsweise eine einzelne freiberufliche Illustratorin mit ihrer Reichweite an Kontakten fertigbringen würde.

KÜNSTLERAGENTEN

Anders als Werbeagenturen erteilen Illustratorenagenturen keine Aufträge, sondern vermitteln sie lediglich und nehmen dazu einen Betrag von etwa einem Zehntel bis hin zu ungefähr einem Viertel des Honorars des Künstlers in Anspruch. Diese Marge nennt sich Provision und wird dem Kreativen von der Agentur in Rechnung gestellt — üblicherweise nach dem Erhalt der Zahlung des Auftraggebers. Doch sogar bei einem Anteil von mehr als 20 % Provision bleibt in der Regel ein gutes Einkommen übrig. Schließlich sind Marketing- und Werbeaufträge deutlich besser bezahlt als publizistische Arbeiten.

Für gewöhnlich hat eine Illustratorenagentur für *jede* Auftragsarbeit, die ihr für einen von ihr vermittelten Kunden ausführt, Anspruch auf Provision — wenigstens einige Jahre lang auf Folgeaufträge dieses Kunden. Solche Details sind beispielsweise im Rahmenvertrag geregelt. ihr habt als Vertragspartner auf jeden Fall die Pflicht, der Agentur weitere Aufträge dieses Kunden zu melden, damit diese ihren Provisionsanteil daraus ableiten und berechnen kann. Außerdem dürft ihr einen von der Agentur vermittelten Kunden keinesfalls weitervermitteln, nicht einmal an befreundete Zeichnerinnen und

Zeichner. Dieses Recht der Vermittlung behält sich nämlich die Agentur vor, denn sie möchte natürlich auf die Möglichkeit ihrer Provision nicht verzichten. Es gibt noch einige weitere Bedingungen bei der Regelung der Zusammenarbeit, die ihr bei einer Kontaktaufnahme sicherlich erfahren werdet. Wichtig sind hier z.b. die Kundenschutzklauseln, die besagen, dass ihr die Kunden der Agentur nicht direkt übernehmen dürft, und die Abtretung der Nutzungsrechte, die sich in der Regel nach den ausformulierten Richtlinien der **AGD**[5] richtet (dazu mehr in **Teil 5: Honorar** auf **Seite 168**). Wahrscheinlich werden euch einige durchaus wichtige Paragraphen des euch von der Agentur zur Unterschrift ausgehandigten Künstlervertretungsvertrags nicht restlos verständlich sein: dann bitte einen Juristen um Rat fragen, damit euch nicht unnötige Vertragsstrafen ins Haus stehen.

Wenn ihr bereits gute Kontakte zu Medien oder zur Industrie geknüpft habt, verzichtet ihr wahrscheinlich eher auf die Dienste einer Agentur, denn ihr wollt die Zahlung von Provisionen an einen Auftragsvermittler lieber vermeiden. Eine Agentur nimmt euch jedoch die zeitlichen Belastungen der Selbstvermarktung ab. Ihr könnt euch dann mehr um eure eigentliche Arbeit und eure Kunst kümmern.

Auch die Vertreterinnen und Vertreter von Illustratorenagenturen werfen im Übrigen vorher gerne einen Blick in eure Mappe. Dabei haben sie natürlich im Auge, dass sie ein möglichst weit gestreutes Agentur-Portfolio an Kreativen und Stilen zusammenstellen möchten. Es kann deshalb sein, dass sie trotz einer sehr guten professionellen Qualität eurer Arbeiten kein Interesse zeigen, da sie anderen ähnlich arbeitenden Künstlerinnen und Künstlern in ihrem Portfolio keine Konkurrenz machen möchten.

Im Nachsatz noch eine aktuelle Bemerkung hierzu: In Zeiten weltweit verfügbarer Microstock- und Clipart- sowie Crowdsour-cing-Portale ist der Bedarf an individuellen Illustrationen leider eingeschrumpft. Das bedeutet augenblicklich für die eher teuren und individuellen Agenturen ein Zurückstecken ihrer geschäftlichen Ziele. Es sei denn, man erkennt die Zeichen der Zeit und bietet selbst Microstock an (z.B. **DieKleinert.de**), d.h. einen Lizenzhandel mit einfachen Nutzungsrechten auf einer geringen Kostenebene.

WERBEAGENTUREN

Werbeagenturen haben wie Illustratorenagenturen einen großen Kundenstamm. Ihre Tätigkeit beschränkt sich allerdings nicht auf die bloße Vermittlung von Auftraggebern. Vielmehr übernimmt eine Werbeagentur selbst die Konzeption von kreativen Aufträge aus der Industrie, für die sie dann allerdings oft ausführende Spezialisten sucht. Das Geschäftsfeld einer Werbeagentur besteht in mehr oder weniger aufwendig gestalteten Anzeigen und Werbespots, die sie ihren Kunden als Kommunikationslösungen verkauft. Diese Werbekampagnen werden von Art Directors entworfen, deren Beruf sich vielleicht am besten mit dem der Filmregisseure/-innen vergleichen lässt. Art Directors suchen nach dem passenden Artwork, die geeignet ist, die angestrebte Aussage ihrer Kampagne zu unterstützen. Sie zeichnen oder fotografieren dabei eher selten selbst. Ihre Ausbildung zu Kommunikationsdesignern/-innen qualifiziert sie mehr für die konzeptionelle Arbeit, die darin liegt, künstlerisch ein wirksames mediales Instrument für eine Marketingmaßnahme ihrer Kunden zu entwickeln. Dabei nutzen sie die Möglichkeiten von Grafik, Typografie, Fotografie, Illustration und Film. Für die Ausführung werden dann jedoch Spezialisten gesucht, die erforderliche Details der Gestaltung in High-End-Qualität liefern können. Traditionell sind das Fotografen/-innen, die das erforderliche Visual mit gegebenem Aufwand in ihren Studios oder am Set herstellen, inzwischen jedoch von 3D-Artists verdrängt werden. Für 2D-Illustratoren/-innen gibt es ebenfalls reichlich Arbeit. Von einfa-

---

[5]   **AGD** – *Allianz der Deutschen Designer, mit ca. 2.600 Mitgliedern einer der größten Berufsverbände von Kreativen in Deutschland.*

chen Piktogrammen bis zu umfangreichen Storyboards und Key-visuals erstreckt sich hier ein Betätigungsfeld, das sich von Comicschaffenden und Animator/-innen bestens geschäftlich auswerten lässt.

Ein Auftrag kommt dadurch zustande, indem ihr euch bei der Werbeagentur vorstellt und um eine freie Mitarbeit bewerbt. Es gibt große Agenturen, die ein weites Spektrum an Kunden bedienen und dafür an Kontakten zu externen Kreativen interessiert sind. Es lohnt sich, die oft auf der Website der Agentur gelisteten Kundenreferenzen zu studieren, um zu sehen, ob sich hier eine Firma findet, für die man gerne arbeiten möchte. Am besten ist es jedoch, die lokal beheimateten Agenturen anzugehen, da sie trotz weltweiter Datennetze immer noch das persönliche Treffen und gemeinsame Arbeiten vor Ort als Form der Zusammenarbeit bevorzugen.

Ihr könnt natürlich versuchen, Werbeagenturen zu umgehen und Werbeverträge direkt mit der Industrie zu machen. Eure Einnahmen werden damit deutlich höher ausfallen, wenn ihr Erfolg habt. Im Gegensatz zu eurem Auftreten in Werbeagenturen, wo ihr euch eher als Allrounder vorstellt, solltet ihr eure Selbstvermarktungsstrategie allerdings recht genau auf das Unternehmen abstimmen, das ihr mit euren Arbeiten beliefern wollt, und eine gute Vertrautheit mit deren Zielgruppen und Markenbotschaften zu erkennen geben. Passgenaue Lösungen finden hier meistens immer ziemlich rasch ihr Ziel. In den letzten Jahren haben zudem immer mehr Unternehmen eigene Werbeabteilungen aufgebaut und können damit bereits einen großen Teil ihrer Kampagnen bestreiten. Darunter befinden sich nicht nur globale Player, kleine und mittlere Betriebe nehmen inzwischen gerne die Werbung in eigener Sache selbst in die Hand. Es ist eben durchaus nicht aussichtslos, sich direkt einem Unternehmen der Wahl für Werbeaufträge zur Verfügung zu stellen. Sucht hier nach den geeigneten Ansprechpartnern und schließt sie in eure Mailings ein.

1.3 DER MARKT

Alle Bereiche der Wirtschaft profitieren vom Kreativbusiness. Kunden, Geschäftspartner, Mitbewerber und Publikum – all diese zusammen bilden unseren Markt. Eine Umfrage unter **ICOM**-Mitgliedern nach Projekten, Honoraren und Nutzungsrechten hat gezeigt, dass es unterschiedlich budgetierte Auftraggeber gibt und damit verbunden unterschiedlich hohe Erlöse für annähernd gleichartige Leistungen.

Die vielfältigen Einsatzgebiete von Comics, Cartoons, Karikaturen und Animationsfilmen sind auf dem Markt seit Jahrzehnten gewachsen und werden ganz sicher so weiterbestehen. Aus diesem Grund müssen wir Unterscheidungen treffen. Es gibt Unternehmen mit großen Etats, denen Expertinnen und Experten wichtig sind, die eine genau zugeschnittene Lösung für ihren Bedarf entwickeln können. Sie kommen zumeist aus der nationalen Güter produzierenden Ökonomie, manchmal aus international operierenden Konzernen. Andere Betriebe sind in der Medienbranche verortet und haben zwar kleinere Budgets, aber vielleicht die reizvolleren Aufgaben.

Die finanzielle Power der **Industrie** beschert Grafik und Illustration in der **Werbung** nach wie vor gute Umsätze. Werbejobs, die dem strengen Blick des Auftraggebers unterliegen, so hat sich gezeigt, sind teilweise besser honoriert als Aufträge aus der Medienwirtschaft, die unter Umständen hingegen mehr kreative Freiheit zulassen.

Bei Medienunternehmen wie beispielsweise bei **Buchverlagen** häufen sich ständig sehr viele unterschiedliche Jobs an, die allerdings oft enge Deadlines haben und deshalb relativ rasch erledigt werden müssen. Neben Buchverlagen sind die **Presseverlage** mit ihren Zeitungen und Magazinen und ihrem Bedarf an Illustrationen und aktuellen Karikaturen einer der größeren Abnehmer für gezeichnete Werke. Der **Manga** unterscheidet sich als Form der Bildergeschichte nicht nur stilistisch vom westlichen Comic, sondern zudem als Wirtschaftsfaktor, um den sich im deutschsprachigen Raum große Verlagsabteilungen und komplette Verlage kümmern.

Autorenhonorare für freie Werke auf dem **Comicbuchmarkt** sind am Ende leider im Augenblick keine wirkliche Existenzgrundlage für den Berufseinstieg, so dass sich die meisten Kreativen im Comic- und Cartoonbusiness auf ein Zweiwege-Berufsmodell eingestellt haben: Einige gut bezahlte Werbeaufträge finanzieren eine freie Arbeit, die dann beispielsweise einem Verlag angeboten werden kann. Es wird mithin in der Regel gemischte Einkünfte geben.

Mehrere Künstlerinnen und Künstler haben sich zu **Comicstudios** oder **Kreativteams** zusammengeschlossen, um damit ein größeres Spektrum an Stilen und Kunden gezielt bedienen zu können.

Film und Fernsehen sind nicht nur potenzielle Abnehmer für Animationsfilme von Filmemacherinnen und Filmemachern, sondern ebenso interessante Auftraggeber für Concept Artists sowie Illustratorinnen und Illustratoren. Ähnliches gilt für die **Games-** und

Spielebranche, die seit Jahren wachsende Umsätze verbuchen kann.

Unsere Honorar-Umfrage gab einigen Aufschluss über die Möglichkeiten des Markts. Mit 65 Einträgen ist sie jedoch nicht repräsentativ. Trotzdem verwenden wir sie, um uns in **Teil 5: Honorar** ausführlich zu Honorarfragen zu äußern. Doch sehen wir uns zunächst den Markt unter der Lupe an.

INDUSTRIE- UND WERBEAUFTRÄGE

Die Industrie, d.h. Unternehmen und Konzerne, die nicht der Medien- und Unterhaltungsbranche angehören oder Dienstleistungen betreiben, vergaben selten direkt Aufträge an Kreative ihrer Wahl, da sie dazu häufig zu wenig Kompetenz im Haus aufwiesen. Um an Werbeaufträge zu kommen, führte der Königsweg für Kreative deshalb meistens über eine breite Agenturszene, der die Unternehmen die Umsetzung ihrer Werbebudgets anvertrauten. Doch die Marketing- und Werbeabteilungen in vielen Unternehmen haben ihre Power zuletzt durch immer mehr Arbeitskräfte verstärkt, so dass sich die Gestaltung der Unternehmenskommunikation etwas mehr zu den Auftraggebern zurückverlagert hat. Es lohnt sich deshalb, die Unternehmen direkt zu kontaktieren.

Ausführungen von Kreativ-Aufträgen werden meist recht gründlich entlang der Firmenpolitik justiert, so dass manchmal unerwartet lange Arbeitszeiten für relativ wenige Comic-Panels oder ziemlich kurze Trickfilme eingeplant werden müssen. Zudem kann der Abstimmungsprozess eine Weile dauern, da manchmal noch viele Abteilungsleiter oder Vorstände überzeugt werden und ihr Okay geben müssen. Hier können jedoch gut eingespielte Werbeagenturen in vielen Fällen die Prozesse routiniert beschleunigen.

Der Werbemarkt in Deutschland wächst seit einigen Jahren kontinuierlich. Doch das betrifft weniger die Werbung in den klassischen Mediengattungen, die bis auf den Abwärtstrend im Zeitungs- und Zeitschriftenmarkt stabil bleiben, sondern die Internet-Werbung (Anteil 2016: 32,1 %), die zu weiteren Höhenflügen ansetzt und nach der Prognose vom Juni 2018 des Marktforschungsinstituts Dentsu Aegis mit großer Sicherheit den TV-Markt (2016: 32,7 %) im Jahr 2018 bei einem Anteil von ca. 37 % überholt haben wird.[6] Die Wirtschaft richtet ihre Werbeetats an Gewinnen, am Umsatz oder an Branchenüblichkeiten aus, deren Budgets pro Unternehmen im Bereich von einigen Hunderttausend bis mehreren Millionen Euro pro Jahr liegen können. Dabei fließt das meiste Geld nicht in die Gestaltung, sondern in die Verbreitung der Werbung.

Anders als bei den freien Werken wird mit Industrie, Werbung und mit öffentlichen Einrichtungen exklusiv nur in der Form des Auftragswerks zusammengearbeitet. Bitte beachtet, dass ihr sowohl Vergütungen des Entwurfshonorars sowie der Nutzungsrechte in euer Angebot aufnehmen müsst! Näheres dazu im Abschnitt **Das Angebot** in **Kapitel 2.4: Regeln im Geschäftsverkehr** auf **Seite 84**. Die fertigen Arbeiten sind am Ende in der Regel so individuell auf den jeweiligen Auftraggeber zugeschnitten, dass exklusive Nutzungsrechte unausweichlich sind und eine deutlich bessere Bezahlung einfordern als die einfachen Nutzungsrechte, mit denen im Medienbereich sonst oft gearbeitet wird.

KOMMUNIKATIONSMEDIEN DER WERBUNG

In der Werbung herrscht ein reger Bedarf und zugegebenermaßen ein rasches Verfallsdatum an grafischen Stilen, Ausdrucksmitteln, Gestaltungselementen und Kommunikationstools. Sich hier am aktuellen Bedarf zu orientieren, bedeutet, immer am Ball zu bleiben, was technische Innovationen und Marktforschung unentwegt auf den Markt werfen. Für Comic- und Trickfilmschaffende ergibt

---

[6]   Quelle: Dentsu Aegis via Horizont, abgerufen am 10.7.2018 – (leider liegen uns keine aktuelleren Zahlen vor): *www.horizont.net/marketing/nachrichten/Dentsu-Prognose-WM-Effekt-auf-den-deutschen-Werbemarkt-kaum-spuerbar-167623*

sich hier eine Bandbreite an teilweise klassischen Möglichkeiten freier Mitarbeit, die wir hier skizzieren wollen.

Der US-amerikanische Pop-Art-Künstler Roy Lichtenstein machte mit seinen Werken den Comicstil der 60er Jahre salonfähig, der seitdem immer wieder bei zahlreichen **Illustrationen** in der Werbung eingesetzt wird. Retro-Comic-Stile sind generell beliebt, z.B. ein Underground-Stil à la Crumb. Zeitgemäßer und häufig zu finden sind Darstellungen im Chibi-Manga-Stil. Daneben liegen Superhelden und ihre Parodien im Trend. Figuren aus Konsolen- und Videospielen wenden sich an eine eher jugendliche Zielgruppe, wobei der populäre pixelige Treppeneffekt wie beispielsweise im Spiel *Minecraft* wiederum einen Retro-Look repräsentiert, der außerdem Ältere ansprechen kann und sie an ihre jugendlichen Freizeitbeschäftigungen erinnert. Illustrationen, die Game-Styles aufnehmen, arbeiten meistens mit exakten 3D-Grafiken oder rufen wenigstens den Eindruck davon hervor. Der Game-Style als Bestandteil der Popkultur eignet sich in besonderer Weise, um Werbebotschaften zu senden, da hiermit eine breite spielende Gesellschaftsgruppe angesprochen wird (2017: ca. 7,8 Mio Menschen in Deutschland [7]). Das eigentliche Medium Comic entfernt sich im deutschsprachigen Raum zwar nicht wegen der Umsatzentwicklung, sondern eher aufgrund sinkender Auflagenzahlen immer weiter von seinem ehemals vorderen Rang unter den Massenmedien, aber das scheint keinen negativen Einfluss auf die Popularität der Comic-Stile in der Werbung bei erwachsenen Zielgruppen zu haben.

Ein eng mit dem Comic verwandtes Medium ist das **Storyboard**, das zwar häufig in den Vorbereitungsphasen bei Projekten gebraucht wird, als fertiges Werk jedoch selten seinen Weg in die Öffentlichkeit findet. Somit ist es eigentlich eine reine Dienstleistung beim Entstehungsprozess eines Werkes, für die in der Regel keinerlei Abgeltungen von Nutzungsrechten erhoben werden, es sei denn, dass beispielsweise Einzelzeichnungen aus dem Storyboard ihren Weg am Ende doch noch in ein Making-of finden, sei es in einer Filmdoku oder in einem Artbook. Dann sollte pro Abbildung eine Vergütung von einfachen Nutzungsrechten erwogen werden. Diese Rechteeinräumung solltet ihr bereits bei den Vertragsverhandlungen berücksichtigen.

Sympathiefiguren sind eine Art Maskottchen, die als freundliches Gesicht des Unternehmens für selbiges in familientauglicher Weise werben. Manchmal sind sie als abstrahierte Darstellungen Bestandteil des Logos geworden. Damit sich um Sympathiefiguren keine komplizierten Rechtsfälle entwickeln, werden sie meistens als Markenzeichen von den beauftragenden Firmen geschützt und sind dann in der beim Patentamt hinterlegten Gestaltung gegen unerlaubtes Kopieren gesichert. Darüber hinaus genießt eine Comic-Figur urheberrechtlichen Schutz und ist bereits hierdurch gegen Nachahmung geschützt [8]. Für Comic- und Cartoonschaffende sind die Entwicklungen solcher oft an aktuelle Comic-Styles angelehnter Charaktere ein lukratives Geschäft. Die anhaltende Vitalität von Charakteren wie der Haribo-Goldbär oder der Wüstenrot-Fuchs sprechen für die Effizienz und Vielseitigkeit von Sympathiefiguren und bringen teils hohe Erlöse durch die Vergütung von Nutzungsrechten ein.

Auf dem deutschsprachigen Markt gab und gibt es einige **Werbecomics**, die als komplette Comichefte erscheinen oder erschienen sind. Langlebige Beispiele sind KNAX, der Comic des Sparkassenverbands, PRIMAX, das Pendant der Raiffeisen- und Volksbank, Lurchi, die Sympathiefigur des

---

[7] *Laut Statista.com spielten im Zeitraum 2014 bis 2017 in Deutschland 7,78 Millionen Personen ab 14 Jahren Video- und Computerspiele. Abgerufen am 27. Juli 2018:* **de.statista.com/statistik/daten/studie/171925/umfrage/haeufigkeit-videospiele-computerspiele-spielen-in-der-freizeit**

[8] *Zu Asterix gibt es ein BGH-Urteil vom 11. März 1993 (I ZR 263/91) – Asterix vs. Alcolix*

Schuhherstellers Salamander, und in der Schweiz gibt es den Papagei Globi, der seine heutige Existenz als bekannte Kinderbuchfigur einstmals als Maskottchen des Warenhauses „Globus" startete. Das Duo Max und Luzie des Comiczeichners Franz Gerg warb in über 70 Ausgaben 19 Jahre lang diskret für den Finanz- und Versicherungskonzern Allianz. Kürzere Formate wie die Comicstrips, die in Kundenmagazinen auftauchen, sind ebenfalls beliebt, so beispielsweise „Utas Truckstop" von Bela Sobottke, der vor einigen Jahren noch im Magazin einer Speditionsfirma erschienen ist. Werbecomics werden bei unterschiedlichen Zielgruppen eingesetzt, vor allem jedoch bei Kindern und Jugendlichen. Hierbei können im Übrigen Charaktere entstehen, die sich einmal zu Sympathiefiguren entwickeln wie der kleine Drache Jolinchen der AOK.

Das **Motion Design** gehört zum Repertoire moderner Werbeagenturen. Mit 3D-Animationen, sowie klassischen 2D-Animationen in Videoclips, Trailern, Filmvorspännen und Imagefilmen gewähren Industrie-Unternehmen über dieses Medium Einblick in die Funktionsweise ihrer technischen Entwicklungen oder in die Strategie zur Erweiterung ihrer Absatzmärkte. Abstrakte Motion Graphics im Filmhintergrund, die zum Aufhübschen dienen, werden dagegen eher häufig über Stockagenturen eingekauft.

Erklärvideos fallen in den Bereich „Customer Education" und liefern dem Betrachter eine Art filmische Gebrauchsanweisung. Komplexe Sachzusammenhänge werden mit diesem Medium vereinfacht dargestellt. Einen Boom erlebten die Erklärvideos mit den Verbesserungen der Möglichkeiten des Einbindens von Videos auf Websites. Inzwischen sind sie nicht mehr aus dem firmeneigenen Marketingkonzept wegzudenken. Ihre Erstellung lässt sich mittels preisgünstiger Software mit etwas Übung gut bewerkstelligen. Zeichenkünste sind gefragt, die komplexe Bilder vereinfachen und via Storytelling aufbereiten können − ideal für alle, die die

Herausforderungen der sequenziellen Kunst gemeistert haben.

Graphic Recording und **Visual Facilitation** sind relativ neuartige Kommunikationstools, die bei Gruppenveranstaltungen und Vorträgen eingesetzt werden. Eine Person zeichnet dabei live zu der in der Gruppe oder während des Vortrags verlaufenden Kommunikation, wobei komplexe Zusammenhänge in einfache Bilder umgesetzt werden, so dass sich am Schluss buchstäblich ein Gesamtbild der Veranstaltung ergibt, das den einzelnen Teilnehmerinnen und Teilnehmern helfen soll, das Mitgeteilte leichter zu verarbeiten. Für diese Aufgabe sind Comicschaffende gut qualifiziert, da sie sich die besondere Fähigkeit erarbeitet haben, innere wie äußere Vorgänge beim Menschen in Bilder umzusetzen.

Die Bebilderung von Content sind in **Social Media** Pflicht. Kein Posting erscheint ohne ein Bild, das die Funktion hat, noch vor dem Anreißertext die Aufmerksamkeit der Leser auf den Content zu richten. Folglich sind die Texter stets auf der Suche nach Visualisierungen, die dem Firmenauftritt gemäß gestylt sind. Nicht immer erfüllt ein Foto diesen Zweck, obwohl natürlich die Abbildungen des Produkts im Vordergrund stehen. Für sequenzielle Künstlerinnen und Künstler ergibt sich ein Betätigungsfeld, das dem Kunden jedoch vielfach erst noch schmackhaft gemacht werden muss.

COMIC- UND BUCHVERLAGE

Verlage suchen für ihr Programm nach Werken, die sie für eine gewisse Zeit in ihrem Sprachraum in den Handel bringen. Sie kaufen Lizenzen ein und fördern Autorinnen und Autoren ebensowie Künstlerinnen und Künstler während des Schaffensprozesses. Dazu stellen sie besondere qualitative und inhaltliche Anforderungen an ihre Publikationen, die sie häufig noch von Redakteurinnen und Redakteuren bearbeiten lassen, um dann die von ihnen angestrebte Marktreife herzustellen. In der Regel lassen sie sich die Stoffe von den Kreativen anbieten, so dass das Angebotswerk in diesem Business üblich ist.

Verlage mögen gerne **Bestseller**. Ein einziges besonders gut verkauftes Werk, dessen Erlös weit über das investierte Kapital hinausgeht, finanziert etliche weitere Produkte, die sich auf dem Markt eher schwer tun und ihre Kosten kaum einspielen. Einen solchen Verkaufserfolg kann man als Autorin oder Autor selbst kaum planen. Ein Verlag hingegen verfügt über Möglichkeiten, den Erfolg einer Produktion mittels Marktforschung, Werbemaßnahmen, Release-Strategien und dem Verteilen von Rezensionsexemplaren vorzubereiten. Doch eine Garantie auf einen guten Absatz ist das nicht. Die meisten Verlage im deutschsprachigen Raum konzentrieren sich deshalb vor allem auf das erfolgserprobte Lizenzgeschäft mit Werken, die sich im Ausland gut verkauft haben. Im Gegensatz dazu steht die eher riskante **Eigenproduktion**, mit der man im Verlagsbereich Publikationen benennt, die direkt mit den Autorinnen, Autoren, Zeichnerinnen und Zeichnern angegangen werden. Dabei kann nicht auf die Erfahrung einer Vorabpublikation im Ausland bezüglich des Absatzes und der öffentlichen Wahrnehmung zurückgegriffen werden. Lizenzprodukte sind zumeist deswegen erfolgreich, weil sich häufig die Annahme bewahrheitet, dass der im Ausland beobachtete Erfolg in Deutschland nach hiesigen Maßstäben wiederholbar ist. Eigenproduktionen sind hingegen riskant, denn der Verlag geht dabei in u.U. hohe finanzielle Vorleistungen ohne zu wissen, ob diese Kosten am Ende wieder eingespielt werden.

VERLAGSWESEN

Ein Verlag gehört wie ein Fernseh- oder Radiosender, ein Musikverlag oder ein Filmverleih zu den Medienunternehmen. Die Verlagsbranche ist in Deutschland durch das *Gesetz über das Verlagsrecht* sowie das *Urheberrechtsgesetz* gesetzlich geregelt. **Weiter vorne** haben wir in **Kapitel 1.1: Das freie Werk** bereits einige Einblicke in das Verlagsgeschäft

gegeben. Die wirtschaftliche Entwicklung zeigt leider in dieser Branche und nicht nur in den deutschsprachigen Ländern seit einigen Jahren kontinuierlich nach unten. Auflagengrößen werden heruntergefahren, das wichtige Anzeigengeschäft verlagert sich auf Internetportale. Zeitschriften werden eingestellt, Verlage gehen bankrott, werden aufgekauft oder nur noch durch das passionierte Engagement ihrer Betreiber auf dem Markt gehalten. Dass die Branche sich trotzdem noch recht gut gehalten hat, verdankt sie den gleichzeitig enorm gesunkenen Herstellungskosten für Druckwaren, einer ausgefeilten Logistik sowie einem verbesserten Marketing. Der Druckmarkt, der das hochwertige Drucken in niedrigen Auflagen zu immer günstigeren Preisen ermöglicht, kommt der Comicproduktion vor allem kleiner Verlage entgegen.

AUTOREN UND URHEBERRECHT

Im Verlagsgeschäft kommen hauptsächlich Angebots- sowie Auftragswerke vor. Es werden Vorschüsse gezahlt, Tantiemen abgerechnet, sogar ein Festpreis für Auftragsarbeiten ist möglich. Üblich ist jedoch die erfolgsabhängige Vergütung nach Prozenten, die wir auf **Seite 21** vorgerechnet und dargestellt haben. **Tantiemen** (zu deutsch in etwa „Anteilsvergütungen") werden meistens jährlich abgerechnet, bei manchen Verlagen halbjährlich. Im **Verlagsvertrag** werden die Bedingungen festgelegt, zu denen ihr eure Arbeit mit eurem Verlag geschäftlich auswertet. Ihr habt dabei im Rahmen eurer staatlich garantierten Rechte als Urheberinnen und Urheber alle Freiheiten, euren Vertrag mit eurem Verlag gründlich auszuhandeln. Wir haben diesem Ratgeber einen Musterverlagsvertrag dafür hinzugefügt (S. 103), der nach unserem Ermessen die bestmögliche Kombination an Optionen für euch bereitstellen sollte.

Im Verlagsbuchhandel haben sich unterschiedliche geschäftliche Felder herausgebildet, je nachdem, welche Händlergruppe angesprochen werden soll.

HANDEL UND VERTRIEB

Verkaufsstellen für Druck-Erzeugnisse arbeiten eng mit verschiedenen Vertriebsschienen zusammen, so dass die Art des Vertriebs und der Verkaufsstelle oft das Erscheinungsbild der Publikationen entscheidend prägt. Im Wesentlichen haben wir es mit folgenden Verkaufsstellen zu tun: Presseverkaufsstellen (darunter Pressefachhandel, Kiosk, aber vor allem Tankstellen und Supermärkte) und Sortimentsbuchhandel. Unter- und Zwischenformen sind der Bahnhofsbuchhandel (ein Mischling, *weiter unten* mehr) und der Fachbuchhandel, darunter der Comicfachhandel (leider gibt es nur noch etwa 200 Comicläden in Deutschland). Die über 100.000 Presseverkaufsstellen beziehen ihre Ware über das Presse-Grosso (besteht aus 40 Presse-Grossisten, die wiederum von den Verlagen oder die sie vertretenden Nationalvertrieben beliefert werden). Die Verkaufsstellen besitzen ein Remissionsrecht (oft körperlos, das heißt, die nicht verkaufte Ware wird vernichtet), die Kosten für den Vertrieb setzen sich zusammen aus etwa 50 % Vertriebsrabatt auf den Verkaufspreis, Titelpauschalen (gestaffelt nach Häufigkeit des Erscheinens, die Gebühr für einen Einzeltitel ist fast zehnmal so hoch wie bei einer wöchentlich erscheinenden Publikation) und Transportkosten. Laut einer Beispielsrechnung bleiben bei einer Remissionsquote von 60 % (im Kinderzeitschriftenmarkt sind etwa 45–60 % üblich) dem Verlag 17,7 % vom Verkaufspreis aller eingelieferten Exemplare (bezogen auf die verkauften Exemplare 42 %). Allerdings ist in der Beispielrechnung die Auflage mit 20.500 sehr niedrig angesetzt, so daß die Titelpauschale mit 0,44 Euro pro verkauftem Exemplar zu verbuchen ist.

Laut Börsenverein des deutschen Buchhandels gibt es 6.000 Buchhandlungen in Deutschland. Der Buchhandel bezieht seine Verkaufsware durch Verlagsauslieferungen, Fachvertriebe (im Comicbereich z.B. PPM Vertrieb und Comic Combo Vertrieb) und über das Barsortiment (Libri, Umbreit, KNV), das jeden Titel mittels Bücherwagendienst innerhalb eines Tages liefern kann, allerdings mit einem geringeren Rabatt als die sonst üblichen 35–40 %.

Die 550 Verkaufsstellen des Bahnhofsbuchhandels (Zahl von 2018) machten etwa 10 % des Gesamtumsatzes im Pressebereich (zum Vergleich: Kioske verbuchten 4 %). Die Besonderheit dieser stark frequentierten Geschäfte: Sie führen sowohl Presseerzeugnisse als auch Bücher und sind zudem berechtigt, Ware direkt von den Verlagen zu beziehen, was diesen erlaubt, auch ohne die hohen Rabatte des Presse-Grosso und die für den flächendeckenden Vertrieb erforderlichen Auflagen mit hohen Streuverlusten teilzunehmen.

Der Versandhandel gewinnt durch das Internet immer mehr an Bedeutung, allerdings ist eine klare Zuordnung zu bestimmten Vertriebswegen nicht möglich. Amazon z.B. bezieht den größten Teil der angebotenen Bücher über das Barsortiment, Presse-Grosso wird dort kaum ausgeliefert (in der Regel nur über Abonnements erhältlich), andere Anbieter sind der geflügelte Arm von Buchhandelsketten oder lokalen Fachgeschäften und deren Bezugsquellen.

COMICFORMATE

Im deutschsprachigen Raum haben sich Comicformate nach Zielgruppe, Herkunftsland und Zweck etabliert, die wir hier zusammengefasst vorstellen:

Ein typisches Format für die im Pressehandel erhältliche Kioskware ist das **Comicheft** (oder „Comicmagazin"), das in regelmäßigen Abständen (z.B. im Zweiwochen- oder Monatsturnus) in seit den 50er Jahren bewährten Formaten (DIN A4, 17,5 x 26 cm wie das MICKY MAUS-Magazin oder das nur 5 mm schmalere US-Comicbook-Format) erscheint und üblicherweise 32–64 Seiten aufweist. Comichefte im Kinder- und Jugendsegment wie das deutsche MICKY MAUS-Magazin und MOSAIK haben inzwischen nur noch eine verkaufte Auflagen um die 75.000 Stück (beide erreichten schon Druckauflagen von etwa einer Million, MOSAIK sogar in DDR-Zeiten in einem be- bzw. eingegrenzten Markt). Oft gehört neben dem Comic-Anteil ein redaktioneller Part mit Reportagen und das unverzichtbare Gadget oder Gimmick zum Heft, ohne das es kaum noch zu verkaufen ist. Das verkaufsstärkste deutschsprachige Comicmagazin ist derzeit LEGO NINJAGO (im ersten Quartal 2019 Druckauflage 366.270, Verkauf 172.667 Exemplare), mit weitem Abstand folgen MOSAIK (ohne Gimmick) und das MICKY MAUS-Magazin.

Von den US-amerikanischen **Trade Paperbacks** (kurz „Trades" genannt) leiten sich im deutschen Sprachraum die Softcover mit zumeist US-amerikanischen Heftserien (hauptsächlich von Marvel und DC Comics) als Inhalt ab. In den Trades werden ältere Heftausgaben fortlaufender Serien zusammengefasst, die zusammen einen Handlungsbogen bilden. Vorzugsweise im Comic- und Bahnhofsbuchhandel erhältlich.

Die **Graphic Novel** ist der neue Inhalt zu einem alten Begriff (Richard Corbens „Bloodstar" erschien 1976 unter diesem Label, in den 1980ern erschienen unter dem Titel „Marvel Graphic Novel" bzw. „DC Graphic Novel" abgeschlossene Geschichten, teils mit den bekannten Superhelden und Fantasy-Akteuren). In Deutschland wurden vor allem amerikanische Independent-Comics mit diesem in den 2000ern promoteten Marketingbegriff verbunden, auch das Format erleichterte es den Verlagen, in den Buchhandlungen Fuß zu fassen (DIN-A4-Alben passen nicht gut in die Regalsysteme des Sortimentbuchhandels). Heute gelten „Graphic Novels" als anspruchsvolle Bildliteratur für Erwachsene (auch wenn der Begriff von klassischen Comiclesern und vielen Comicschaffenden abgelehnt wird), gerne als Literaturadaption oder mit starken autobiographischen Bezügen. Mit dem Roman („Novel") verbindet sie die Länge von meist weit über 100 Seiten. Bekannte Beispiele sind so unterschiedliche Erzählungen wie „Watchmen" von Alan Moore und Dave Gibbons, „Persepolis" von Marjane Satrapi und „Maus" von Art Spiegelman.

Das **Comicalbum** frankobelgischer Art kann als Softcover oder Hardcover erscheinen und ist mit 48, 56 oder 64 Seiten die typisch europäische Form eines längeren Comics. Handlungsbögen können sich über mehrere Alben hinweg entspinnen, sind ansonsten aber innerhalb des Albums meistens abgeschlossen, obwohl die Geschichten ursprünglich in wöchentlicher Fortsetzung in Magazinen wie TINTIN, SPIROU oder PILOTE erschienen.

Comic-Anthologien enthalten Sammlungen von Kurzgeschichten eher für Erwachsene und werden trotz ihres Magazincharakters meistens über den Sortimentsbuchhandel, vorwiegend den Comicfachhandel vertrieben. Beliebt sind sie besonders in der Independent-Szene, z.B. die mit dem *ICOM Independent Comic Preis* ausgezeichneten jährlich erscheinenden PANIK ELEKTRO (2003 bis 2010) und JAZAM! (seit 2006).

Die Comic-**Taschenbücher**, zu denen beispielsweise die LUSTIGEN TASCHENBÜCHER gehören, weisen Seitenzahlen von einhundert bis mehreren Hundert auf und sind typische Kiosk-Massenware. Früher meist mit abwechselnden S/W- und Farbseiten, heute durchgängig farbig.

Der japanische Manga in seiner Erscheinungsform als **Tankōbon** hat dagegen zwar ein ähnliches Format wie das etwas größere Taschenbuch, ist aber in der Regel in Schwarzweiß und erzählt durchgängige Geschichten epischen Ausmaßes, die sich zudem noch von Band zu Band fortsetzen. Näheres dazu **weiter hinten** zum Stichwort „Manga".

Zuletzt sei noch auf das **Cartoonbuch** hingewiesen. Anthologien und Sammelbände mit Cartoons einer beliebten Zeichnerin oder eines Zeichners sind nicht nur als Schmöker beliebt, sondern eignen sich ebenfalls als Mitbringsel. Deshalb verkaufen sie sich ebenso gut im Sortiments- wie im Bahnhofsbuchhandel. Dabei reden wir im besten Fall von Gesamtauflagen von etwa 50.000 Exem-

COMICS IN GEDRUCKTEN ERSCHEINUNGSFORMEN

Medium	Altersgruppe	Format	Seitenzahl
Comic-Hefte (Kiosk)	Kinder	ca. 17 x 26 cm (Heft), ca. 21 x 28 cm (Magazin)	32 und mehr Farbseiten
Taschenbücher (Disney und andere)	alle Altersstufen	ca. 12,5 x 19 cm (Tb.), ca. 14,5 x 21 cm (Großtb.)	100 und mehr Farbseiten
Paperback (mit US-Comics)	Jugendliche, Erwachsene	ca. 17 x 26 cm	100 und mehr Farbseiten
Softcover-Alben	alle Altersstufen	ca. 21 x 29 cm	48 Farbseiten
Hardcover-Alben	alle Altersstufen	ca. 22 x 30 cm (Album), ca. 23 x 32 cm (Großalbum)	48 und mehr Farbseiten
Manga-Taschenbücher	Jugendliche, junge Erwachsene	ca. 11,5 x 17,5 cm (Tb.), ca. 14,5 x 21 cm (Großtb.)	160 und mehr S/W-Seiten
Graphic Novels (Softcover, Hardcover, Klappbroschur)	meist Erwachsene	ca. 17 x 24 cm (zahlreiche Abweichungen)	100 und mehr S/W- oder Farbseiten
Comic-Magazine (HORRORSCHOCKER, ZACK, STRAPAZIN)	Jugendliche, Erwachsene	17 x 26 cm (Heft), 21 x 28 cm (Magazin) u.v.a.	32 und mehr S/W- oder Farbseiten
Cartoon-Bücher	Jugendliche, Erwachsene	sehr verschiedene Buchformate	ca. 50 bis mehrere Hundert
Selfpublishing- und Independent-Publikationen	Jugendliche, Erwachsene	DIN A4, 17 x 8 cm (Fan-Piccolos), 11,5 x 17,5 cm (Dōjinshis) u.v.a.	24 und mehr S/W- oder Farbseiten

Druckauflage	Erscheinungsweise	Markt
ab 15.000 Exemplaren	14täglich, monatlich	Presse-Grosso, Bahnhofs-buchhandel, Direktvertrieb
ab 25.000 Exemplaren	monatlich bis jährlich	Presse-Grosso, Bahnhofs-buchhandel, Sortiments-buchhandel, Direktvertrieb
ab 5.000 Exemplaren	unregelmäßig	Bahnhofsbuchhandel, Sortimentsbuchhandel, Comic-Fachhandel
ab 5.000 Exemplaren,	unregelmäßig	Bahnhofsbuchhandel, Sortimentsbuchhandel, Comic-Fachhandel
ab 3.000 Exemplaren,	unregelmäßig	Sortimentsbuchhandel, Comic-Fachhandel
ab 5.000 Exemplaren	2-monatlich bis unregel-mäßig	Bahnhofsbuchhandel, Sortimentsbuchhandel, Comic-Fachhandel
ab 1.000 Exemplaren	zumeist einmalig	Sortimentsbuchhandel, ausgewählter Comic-Fachhandel
ab 3.000 Exemplaren	monatlich bis vierteljährlich	Bahnhofsbuchhandel, Direktvertrieb, Comic-Fachhandel
ab 2.000 Exemplaren	einmalig oder in Reihen	Bahnhofs- und Sortiments-buchhandel, Comicfach-handel
ab 100 Exemplaren	unregelmäßig	Direktvertrieb, ausgewähl-ter Comic-Fachhandel

plaren und mehr, wobei diese Höhen nur bekannte Cartoonisten wie beispielsweise Uli Stein, Ralph Ruthe oder Joscha Sauer u.a. erreichen können, der „Normalcartoonist" muß sich meist mit vierstelligen Verkäufen begnügen.

In den Bereich des Auftragswerks gehören die **Buchillustrationen**, die zur Bebilderung in diversen Druckwerken verwendet werden. Manche Verlage bieten dabei nur eine pauschale Bezahlung pro Bild an, welche dann die komplette Vergütung für Entwurf und abgegoltene Nutzungsrechte enthalten soll. An dieser Stelle sei auf die umfassenden Informationen der *Illustratoren-Organisation* (**IO**) hingewiesen. Der Verband für Illustratoren erteilt auf seiner Website umfangreich Auskunft über Illustrations-Aufträge und deren Abwicklung. Als Buchillustrationen sind Comics eher weniger nachgefragt, aber an Karikaturen oder Cartoons gibt es ein breites Interesse.

Schließlich möchten wir noch die **Fanzines** erwähnen, in denen sich Fans und gelegentlich auch Profis betätigen. Fanzines haben eine eigene Kommunikationskultur und dienem dem Ausprobieren der eigenen Talente, als Test um Lesergunst sowie als künstlerisch herausragende Einzelproduktionen, die manchmal in kunstgrafischen Druckverfahren publiziert werden. Sie sind Bestandteil der Comicszene und meist direkt von ihren Machern zu beziehen.

PRESSE

Eine Zeitung soll über den politischen Parteien stehen, tendiert aber meistens in eine politische Richtung, für die sie in der Öffentlichkeit wahrgenommen wird. Einige rangieren als Leitmedien und bestimmen die öffentliche Meinung mit. Zeitschriften und Magazine verfolgen hingegen eher eine inhaltliche Ausrichtung mit jeweils eigenen Themen und Zielen. Karikaturen und Cartoons haben die Aufgabe, Leserinnen und Lesern Meinungen und Informationen in leicht zugänglicher Form zu vermitteln.

Die Zeitungen erlebten vor etwa 120 Jahren als wichtigste Informationsquelle der Bevölkerung ihren Höhepunkt und boten Nachrichten, Kommentare, amtliche Verlautbarungen sowie Anzeigen und Unterhaltung für die gesamte Öffentlichkeit. Ihre Werke in der Zeitung zu veröffentlichen, war das Ziel vieler US-amerikanischer Künstlerinnen und Künstler, die mit ihren Karikaturen und Cartoons damals ein üppiges Zubrot neben ihrer eher kargen freien künstlerischen Arbeit verdienen konnten. Und hier begann bekanntlich der Siegeszug des Comics als eine moderne Bildergeschichte. In dieser Epoche war es für Comicschaffende selbstverständlich, eine gute Bezahlung für den Abdruck ihrer Arbeiten zu erwarten, denn die hohen Auflagen der großen US-Blätter und damit die entsprechend hohen Umsätze erlaubten satte Honorare. Nicht wenige freie Künstler und Künstlerinnen erwarben mit dem Zeichnen von Comics sogar große Popularität. In Deutschland hat sich in diesen Jahren der Comic und damit ein Typus eines gutbezahlten Comicschaffenden für Massenblätter nicht in dem Maße etabliert, insbesondere da die Syndikation kein verbreitetes Geschäftsmodell war. Zwar zeichneten viele Künstlerinnen und Künstler Cartoons („Bilderwitze" bzw. „Bildergeschichten") oder Karikaturen für die Presse. Millionär (wie in den USA etwa Winsor McCay) wurde aber davon bisher hierzulande niemand, trotz teilweise sehr guter Honorare.

Doch auch die US-amerikanische Erfolgsgeschichte des Comics ließ sich nicht ohne Einbußen in die Gegenwart fortsetzen. Medien wie Radio, Fernsehen und zuletzt das Internet haben nicht nur in den USA, sondern auch in Europa den Pressemedien den Rang abgelaufen. Die Auflagen sind gesunken, die Umsätze ebenfalls. Verändert hat sich jedoch nicht das Geschäftsmodell auf dem Pressemarkt für uns Kreative: Im Pressegeschäft gibt es bei fast allen Verlagen feste Sätze für Bildhonorare, die sie zumeist sowohl für den Ankauf von Bildrechten als auch für den

Bezug von Bildmaterial wie Illustrationen, Grafiken etc. verwenden. Dabei werden in der Regel einfache Nutzungsrechte vergütet, für die es bei allen Blättern meistens Preislisten gibt. So zahlt gemäß der Recherche des Internetportals *mediafon*[9] das HAMBURGER ABENDBLATT (Stand 2016) für den Abdruck eines Fotos 60 Euro, während die SÜDWESTPRESSE 40 Euro, der MÜNCHNER MERKUR (Stand 2015) aber nur 25 Euro berappen. Aus diesem Grund empfiehlt es sich für alle, die ihre Arbeiten an die Presse verkaufen wollen, das Tarifwerk „Bildhonorare der Mittelstandsgemeinschaft Foto-Marketing" (**MFM**) zu beziehen. Hier sind übliche Nutzungshonorare für Bildrechte vermerkt, die nach Medium, Auflage, Platzierung und Größe differenziert werden. Die Bildhonorare der **MFM** haben Gültigkeit für alle Arten von bildnerischen Werken, denn in der Presse wird in dieser Hinsicht keine nähere Unterscheidung zwischen Zeichnung und Fotografie getroffen.

In den Zeitungs- und Zeitschriften-Redaktionen sitzen **Bildredakteure**, die sich um die komplette Bebilderung ihres Periodikums kümmern. Diese sind die Adressaten für die Arbeiten, die ihr der Zeitung anbieten möchtet und deshalb immer an diese genannte Bildredaktion schicken solltet. Die eingegangenen Arbeiten werden dort weder mit besonderer Aufmerksamkeit noch mit entsprechender Vorsicht behandelt. Aus diesem Grund empfiehlt es sich, keine handwerklichen Originale zu schicken. Kopien oder Ausdrucke sind völlig ausreichend. Abzuraten ist von Datenträgern oder Links zu Websites oder Downloads. Diese werden aufgrund des komplizierten Zugangs zum Material von den Redakteuren zumeist ignoriert. Manchmal unterbinden Vorschriften der Datensicherheit die Verfolgung von per Mail verschickten Links oder das Einlesen zugeschickter Datenträger in die betrieblichen Computernetzwerke, es sei denn, es wurden eigens welche angefordert.

Wenn ihr nicht selbst mit euren Arbeiten von Zeitung zu Zeitung hausieren gehen wollt, könnt ihr versuchen, eure Strips beispielsweise über die sogenannte **Syndikation** an die Konsumenten und die Zeitung zu bringen, ein im Pressegeschäft übliches Verfahren.

MEHRFACHVERWERTUNG UND SYNDIKATION

Syndikation beschreibt den Handel mit Content, gleichgültig ob es sich um Texte oder Bilder handelt. Hierbei erwerben Zeitungsredaktionen jeweils ein einfaches Nutzungsrecht an Artikeln, Fotos oder Illustrationen, um die freien Kontingente ihrer Ressorts damit zu füllen. Da es einfache Nutzungsrechte sind, können mehrere Redaktionen beispielsweise das gleiche Bild abdrucken. Der Besitz eines einfachen Nutzungsrechts berechtigt zum einmaligen Abdruck oder einer sonstigen einmaligen medialen Verwertung (Veröffentlichung) eines Werks. Soll das Werk ein weiteres Mal — beispielsweise zu einem späteren Zeitpunkt — erscheinen, dann muss das Nutzungsrecht ein weiteres Mal erworben werden. Es ist denkbar, dass sich zeitgleich noch ein anderes Presseorgan für das Werk interessiert und es in seinen Content einbringen will. Dann muss selbstverständlich ein weiteres Nutzungsrecht dafür erteilt werden. Dass mit jeder Vergabe von Nutzungsrechten Vergütungen fällig werden, versteht sich von selbst. Die Attraktivität des Rechteverkaufs wird auf diese Weise immer höher, je öfter Nutzungsrechte nachgefragt werden. Ziel der Syndikation ist die mehrfache Auswertung eines Werks, das bedingt durch seinen eigenen Erfolg und der steigenden Nachfrage deutlich mehr Gewinn abwerfen wird als bei einer einfachen Auswertung.

Es gibt Firmen, die teilweise einen regen Handel mit diesen Rechten betreiben, manche sogar ausschließlich. Diese Unterneh-

---

[9] *Link abgerufen am 23. Juli 2018: www.mediafon.net/ empfehlungen_honorare_foto.php3*

men sind in dem Fall sogenannte *Syndikate* oder *Pressedienste*, manchmal sind es *freie Redaktionen* oder *Nachrichtenagenturen*. Verlage selbst betreiben manchmal Syndikation, insbesondere wenn sie mehrere Zeitungen oder Periodika beispielsweise eines regionalen Verbreitungsraums unter einem Dach versammeln, für die sich eine mehrfache Verwendung des gleichen Contents anbietet. Die Syndikation betreibenden Unternehmen bieten dabei unterschiedliche Lizenzierungsmodelle an, mit denen ihre Inhalte an die Presseorgane weitergegeben werden. In der Regel wird für eine einmalige Nutzung nach dem Ausmaß der Verwertung bezahlt, die beispielsweise abhängig ist von der Höhe der Auflage, der Anzahl von Klicks, der Höhe der Einschaltquoten oder anderen messbaren Größen. Außerdem wird die Auswertung eines Werks umso einträglicher, je häufiger eine Nutzung stattfindet, weil ein einfaches Nutzungsrecht mehrfach erworben und damit vergütet wird.

Die Syndikation eines stark nachgefragten Inhalts kann ziemlich große Dimensionen annehmen. Nehmen wir als Beispiele ein paar bekannte Comicstrips wie die „Peanuts" oder „Calvin & Hobbes" etc. Sie erscheinen seit Jahrzehnten weltweit in Hunderten von Periodika (die „Peanuts" erschienen zeitweise sogar in 2.900 Zeitungen) und bescheren den Rechteinhabern einen stetigen Geldfluss. Solche Erfolgsmodelle gibt es bei den Strips von deutschsprachigen Künstlerinnen und Künstlern eher selten. Die meisten Kreativen hierzulande freuen sich über mehr als drei oder vier Auswertungen pro Strip.

TOTALER RECHTE-BUYOUT

Manche Pressedienste oder Verlage und weitere Medienunternehmen bestehen auf einem totalen Rechte-Buyout. Damit möchten sie sämtliche Rechte medialer Verwertung an einem Werk für alle Zeiten erwerben, sogar von Medien, die als technische Version zwar noch nicht erfunden sind, aber die es in der Zukunft dann geben soll. Da der Buyout ein Lizenzmodell US-amerikanischer Prägung ist und eigentlich nach deutschem Recht unveräußerliche Urheberrechte umfasst (Veränderung des Werks, Übersetzungsrecht usw.), sind Buyouts nach deutschem Recht damit unzulässig (dazu mehr in **Teil 2: Rechtslage und Verträge**). Wird dieser Terminus im Lizenzgeschäft verwendet, stellt sich die Situation für uns Kreative folgendermaßen dar: Nach Veräußerung aller Rechte, bei der wir meistens noch die Originalzeichnungen mit abgeben müssen, haben wir keine Handhabe mehr, über unsere Arbeiten zu verfügen. Oft dürfen wir sie dann nicht einmal auf die eigene Website stellen oder müssen mitansehen, wie die Inhalte verändert werden.

Viele Auftraggeber lassen sich Buyout-Rechte zusichern, weil sie dann mit den Werken machen können, was sie wollen, z.B. das Artwork überarbeiten lassen, oder sie beliebig oft und in den unterschiedlichsten Medien wiederauflegen oder an andere Medien weiterlizenzieren, sie etwa zu Hörspielen, zu Filmdrehbüchern, in Übersetzungen weiterverarbeiten u.a.m. Bei all diesen immer zahlreicher werdenden Nutzungen, die der Auftraggeber mit einem einzigen Artwork vornimmt und die im Grunde für den herausragenden wirtschaftlichen Wert dieser Arbeit sprechen, haben die Urheberinnen und Urheber dann kein Recht mehr auf eine angemessene Vergütung, weil das ja pauschal im Buyout mitverkauft worden ist. Ein Buyout müsste, wenn er ansonsten mit deutschem Recht konform wäre, somit exorbitant gut bezahlt sein, weil er eine ebensolche Erfolgsgeschichte des Schaffens etwa einer Cartoonistin oder eines Comikünstlers etc. ja impliziert.

Ein Rechte-Buyout wird im Comicbusiness und im Film gemessen am Umfang seiner vergebenen Rechte für gewöhnlich jedoch eher mäßig bis schlecht bezahlt. Dass es viele Verträge mit Buyout-Klauseln gibt, ist vor allem dem lukrativen Aspekt der damit verbundenen zahlreichen rechtlichen Freiheiten des Lizenznehmers zu verdanken.

Außerdem vereinfacht es die Abrechnung der Einnahmen, da nur wenige bis gar keine Nutzungsrechte pro verkaufter Einheit vergütet werden müssen. Der **ICOM** empfiehlt seinen Mitgliedern bei solchen Verträgen äußerste Vorsicht walten zu lassen. In **Kapitel 1.4: Tipps aus der Praxis** raten wir, zunächst auf ein eingeschränktes Rechtemodell mit Vorkaufsrecht auf weitere Rechteabtretungen zu verhandeln (siehe **Seite 60**). Ein Rechtsanwalt sollte ebenfalls zurate gezogen werden, damit hier keine unvorteilhaften Vereinbarungen eingegangen werden. Dabei sollte beachtet werden, dass Auftraggeber aus dem EU-Ausland und insbesondere aus den USA mit ihren Vertragsdokumenten aus dem Rahmen des europäischen Urheberrechts fallen, da sie ganz andere rechtliche Verhältnisse in ihren Ländern vorfinden, in denen Dinge legal sein können, die hierzulande jeder Rechtsgrundlage entbehren.

MANGA

Die japanische Variante des Comics hat sich nach dem Zweiten Weltkrieg durch den starken Einfluss US-amerikanischer Comics stark verändert, sich dann aber weitgehend unabhängig weiterentwickelt, lange Jahre ignoriert von der westlichen Welt. Erst seit den 1990ern erfreut sie sich weltweit großer Beliebtheit, und der Absatz von Manga ist nach wie vor eine geschäftliche Goldgrube, obwohl die Marktentwicklung inzwischen etwas weniger steil nach oben zeigt und der Export stark unter *Scanlations* (im Internet kursierenden illegalen Übersetzungen) leidet (siehe die „Marktberichte Japan" im CO-MIC!-Jahrbuch). In Deutschland wurde man 1982 durch „Barfuß durch Hiroshima" auf Manga aufmerksam, auch „Akira" (1991) war erfolgreich, aber erst mit dem Boom der Anime im Fernsehen („Sailor Moon") und der Tankōbon-Serie „Dragon Ball", in der erstmals die Seiten ungespiegelt in fernöstlicher Leserichtung abgedruckt wurden, begann ihr Siegeszug. Auch deutsche Zeichner und Zeichnerinnen bevorzugen es, ihre Ge-

schichten von „hinten nach vorne" zu gestalten. Der Erfolg dieser formal und inhaltlich neuen Bildgeschichten rettete nicht nur einige Verlage und Comicläden über die Rezession der ausgehenden 90er Jahre, sondern verschaffte vielen jungen Künstlern Publikationsmöglichkeiten, sei es in Magazinen wie DAISUKI, MANGA-POWER und SHONEN ATTACK oder in eigenen Taschenbuchserien. Einige, wie etwa Christina Plaka, erreichten Kultstatus und hohe Auflagen im fünfstelligen Bereich. Der Preis dafür ist eine hohe Arbeitsdisziplin, denn der Erscheinungsturnus ist eng getaktet, und auch wenn eine Tankōbon-Seite nur ein Drittel einer Albumseite misst und zudem scharzweiß ist, wollen die 200 Seiten für ein Taschenbuch erst-einmal gezeichnet werden. Und der Verkaufspreis beträgt in der Regel nur die Hälfte dessen, was ein Farbalbum kostet.

KREATIVTEAMS UND COMICSTUDIOS

Es gab schon einige erfolgreiche Ansätze, in Deutschland eine umfassende Comicproduktion in Gang zu setzen, für die eine entsprechend massenhafte Nachfrage seinerzeit vorhanden war. Dazu gehörten Unternehmen wie der Kauka Verlag mit FIX UND FOXI in München oder der Verlag Junge Welt mit MOSAIK in (Ost-)Berlin. Andere Verlage wie Bastei-Lübbe in Köln beauftragten bei Bedarf keine einzelnen Kreative, sondern suchten Ateliergemeinschaften oder Studios auf, die ihnen die gewünschte Leistung komplett anbieten konnten. Die einstige Vielfalt ist inzwischen etwas ausgedünnt. Doch immer noch gibt es Verlage, die Eigenproduktionen und damit ein Studio betreiben, wie etwa der Mosaik Steinchen für Steinchen Verlag und der Weißblech-Verlag. Als größere professionell betriebene Comicstudios, die im deutschsprachigen Raum unentwegt Geschichten produzieren (oder produzierten), sind zu nennen *Tooncafé* aus Berlin, Boris Zatko und sein Team (KNAX-Comics), die *Ully Arndt Studios* in Hamburg oder das leider vor drei Jahren aufgelöste *STENARTS-Studio* des MO-

IDEALER PERSONELLER AUFBAU EINES GROSSEN COMICSTUDIOS

Geschäftsführer/-in (CEO): Kümmert sich ums Marketing, akquiriert Aufträge, pflegt Geschäftskontakte, repräsentiert das Unternehmen, stellt Mitarbeiter/-innen ein (und entlässt sie wieder), beauftragt Freelancer und Dienstleister, kontrolliert die Effizienz der Abteilungen, prüft die Rentabilität des Unternehmens, sucht nach wirtschaftlichen Verbesserungsmöglichkeiten.

Office Manager – Finance / Human Ressources etc.: Organisiert Buchhaltung, Rechnungswesen, Personalwesen.

Editorial Director (ED): Legt zusammen mit dem/der Szenarist/-in die Storylines von Eigenproduktionen und Franchises fest, prüft einzelne Plots und Handlungsbögen, korrigiert die Texte, präsentiert die Arbeiten beim Kunden/Auftraggeber.

Creative Director (CD): Bestimmt die künstlerische Ausrichtung des Studios, gestaltet Hauptfiguren, erarbeitet Setting und Atmosphäre zusammen mit Illustrator/-in und Art Director, präsentiert die Arbeiten beim Kunden/Auftraggeber.

Atelierleiter/-in (head of art department): Organisiert den Studiobetrieb, arbeitet künstlerische Mitarbeiterinnen und Mitarbeiter und Auszubildende ein, kümmert sich um Modelle, Vorlagen, Arbeitsmaterial, Hard- und Software, fachliche Weiterbildung, Informationsmaterial.

Art Director (AD): Entwirft den Seitenaufbau, sucht zusammen mit dem Letterer geeignete Schriften aus, überwacht den Workflow, prüft den künstlerischen Output der Mitarbeiterinnen und Mitarbeiter, fügt das Artwork zusammen.

Illustrator/-in (concept artist): Entwirft Figuren, Hintergründe, Schauplätze.

Szenarist/-in oder **Autor/-in** (writer): Schreibt das Skript, textet die Dialoge, teilt die Panels auf.

Vorzeichner/-in (pencil artist): Zeichnet die einzelnen Panels mit Bleistift oder digital vor, komponiert die Seiten, bestimmt die Dynamik der Handlung.

Reinzeichner/-in (inker): Zeichnet die Lineart (Konturen).

Kolorist/-in: Entwirft die Farbgebung, legt zusammen mit Art Director Farbstimmung fest.

Correction Artist: Angesichts des immensen Aufwands für die Korrektur und Nachbearbeitung ausufernder Produktionen hat sich oft die feste Position des Correction Artists etabliert.

Letterer: Setzt Texte gemäß dem Skript in Sprechblasen ein, gestaltet Lautmalerei und Inflektive nach Vorgabe des Art Directors.

Flatter: Bereitet die Farbgebung vor.

In kleinen Studios können sich mehrere der oben beschriebenen Funktionen bei einem einzigen Ausführenden häufen. Z.B. flattet der/die Reinzeichner/-in noch und übernimmt gleichzeitig das Lettering, oder der/die Geschäftsführer/-in ist zugleich Creative und Editorial Director.

Wenn das Studio damit beginnt, seine eigenen Werke selbst zu verlegen, dann kommen ein paar neue Abteilungen (die Redaktion, die Produktion, der Verkauf sowie die Auslieferung) mit einigen weiteren netten Kolleginnen und Kollegen mit ins Boot. Dann wird aus dem Ganzen ein Verlag.

SAIK-Zeichners Thorsten Kiecker. Außerdem gibt es hierzulande einige Kreativteams, Ateliergemeinschaften und Künstlerkollektive. Der deutsche Pressemarkt wird ansonsten nach wie vor in Teilen von Comic produzierenden Service-Studios und Agenturen aus dem Ausland bedient, während die deutsche Verlagsszene Comics in der Hauptsache aus Spanien (z.B. von *COMICON*) sowie u.a. aus Argentinien und Weißrussland bezieht.

Da zu einem Comic kreative Leistungen aus mindestens zwei unterschiedlichen musischen Richtungen gehören, die sich nicht unbedingt von einer einzigen Person in ausreichend professioneller Qualität beziehen lassen – die Rede ist von Skript und Bild, bieten Teams ihren Auftraggebern den Zugriff auf Arbeitsgemeinschaften, die das Schreiben ebensowie das Artwork abdecken. Die kleinste Gemeinschaft bilden somit Duos aus Szenaristen/-innen und Zeichnern/-innen wie beispielsweise die beiden Schöpfer von „Luzian Engelhardt" und „Gambert", Dirk Seliger und Jan Suski, die sich natürlich keine eigene Firmierung geben müssen. Anders sieht es bei stark arbeitsteiligen Prozessen aus, die größere Story-Kontingente in relativ kurzen Fristen herstellen müssen und aus Leuten für das Skript, die Vorzeichnung, die Tusche, die Kolorierung, das Lettern u.a.m. bestehen. Der Vorteil dieser Aufteilung ist, dass alle Beteiligten nur einen kleinen, relativ gut überschaubaren Anteil, auf dessen Herstellung sie sich zudem spezialisiert haben, am Gesamtoutput leisten müssen und somit schneller am nächsten Projekt arbeiten können. Die Produktionszeit beschleunigt sich, so dass wöchentliche Erscheinungsweisen von gut gefüllten Comicmagazinen bewältigt werden können.

Damit die wichtigsten Beteiligten existenziell gut abgesichert sind und einen stetigen Output garantieren können, wird ein Studio als Firma gegründet, das sie als Mitarbeiterinnen und Mitarbeiter einstellt. Weitere benötigte Leistungen werden von freiberuflichen Kreativen eingekauft.

Studios und Teams müssen es schaffen, ihre Organisation sicher und ökonomisch zu managen. Da Verlage gegenüber dem Handel und damit dem Publikum immer ein kontinuierliches und regelmäßiges Erscheinen ihrer Periodika gewährleisten müssen, sind sie interessiert daran, mit dem Artwork pünktlich und preiswert beliefert zu werden. Das heißt, der Workflow im Team sollte gut abgestimmt sein und ohne Zeitverluste stattfinden können. Dazu gehört, dass Honorare sowie Vergütungen der Nutzungsrechte und Tantiemen in aller Klarheit vorab unter den als Urheberinnen und Urhebern geführten Anspruchinhabern (z.B. für Szenario, Vorzeichnung, evtl. Kolorierung) prozentual aufgeteilt worden sind.

Comicstudios spielen eine wichtige Rolle für den professionellen Nachwuchs. Etliche inzwischen bekannte Comickünstlerinnen und -künstler haben sich ihre ersten Sporen in großen Teams wie beispielsweise dem von Uli Arndt oder von MOSAIK verdient.

KÜNSTLERKOLLEKTIVE

Keine Firmenstruktur, sondern nur ein lockerer Verbund aus freien Kreativen, das sind Künstlerkollektive, die ihre Zusammenarbeit auf eine freiwillige Basis abgestellt haben und ihre Comics eher über Selfpublishing oder bei einem Independent Verlag veröffentlichen. Sie haben meist das Ziel, wenigstens eine Publikation im Jahr zu schaffen, woraus dann ein Fanzine, eine Anthologie oder ein Comicmagazin wird. Um nur einige Künstlerkollektive des deutschen Sprachraums zu nennen: *Monogatari* (aufgelöst), *Jazam!*, *Spring*, die *Pengboom Society* u.a.

Ateliergemeinschaften haben nicht unbedingt den Anspruch, in gemeinsamen künstlerischen Projekten zu wirken und zu publizieren, sie teilen einfach nur gemeinsame Ressourcen wie die Räumlichkeiten und ermöglichen damit allen Partizipierenden, unter professionellen Bedingungen ökonomisch zu arbeiten. Möglicherweise unterstützen sie sich gegenseitig in der Bearbeitung von

Aufträgen, doch eine systematische Zusammenarbeit an einem gemeinsamen Projekt ist vordergründig nicht Sinn einer Ateliergemeinschaft. Bekannte Ateliers sind die *Artillerie* in München und *Moga Mobo* aus Berlin, letzteres ist zugleich ein Künstlerkollektiv.

ANIMATIONSFILM

Das deutsche Filmgeschäft kämpft um Besucherzahlen. Die Kinos verzeichnen einen deutlichen Zuschauerschwund. Verkaufszahlen von Film-DVDs sinken seit Jahren, und der technische Nachfolger Blu-ray ist nicht in die Bresche gesprungen, sondern stagniert seit einiger Zeit im Abwärtstrend. Aufschwingen konnten sich Streamingdienste und Pay-TV, die den DVD-/Blu-ray-Verleih abgelöst haben. Das öffentlich-rechtliche Fernsehen ist aufgrund der dualen Finanzierung aus Gebühren und Werbung zwar vor allem durch die festen Rundfunkbeiträge vor größeren Umsatzeinbußen gefeit, kann sich jedoch damit vor sinkenden Einschaltquoten und stagnierenden Werbeeinnahmen nicht schützen. Das nur zum Thema Film und Fernsehen generell. Im Animationsfilm sieht es leider noch schlechter aus.

Der im September 2018 veröffentlichte Bericht des Trickfilmverbands *AG Animationsfilm e.V.* „Situation des Animationsfilms im deutschen Fernsehen 2010 bis 2015"[10] untersucht die Situation des deutschen Animationsfilms nicht nur im deutschen Fernsehen und kommt zu dem Ergebnis, dass die Lage der Beschäftigten im Animationsfilm in Deutschland prekär ist. Im Jahr 2013 waren immerhin 683 Menschen in dieser Branche in Deutschland tätig, wovon 63 % Selbstständige/Freiberufler/-innen sind. Das Jahreseinkommen von 38 % der Befragten lag laut der Studie dabei allerdings unterhalb des Existenzminimums von 16.500 Euro in einer Branche, für die ein Stundenlohn mit durchschnittlich 10 bis 30 Euro angegeben wird. Dabei kamen Frauen mit 57 % der unter 16.500 Euro Beziehenden besonders schlecht weg. Ein Anteil von 42 % aller Be-

schäftigten hatte keine Altersvorsorge. 45 % schätzten ihre finanzielle Perspektive eher negativ ein und 68 % machten sich sogar Gedanken über einen Branchenausstieg.

Die AG Animationsfilm führt das unter anderem auf einen Mangel an deutschen Trickfilm-Produktionen unter den ausgestrahlten Animationsfilmen im deutschen Fernsehen zurück, die mit unter 10 % im Vergleich zu ausländischen Animationsfilmen weit unterhalb ihrer Möglichkeiten liegen. Verglichen mit Deutschland stehen Frankreich und Großbritannien bei Anteilen von 40 % (F) und über 60 % (GB) in Trickfilmproduktionen für das Fernsehen geradezu als Eldorado des Animationsfilms in Europa da. In Frankreich ist dieser Anteil sogar gesetzlich vorgeschrieben. Angesichts dessen könnte die deutsche Filmförderung gerne mehr für den Animationsfilm tun. Da Trickfilm im deutschsprachigen Raum an einigen Universitäten und Hochschulen gelehrt wird, ist der wirtschaftliche Misserfolg dieser Branche besonders bedauerlich.

Schaut man sich die Situation der Trickfilmschaffenden in der Werbung an, wird sich wahrscheinlich ein etwas besseres Bild der Berufssituation ergeben, das wir jedoch mangels repräsentativer Erhebungen nicht belegen können. In der Nähe zum Animationsfilm befinden sich einige audiovisuelle Medienformate, die einen festen Platz im Marketing der Unternehmen haben: Industriefilm, Erklärvideo und weitere Formen des Motion Designs. Zudem dürften Trickfilmerinnen und Trickfilmer mit den Berufen 2D-/3D-Animator/-in oder Produzent/-in ein Unterkommen in der Games-Branche finden, die mit der Filmbranche Technik und Content in vieler Hinsicht gemeinsam hat. Storyboarder, 3D-Animatoren/-innen und Concept Artists können in einigen weiteren Branchen Fuß fassen.

---

[10] *www.ag-animationsfilm.com/wp-content/uploads/2018/04/AGAnimationsfilm_Studie-zur-Situation-des-Animationsfilms_2542018.pdf*

SPIELE

Ähnlich wie der Manga hat die Computer- und Videospielebranche eine Erfolgsstory zu vermelden. Allein im Jahr 2017 stieg der Umsatz in Deutschland um 15 % gegenüber dem Vorjahr und lag bei 4,2 Milliarden Euro[11], weltweit sogar bei 100 Milliarden Dollar, Tendenz weiter steigend – besonders im Segment E-Sports. Gleichzeitig wächst die Branche personell bei momentan relativ wenig Beschäftigten insgesamt. So sind in Deutschland nur etwa 12.000 Menschen (Stand Mai 2018) in Entwicklerstudios angestellt, was gemessen am erwähnten Umsatz keine hohe Zahl ist, wenn man vergleicht, dass im gesamten kultur- und kreativwirtschaftlichen Sektor immerhin etwa eine Million Menschen in Deutschland einen Gesamtumsatz von 132 Milliarden Euro[12] erwirtschaften (Zahl aus dem Jahr 2008[13]). Spielehits wie „Die Siedler", die „Anno"-Reihe, „Far Cry" oder „Drakensang" von Firmen wie Blue Byte, Crytek oder Bigpoint stammen beispielsweise aus Deutschland. Der Gamesmarkt ist für Kreative interessant und zumindest hierzulande personell ausbaufähig.

Etwas kleinere Brötchen backen die Hersteller von analogen Spielen: die Brett- und Gesellschaftsspieleverlage. Die Umsatzzahlen steigen jedoch nach einer Delle von ca. 400 Millionen Euro in 2011/2012 wieder kontinuierlich und lagen 2016 bei etwa 500 Millionen Euro[14]. Gefühlt darf man davon ausgehen, dass hier der Markt in den kommenden Jahren stetig weiterwachsen wird, zumal deutsche Autorenspiele im Ausland einen guten Ruf genießen – man denke an den Welterfolg „Die Siedler von Catan" von Klaus Teuber. Möglichkeiten einer freien Mitarbeit gibt es für Künstlerinnen und Künstler in den zahlreichen Spieleverlagen. Angesichts einer häufig anzutreffenden thematischen Widmung des Spiels oder der Übernahme diverser Franchises wie etwa „Star Wars" oder „Game of Thrones" können Comicschaffende als Illustratorinnen und Illustratoren bei der Kreation von Spielbrett, Schachtel und Spielmaterial aktiv werden.

Das bringt uns zu der Frage, welchen Part Kreative mit dem Schwerpunkt Comic, Cartoon, Karikatur und Trickfilm auf dem Video- und Computergame-Markt übernehmen können? Elektronische Spiele erfordern vor allem einschlägige Erfahrungen mit der Materie und ein tiefgreifendes technisches Verständnis. Dennoch tun sich hier Möglichkeiten für Comicautoren/-innen sowie Illustratoren/-innen und Trickfilmer/-innen auf, wie man an der Struktur eines typischen Entwicklerstudios ersehen kann (siehe **folgende Seite**).

---

[11] Die Zahlen stammen vom Branchenverband Game. Abgerufen am 25. Juli 2018 bei: www.game.de/marktdaten/gesamtmarkt-digitale-spiele-2017

[12] Wert laut Wikipedia. Abgerufen am 25. Juli 2018 bei: de.wikipedia.org/wiki/Kulturwirtschaft#Ergebnisse

[13] Zum Vergleich: Jahreswirtschaftsleistung (2017) in der Games-Branche pro Kopf: ca. 350.000 Euro; im gesamten kultur- und kreativwirtschaftlichen Bereich (2008) pro Kopf: ca. 132.000 Euro (eigene Berechnung auf Basis der oben genannten Quellen).

[14] Wert laut Statistikportal Statista. Abgerufen am 25. Juli 2018 bei: de.statista.com/statistik/daten/studie/79 6288/umfrage/umsatz-mit-gesellschaftsspielen-in-deutschland

PERSONELLER AUFBAU EINES ENTWICKLERSTUDIOS

Kopf der Spielkreation ist ein **Game Designer**, der oder die die Spielidee in ein interaktives Konzept überträgt, die Spielmechanik erarbeitet, die Ergebnisse der anderen kreativen Mitarbeiterinnen und Mitarbeiter koordiniert. Wer als Game Designer arbeiten will, muss über viel entsprechende Erfahrung und beispielsweise eine Ausbildung im Trickfilm verfügen, denn hier wird u.a. die Fähigkeit verlangt, eine Narration erstellen und inszenieren zu können. Den Berufsweg in diese Richtung zu gehen ist aber ebenso für Kreative in den Bereichen Skript sowie Artwork bei entsprechender Aus- oder Weiterbildung möglich, wobei gerne der umgekehrte Weg beschritten wird: So mancher Game Designer lebt sich hin und wieder als Comicschaffender aus.

Die **Writer** oder **Storyteller** übernehmen in der Game-Entwicklung die Aufgabe, den Plot zu schreiben, sich Hintergrundstorys auszudenken, Protagonisten, Gegenspieler, Orte, Konflikte zu erschaffen, die Spielerinnen und Spieler erkunden sollen. Anders als beim Comic sind die Handlungsverläufe jedoch nicht linear, deshalb werden sehr viele Entscheidungsmöglichkeiten und Verzweigungen durchgegangen. Und natürlich müssen Dialoge verfasst werden.

Als **Concept Artists** oder **Art Directors** entwerfen Illustratoren/-innen oder Graphic Designer Sets, Szenen, Landschaften, Charaktere, Monster u.v.a.m. Das Augenmerk liegt dabei darauf, die Gedanken des Game Designers zu visualisieren sowie die Atmosphäre des Spiels zu wahren. Comiczeichnerinnen und -zeichner beschäftigen sich ebenfalls gelegentlich mit dem visuellen Konzipieren ihrer Werke und bringen hier gut verwertbares Handwerkszeug mit.

Wenn ihr als Illustrator/-innen mit 3D-Software arbeitet, könnt ihr als **Level Designer** anheuern, welche die Aufgabe haben, aus den zweidimensionalen Entwürfen des Concept Artist lebendige 3D-Welten zu zaubern. Dabei arbeitet ihr eng mit dem Art Director zusammen.

Als Bindeglied zwischen Kreation und IT wirken die **Technical Artists** oder **Visual FX Artists**. Sie setzen die Entwürfe der Concept Artists in einzelne 3D-Assets (= Dateien eines größeren Datenbestands) um, die zudem für die Spielmechanik wichtige Eigenschaften erhalten, und programmieren die Effekte. Ein Background als Programmierer/-in oder Informatiker/-in ist hier unerlässlich.

Außerdem operiert bei Gameproduktionen noch ein Stab an organisatorischen und technischen Mitarbeiterinnen und Mitarbeitern, die sich um Management, Programmierung, Playtesting, Marketing usw. kümmern.

1.4 TIPPS AUS DER PRAXIS

Ohne Bezahlung soll und darf niemand seine Werke erarbeiten. Doch vor allem im Bereich der Vermarktung freier Projekte wird oftmals in Teilen von diesem Minimalanspruch Abstand genommen. Hierzu sei beachtet, dass ein Verlag, Vertrieb oder sonstiger Partner natürlich eine kalkulierbare Grundlage für eventuelle Publikations-Entscheidungen braucht, sofern er einer Künstlerin oder einem Künstler nicht nach eigenem Gutdünken eine Auftragsarbeit übertragen hat. Wir Kreative müssen in einem solchen Fall tatsächlich erst einmal eine gewisse Vorleistung kostenlos erbringen, um den Partner zu überzeugen, ihn mit ins Boot des gemeinsamen Projektes zu holen.

Kunden sind oft entweder nicht in der Lage oder nicht bereit, den Wert der kreativen Arbeit von Bildurhebern/-innen und Autoren/-innen richtig zu beurteilen. Von Aussagen wie „das strichln Sie doch in zehn Minuten hin" auf keinen Fall beeindrucken lassen. Deshalb möchten wir noch eine Reihe von Tipps und Kriterien vorausschicken, welche von den meisten Kreativen einhellig als unbedingt beachtenswert bei der Einschätzung jeder Angebotssituation hervorgehoben wurden.

SICH SELBST ETWAS WERT SEIN!

Nach Stunden abzurechnen ist oft problematisch, da ihr in einem Korsett gefangen seid, das euch z.B. bei optimierter Arbeitsweise und beschleunigtem Tempo plötzlich schlechtere Honorare bescheren würde.

Außerdem ist die Ideenfindung – beispielsweise für einen einzelnen Gag – ohnehin nicht zeitlich veranschlagbar. Die Designerverbände empfehlen in ihren Honorarlisten zwar die Berechnung nach Stundenaufwand, aber da geht es in erster Linie um eine klar zu beziffernde, „handwerkliche" Leistung – Kunst bzw. Kreativität an sich lässt sich so schlecht erfassen!

Zur Ermittlung des Eigenwerts sollte jedoch durchaus mal eine zeitliche Rechnung aufgestellt werden. D.h. wenn ein Job, an dem ihr zehn Stunden sitzt, nicht wenigstens das Zehnfache dessen einbringt, was ihr als Stundensatz für euch veranschlagt, solltet ihr euch ernstlich überlegen, ob sich die Sache lohnt. Der „künstlerische Wert" wäre bei einer solchen Rechnung ja sogar noch außer Acht gelassen. Daher ist es zu überlegen, zwei bis drei **abgestufte Stundensätze** für die eigenen Grundsatzberechnungen aufzustellen: ein Stundensatz für rein handwerkliche Artservice-Arbeiten (Inking, Lettering, Scan- und Montagearbeiten etc.), einer für eingeschränkt kreative Arbeiten (Reinzeichnung, Kolorierung etc.) und einer für schöpferische Grundlagenarbeiten (Ideenfindung, Skript, Layout, Konzept, Seitenaufrisse, Skizzen etc.). Auf **Seite 86** stellen wir die Vor- und Nachteile von Pauschale und Stundenhonorar einander gegenüber.

Zeitungen und Zeitschriften haben meist feste Bild-, Comic- oder Cartoon-Honorare. Wenn diese zu niedrig erscheinen, ruhig mal antesten, ob nicht mehr drin ist. Oft dienen besagte „Listenpreise" nämlich nur als Vorwand, um dem/der Bildredakteur/in oder dem Art-Buyer langwierige Diskussionen zu ersparen. Sollte die betreffende Publikation als Forum aber entsprechend attraktiv sein, kann durchaus bei niedrigeren Preisen bis zu einem gewissen Punkt **Flexibilität** gezeigt werden. Bei der Preisgestaltung ist immer mit einzurechnen, was eine evtl. Veröffentlichung an Renommee bringt. Manche u.U. gar nicht so gut bezahlten Jobs funktionieren eben sehr gut als Eigenwerbung. Das heißt nun gewiss nicht, ihr solltet euch gleich selbst runterhandeln – es gilt jedoch im Einzelfall gut abzuwägen, ob gewisse Veröffentlichungen nicht eventuell ein Zugeständnis wert sind. Aber Achtung: Zahlreiche Kunden benutzen genau diese Argumentation als Druckmittel, um sich mit dem Versprechen von Ruhm und Popularität immer wieder hochwertige Arbeit zum Nulltarif zu erschleichen. Leider ist, wer so argumentiert, meist gar nicht wirklich für den großen Karriereschritt gut. Um so wichtiger ist es daher, sicher zu wissen, was ihr euch selbst wert seid und wo die Grenzen des möglichen Entgegenkommens liegen. Deshalb sollten angesichts fest vereinbarter Honorarsätze bei extrem hohem – vom Ursprungsbriefing abweichendem – Aufwand oder großem Zeitdruck entsprechende Aufschläge möglich sein.

Generell möglichst immer **Nutzungsvereinbarungen** oder **Verträge** abschließen, auch wenn das erst mal nicht unbedingt nötig erscheint. Natürlich gibt es Situationen, in denen ein langes Vertrauensverhältnis solche Vereinbarungen überflüssig macht, aber ein Vertrag ist ja niemals ein Misstrauensbeweis, sondern einfach eine gegenseitige Versicherung, ein Werkzeug, welches allen Beteiligten eine komplikationslose Jobabwicklung garantiert. Bei Leistungen kleineren Umfangs genügt oft eine (unwidersprochene) schriftliche Auftragsbestätigung als Grundlage (siehe **Teil 2: Rechtslage und Verträge**). Sollte eine entsprechende schriftliche Fixierung der Konditionen zu einem früheren Zeitpunkt versäumt worden sein, so ist es ratsam, spätestens mit Rechnungsstellung zumindest den Umfang der erteilten Nutzungsrechte in der Rechnung klar festzuschreiben. Durch Zahlung der Rechnung sind diese Beschränkungen dann bestätigt und können nachträglich nur schwer infrage gestellt werden. Sauberer ist und bleibt aber stets eine Klärung und Festlegung sämtlicher Konditionen VOR Arbeitsbeginn und Rechnungsstellung! Auf jeden Fall müssen Kunden, ob alte Freunde oder neue Geschäftspartner, an **Nutzungshonorare** gewöhnt werden. Von vornherein sollte klargestellt werden, dass sich ein entsprechendes Honorar nur auf die gemeinsam definierte Nutzung bezieht. Jede weitere Nutzung muss neu verhandelt und bezahlt werden. Das heißt, das Eigentums- und Urheberrecht bleiben in jedem Fall bei den Künstlerinnen und Künstlern.

Sollte es sich um einen Auftrag handeln, bei dem der Kunde von vornherein an einem totalen **Rechte-Buyout** interessiert ist (dies kommt z.B. bei der Schöpfung von Sympathiefiguren, Logofiguren und Maskottchen vor und ist in diesem Zusammenhang aus Kundensicht unumgänglich), so ergibt sich u.U. die Schwierigkeit, dass der potenzielle Wert eines solchen Buyouts oft nur schwer einzuschätzen ist. Die potenzielle, aber nur in wenigen Fällen hinterher wirklich erreichte Auswertungshöhe (internationale, multimediale Verbreitung, Merchandising etc. ... die Möglichkeiten sind nahezu unbegrenzt) kann immens sein – der Gegenwert dafür könnte dem Kunden (welcher u.U. am Anfang seiner Unternehmungen steht) zum Startzeitpunkt allerdings evtl. den Hals brechen. In solchen Fällen ist eine zeitlich begrenzte Übertragung sämtlicher Nutzungs- und Weitergaberechte mit Option auf regelmäßige Nachverhandlungen und Vorkaufsrecht (inkl. Informationspflicht über die Auswertung seitens des Kunden) anzuraten. Darüber hinaus sollte man sich bei Charakterschöpfungen und Nutzungsrechtvergabe IMMER eine Option auf Ausführung oder zumindest Kontrolle (Supervising/Approval) allen im Zusammenhang anfallenden Artworks sichern. Das Bearbeitungsrecht als Bestandteil des Urheberrechts sichert euch zu, dass nur ihr selbst Werke mit euren Schöpfungen veröffentlichen dürft, solange ihr dem Kunden keine Einwilligung erteilt, dass er eure Schöpfungen für weitere Werke nutzen darf. Wenn ihr nun keine Lust habt, die von euch entworfene Sympathiefigur in den nächsten zwanzig Jahren in allen Körperhaltungen und Konstellationen selbst zu zeichnen, könnt ihr eurem Kunden erlauben, diese Illustrationen von Dritten ausführen zu lassen. In diesem Fall sollte ihr darauf bestehen, dass er dafür ein Recht zur Bearbeitung von euch erwerben und euch ein Nutzungshonorar zahlen muss, das entweder in einer Einmalzahlung oder in einer prozentualen Umsatzbeteiligung (Tantieme) bestehen kann.

Generell ist ein Buyout natürlich nicht für „'nen Appel und'n Ei" zu kriegen. Die Übertragung sämtlicher Eigentums- und Nutzungsrechte an einer Schöpfung kann nicht zum selben Tarif zu haben sein wie eine einmalige, per Definition begrenzte Nutzung. Das sollte ohne größere Probleme sogar einem besonders begriffsstutzigen Kunden vermittelt werden können. Trotzdem muss hier natürlich bei der Preisfindung die Dimension der möglichen Auswertung sowie das Potenzial des betreffenden Kunden überhaupt berücksichtigt werden. Selbst wenn die Signetfigur etwa für den Friseur um die Ecke durchaus animations-, kaffeetassen- und saugnapfpuppentauglich ist, wird es zu einer solchen Auswertung voraussichtlich nie kommen. Der Preis hierfür kann folglich nicht in denselben Sphären angesiedelt sein wie der fürs Olympia-Maskottchen. Auch bei Zeitungen und Zeitschriften muss der Preis selbstverständlich höher liegen, wenn sich der Auftraggeber (z.B. bei Titel-Illus) **alle Rechte** sichern möchte.

WUNSCH UND WIRKLICHKEIT

Allgemein könnt ihr einem Kunden, dessen Auftrag für euch in besonderer Weise attraktiv ist, in der Preisgestaltung auch mal etwas entgegenkommen. Schätzt außerdem ab, ob ein bestimmter Auftrag eventuell noch weitere nach sich ziehen kann, sich somit eventuell ein etwas niedrigerer Preis auf lange Sicht rechnet. Überhaupt sollte euch Sympathie und ein gutes, kooperatives Verhältnis zum Kunden ruhig etwas wert sein – das bedeutet allerdings keinesfalls, eine kooperative Situation könne durch gezieltes Dumping erkauft werden. Im Gegenteil: Wer nur durch Tiefstpreise zu „fangen" ist, wird nie den Wert unserer kreativen Arbeit realistisch und fair zu schätzen wissen!

Bei Aufträgen von größerem Umfang (z.B. Illus in hoher Stückzahl) ist es durchaus üblich, entsprechende **Preisnachlässe** (Rabatte) zu geben. Bei **Mehrfachauswertung** von Comics oder Strips beispielsweise muss der Preis natürlich entsprechend nach unten korrigiert werden. Nur durch dieses Vorgehen können sich z.B. kleinere Zeitungsredaktionen leisten, Strips von heimischen Autorinnen und Autoren zu publizieren. Diese Redaktionen sind die niedrigen Sätze großer Syndikation-Agenturen wie *Bulls Pressedienst*, *King Features Syndicate* o.Ä. und Microstock-Portale gewohnt und haben für mehr kein Budget. Dies erklärt die – auf den ersten Blick skandalös niedrig erscheinenden – Nutzungspreise für Strips bei Mehrfachauswertung. Wer sein Material aber tatsächlich konsequent und auf breiter Ebene mehrfach (z.B. bei zahlreichen Lokalblättern) nutzen lässt, merkt schnell, dass sich die Sache sehr wohl rentieren kann.

Zusätzlich zum Nutzungshonorar muss bei reinen Auftragsarbeiten natürlich die **Entwurfsarbeit** und die **Erstellung der Reinzeichnung** berechnet werden. Im Bereich von Comic- und Cartoonveröffentlichungen ist dies leider meist nicht realistisch. Bei reinen Auftragsarbeiten, in deren Entwicklungsphase der Kunde evtl. sogar noch reinredet, solltet ihr es aber dennoch versuchen (oder eben den Preis von vornherein höher ansetzen). Grundsätzlich lieber nicht zu voreilig irgendwelche Preisaussagen machen. Verhandlungsbereitschaft signalisieren (starres Beharren auf überzogenen Vorstellungen kann so manches interessante Geschäft bereits im Vorfeld blockieren). Ruhig auch mal Preisvorstellungen vom Kunden erfragen, wenn man sich selbst nicht so sicher ist. Da kann dann immer noch verhandelt werden. Fazit all dieser Aussagen ist, dass der Wert kreativ/künstlerischen Arbeitens – innerhalb gewisser Grenzen – schlussendlich immer eine Frage der **persönlichen Einschätzung** bleibt. Wir empfehlen dazu eine fundierte Berechnung, auf deren Basis sich das individuelle Vorgehen als eine Kombination der folgenden Faktoren ableiten lässt:

• Voraussehbarer Zeitaufwand und daraus zu errechnende Mindest-Leistungsvergütung
• Einschätzung des Kunden, Auftragsumfang und Nutzungsart
• Eigene Erfahrung mit vergleichbaren Projekten (bzw. Berücksichtigung oben genannter Punkte)
• Eventuelle Bedeutung des Jobs als Aushängeschild und möglicher Wegbereiter für künftige Geschäftskontakte sowie ...
• Wert des eigenen „Namens" und was man sich selbst wert sein sollte, was eine bestimmte Untergrenze festsetzt.

Bei einem angenommenen Mindeststundensatz von 60 Euro (siehe hierzu **Teil 4: Betriebskosten**)[15] müsste eine Comicseite, an der, je nach Stil und Künstler/-in, 5 bis 20 Stunden gearbeitet wurde, zwischen 300 Euro und 1.200 Euro bringen. Natürlich ist

diese Rechnung zu einfach, da sich der Ertrag bei Mehrfachauswertung ja entsprechend aufsplitten kann und außerdem der Verkauf der Originalseite evtl. nochmals zusätzlich etwas einbringt. Trotzdem ist es bezeichnend, dass die Üblichkeiten auf dem Markt (ungeachtet der aufgewendeten Arbeitsstunden) sich nicht einmal an obige Kalkulation annähern.

Im Übrigen zeigt diese Rechnung, dass sich das Abrechnen nach Stunden in der Praxis der Comic- und Cartoonschaffenden meist als höchst unsinnig erweist. Hier kann eben nach wie vor bei der Preisfindung der persönliche Spaß und das Interesse am jeweiligen Job weit über alle anderen Kriterien gestellt werden.

---

[15] Unter diesen Stundensatz sollte – schon aus Rücksicht auf die Kollegen – im „normalen", auftragsgelenkten, Geschäft niemand gehen! Der Designerverband **AGD** empfiehlt für Entwurfs- und sonstige kreative Arbeit sogar mittlerweile einen Stundensatz von 90 Euro.

TEIL 2
RECHTSLAGE UND VERTRÄGE

2 RECHTSLAGE UND VERTRÄGE

Den Urhebern von kreativen Werken gewähren die deutschsprachigen Staaten einen weltweit herausragenden gesetzlichen Schutz. Das Urheberrecht und das darin eingeschlossene Verwertungsrecht genießen in Deutschland, der Schweiz und Österreich eine besondere Aufmerksamkeit von Seiten der Gesetzgebers. Das Urheberrechtsgesetz ist vorbildhaft für viele weitere Länder der EU und wurde in deren Gesetzesgrundlagen teilweise übernommen. Mit der Urheberrechtsreform der EU im April 2019 werden sich vor allem die Gewohnheiten der Online-Nutzung verändern.

Seit der letzten Ausgabe des **ICOM**-Ratgebers wurde das deutsche Urheberrecht deutlich erweitert und den allgemeinen EU-Regelungen angepasst. In der nahen Zukunft werden sich die im April 2019 von der EU beschlossenen Änderungen zur Richtlinie über das Urheberrecht und verwandte Schutzrechte auswirken. Aus diesem und weiteren Gründen können wir für die Ausführungen in den betreffenden Kapiteln keine Garantie auf deren Rechtssicherheit geben. Jeder neue Rechtsfall hat zudem seine Eigenheiten und muss deshalb individuell angegangen werden. Wer sich in einigen rechtlichen Fragen seiner Arbeit unsicher ist oder davor steht, rechtliche Schritte zu unternehmen bzw. dies tun zu müssen, sollte sich deshalb bei einem auf Medien- und Kreativrecht spezialisierten Anwalt erkundigen. Vielleicht solltet ihr sogar erwägen, rechtzeitig eine Rechtsschutzversicherung abzuschließen (damit die Versicherung die Kosten eines Prozesses übernimmt, muss sie **vor** dem Eintritt des Schadensfalls abgeschlossen worden sein, teilweise sogar sehr deutlich davor). Dabei solltet ihr darauf achten, dass urheberrechtliche Streitigkeiten mit eingeschlossen sind. Das ist in den meisten Policen standardmäßig nicht der Fall. Die juristischen Fachautoren dieses Ratgebers, die Rechtsanwälte Martin Boden, LL.M, und André Stämmler, stehen für Beratungen zur Verfügung. Fachliche Hilfe leistet außerdem der Rechtsbeistand des **ICOM**, Rechtsanwalt Dr. Martin Bahr. Nach der Danksagung findet ihr auf Seite 187 das *Beratungsangebot* mit den Adressen der Anwälte.

In diesem Kapitel nehmen wir das **Urheberrecht** unter die Lupe und beantworten die Frage, welche Bedeutung es für uns Kreative hat. Ohne Urheber zu sein, kommt ihr als Nutzer oder Nutznießer von geschützter kreativer Leistung bereits mit den Regeln des **Nutzungsrechts** als wichtigem Teil des Urheberrechts in Berührung. Nicht nur im deutschsprachigen Raum beschäftigt das Nutzungsrecht immer wieder Gerichte und Gesetzgebung, zuletzt sogar das EU-Parlament in Straßburg. Leider wird nicht nur in unserer Branche über seinen Inhalt oft nur gemutmaßt, aber immer wieder gerne vehement gestritten.

Im **Geschäftsverkehr** mit Auftraggebern, Geschäftspartnern, Kreativteams etc. haben sich Gewohnheiten des Umgangs etabliert. Dazu gehören das Erstellen von Angeboten, Auftragsbestätigungen sowie das Verfassen von Verträgen, von denen wir einige Muster zur Verfügung stellen: den **Verlagsvertrag**, den **Werkvertrag** und den **Kooperationsvertrag**. Nicht fehlen dürfen die **AGB**, die *Allgemeinen Geschäftsbedingungen*, die eine vertragliche Grundsubstanz bilden, über die alle Kreative als selbstständige Geschäftsmenschen verfügen sollten.

2.1 URHEBERRECHT

Neben den Literaten sowie den Schöpfern von wissenschaftlichen Werken und Sachbüchern gehören die Cartoon- und Comicschaffenden zu dem Personenkreis, der eine spezielle rechtliche Situation mit seinem Wirken erzeugt. Künstler/-innen jeder bildnerischen Ausrichtung und Autoren/-innen (sowie natürlich Komponisten/-innen und Architekten/-innen) sind vor dem Gesetz Urheber. Die Schöpfungen der im Gesetz sogenannten „Bildautoren" (Malerei, Bildhauerei, Illustration, Kostüme und Bühnenbild, Regie, Fotografie, Kamera, Design etc.) sowie „Textautoren" genießen deshalb in aller Regel Urheberrechtsschutz. Das Urheberrecht bedarf im EU-Raum keiner vorherigen Anmeldung, Registrierung oder sonstiger Formalitäten. Es entsteht automatisch mit Schaffung des Werkes. Dabei ist wichtig: Es muss eine erkennbare, nachweisbare Schöpfung – ein Werk – vorliegen! An Ideen allein, möglicherweise irgendwann in der Vorphase gutgläubig ausgeplaudert, entsteht kein Urheberrecht. Ideen an sich sind nicht schutzfähig, erst das daraus entstandene Werk genießt rechtlichen Schutz.

URHEBERPERSÖNLICHKEITSRECHT UND VERWERTUNGSRECHT

Das Urheberrecht besteht aus zwei Teilen: Zum einen aus dem ideellen, dem sogenannten **Urheberpersönlichkeitsrecht**, d.h. dem Recht, selbst über Form, Zeitpunkt und Ausmaß einer Nutzung zu entscheiden, gegebenenfalls gar nicht zu nutzen oder sich zu einem späteren Zeitpunkt vom Werk zu distanzieren. Selbst bei der Einräumung einzelner oder aller Nutzungsrechte bleibt das Urheberrecht der Autorinnen und Autoren eindeutig bestehen. Zum anderen besteht es aus dem **Verwertungsrecht** am geschaffenen Werk. Dies beinhaltet die Möglichkeit, das Werk auf verschiedene Art und Weise zu verwerten (Verbreitung und Vervielfältigung) oder nutzen zu lassen (=Nutzungsrechte einzuräumen). Während das Verwertungsrecht allein den Urheberinnen und Urhebern gehört, erwerben die Nutzer oder Verwerter des Werks ein sogenanntes „Nutzungsrecht".

Das Verwertungsrecht ist der juristische Bereich der Arbeit, der in der Öffentlichkeit besonders umkämpft ist. Grob gesagt ist jeder Kreative, der ein einzigartiges Werk schafft, ein Urheber, und einer, der dieses Werk in Umlauf bringt, ist ein Verwerter. Ein Urheber kann sein Werk ebenso selbst verwerten und gliedert sich damit in die Gruppe der Selbstverleger/-innen und Selfpublisher, bzw. Filmemacher/-innen ein, die in den letzten Jahrzehnten dank neuer digitaler Möglichkeiten zahlenmäßig stark zugenommen haben. In der Regel ist der Verwerter aber ein größeres

Unternehmen, das die **Nutzungsrechte** an der Veröffentlichung erwirbt und außerdem noch die Künstlerinnen und Künstler am Erlös ihrer Arbeit beteiligt: im Allgemeinen ein Industrieunternehmen oder insbesondere ein Medienunternehmen wie ein Literatur- oder Presseverlag, eine Filmgesellschaft, eine Fernseh- und Rundfunkanstalt oder ein Internetportal, wobei im Internet die größeren traditionellen Medienunternehmen ihren Platz mit umfangreichen Präsenzen eingenommen haben. Da sich der Konflikt David (= Urheber) versus Goliath (= Verwerter) aufgrund der wirtschaftlichen Stärke der Partei der Verwerter in der Vergangenheit oft zum Nachteil Davids entwickelt hatte, stehen den Kreativen mit dem Urheberrechtsgesetz einige rechtliche Möglichkeiten offen, ihren Anspruch auf eine angemessene Vergütung bei einer Nutzung durchzusetzen. Dazu folgt weiter hinten ein eigenes Kapitel (**2.2: Nutzungsrecht**).

Das Urheberrecht ist mit Einschränkungen vererblich, da der rechtliche Schutz der Werke nach dem Tod des Urhebers noch seinen evtl. Erben zugutekommen soll. Es endet in Deutschland, Österreich und der Schweiz 70 Jahre nach dem Tod des Urhebers, was Bestandteil einer EU-Verordnung wurde (2006/116/EG vom 12. Dezember 2006).

Zum Urheberrecht gehören einige weitere Rechte, die den Urhebern finanzielle Vorteile bescheren, und die kurz erläutert werden sollen. Aber es gibt Einschränkungen des Verwertungsrechts z.b. durch *gesetzliche Lizenzen*, die dank der Verwertungsgesellschaften (siehe hinten) trotzdem nicht mit finanziellen Nachteilen für Urheber verbunden sind.

Für Comicschaffende, die ihre Originale verkaufen, ist die gesetzliche Regelung des sogenannten **Folgerechts** (siehe Abschnitt in **Kapitel 2.2: Nutzungsrecht**) interessant. Sie ermöglicht, dass Künstlerinnen und Künstler bei einem erneuten Verkauf ihrer Werke mit einer Abgabe beteiligt werden. Sollte etwa ein Besitzer eines Werks (z.b. ein Sammler, der die Arbeit direkt von euch erworben hat) dieses an einen Dritten verkaufen wollen, müssen entsprechende Prozente (derzeit 4 %) der Kaufsumme an den Urheber gehen, so weit der Kaufpeis die 400 Euro nicht unterschreitet. Das Folgerecht leistet Tribut an die Künstlerinnen und Künstler als Urheber des Werks und will sie an einer eventuellen Wertsteigerung ihrer Werke auf dem Kunstmarkt beteiligen.

Gesetzliche Lizenzen erlauben die private Kopie eines Werkes durch den rechtmäßigen Nutzer (z.b. einen Comicleser) und die Veröffentlichung in Schul- und Lehrbüchern, in Zeitungsartikeln und Fernseh-/Rundfunksendungen u.a. Hier schränkt der Gesetzgeber das Urheberrecht ein, so dass Urheber dies nicht im Einzelfall untersagen und keine generelle Unterlassung in diesen Fällen aussprechen dürfen, obwohl ihnen das grundsätzlich im Urheberpersönlichkeitsrecht zugebilligt wird. Stattdessen werden ihnen Vergütungsansprüche daraus zugesichert, die von Verwertungsgesellschaften eingetrieben werden. Dieser Teil des Urheberrechts wurde vor kurzem novelliert. Dazu folgt weiter hinten noch ein Abschnitt (**Kapitel 2.3: Verwertungsgesellschaften** auf Seite 78).

Es gibt noch einige weitere Fälle, in denen das Urheberrecht eingeschränkt ist. So soll der Zugang zu urheberrechtlich geschützten Werken in erster Linie aus Gründen des kulturellen Dialogs gewährleistet bleiben. Aus diesem Grund besteht ein **Zitatrecht**, das einem Dritten die unentgeltliche und ungefragte Nutzung eines kurzen Teils des Werks für wissenschaftliche Zwecke erlaubt. Weiterhin existiert die **Panoramafreiheit**, die es beispielsweise gestattet, ein urheberrechtlich geschütztes Werk, wie ein architektonisches Gebäude, eine Skulptur oder eine zweidimensionale künstlerische Gestaltung abzubilden. Voraussetzung ist, dass sich das abgebildete Werk dauerhaft an einem öffentlich zugänglichen Platz befindet, wie z.b. an einer öffentlichen Straße. Die Abbildung kann z.b. durch Foto oder Malerei erfolgen. Ein vorübergehend platziertes Werk, wie z.b.

die Reichstagsverhüllung als temporäres Kunstspektakel ist davon nicht umfasst.

BEWEISPFLICHT DER URHEBERSCHAFT

Urheberinnen und Urheber sind im Konfliktfall bezüglich ihrer Urheberschaft beweispflichtig – darauf sollten sie stets vorbereitet sein: Gesetzt den Fall, eine Bildautorin erhält nach Entwurfsphase und Lieferung der Reinzeichnungen ihr Werk vom Kunden mit der Aussage zurück: „Kein Interesse an einer Nutzung der geleisteten Arbeit", findet dann aber einige Zeit später eben jene, von ihr erarbeiteten Motive vom Kunden in einem anderen Zusammenhang (und unter anderer Urheberangabe) verwertet, so kann sie natürlich gerichtlich gegen diesen vorgehen. Sinn macht das jedoch nur, wenn ihre (frühere) Urheberschaft eindeutig nachweisbar ist. Hierzu reicht aber eine einfache Datierung des Originals nicht aus. Eine Möglichkeit, dieses Problem zu vermeiden, besteht darin, eine Kopie des Originals vor der Lieferung an den Kunden bei einem Notar oder einer Rechtsanwältin/einem Rechtsanwalt, unter Bestätigung des Einreichungsdatums, zu hinterlegen. Eine andere Möglichkeit wäre, die Einreichung bzw. Vorlage des geschaffenen Werks (oder der kreativen Vorschritte) beim Kunden von diesem selbst unter Datumsnennung bestätigen zu lassen. Ein Einschreiben an sich selbst mit Reproduktionen der eigenen Arbeit könnte eine Möglichkeit sein, die Urheberschaft nachzuweisen. In den USA nennt man das „Poor Man's Copyright", weil die Methode zu denkbar geringen Kosten funktioniert. Dennoch können Richter im Zweifelsfall Vorbehalte gegen diesen Nachweis hegen, da ein Umschlag im Nachhinein geöffnet, sein Inhalt ausgetauscht und danach wieder verschlossen werden kann. Einen Ausdruck der Story bei einer Anwältin/einem Anwalt zu hinterlegen, ist eine unvermeidbare und leider kostenintensive Investition.

Bei elektronischen Dokumenten ist es hilfreich, **keine Layer- oder Arbeitsdateien** eines Werks (z.b. das PSD-Format bei Photoshop) an die Kunden auszuliefern, sondern immer nur eine auf einen einzigen Layer (den „Hintergrund") heruntergerechnete Version im TIFF- oder JPG-Format. Durch den Besitz der Arbeitsdatei, die vielleicht sogar noch höher aufgelöst und somit schärfer ist, lässt sich im Streitfall relativ sicher feststellen, wer der Urheber eines Artworks ist. Wer ein Online-Portfolio pflegt, tut gut daran, **IPTC-Metadaten**[16] für seine Grafiken anzulegen. Dabei handelt es sich um Informationen, die im Datenkopf einer Bilddatei abgespeichert werden. Sie können vom Urheber beim Archivieren um Copyright-Vermerke, Jahreszahlen, Schlagworte etc. ergänzt werden. Metadaten, die üblicherweise mit der Belichtung eines Fotos von der Kamera beim Belichten abgespeichert werden, nennen sich nach einer japanischen Konvention EXIF[17]-Daten. Hierin lässt sich ein Copyright-Vermerk einfügen, der dann bei allen (legalen und illegalen) Doubles per Online-Suche im Internet aufgefunden werden kann, soweit er nicht unrechtmäßig herausgelöscht wurde. Metadaten können übrigens ebenfalls in Textdateien eingefügt werden, jedoch ist es hier schwieriger, danach im Internet zu suchen, weil Textdateien in der Regel umformatiert und ihre Metadaten dadurch gelöscht werden. Eine Recherche im Internet wird dennoch durch den suchbaren Wortlaut des Textes an sich ermöglicht, soweit er nicht – wie z.B. in den Sprechblasen üblich – im Panel flachgerechnet wurde.

---

[16] IPTC ist ein Datenstandard, der vom International Press Telecommunications Council entwickelt wurde, um Daten wie Copyrights oder Schlagworte in den Dateikopf einer Mediendatei einzufügen.

[17] Das EXIF („Exchangeable Image File Format") ist von der Japan Electronic and Information Technology Industries Association für das Abspeichern von Daten ausschließlich in JPG- und TIF-Dateien vorgesehen.

SCHÖPFUNGSHÖHE

Hauptkriterium für den Anspruch auf Urheberrechtsschutz ist in erster Linie das Vorhandensein einer persönlichen geistigen Schöpfung (deren subjektiver Wert für das Urheberrecht nicht von Belang ist) sowie deren Zugehörigkeit zu einem der Bereiche Literatur, Wissenschaft und Kunst. Cartoon- und Comicschaffende befinden sich sogar an einer Schnittstelle von zwei der genannten Bereiche, ihre Werke lassen sich sowohl der Literatur als auch der bildenden Kunst zuordnen.

Aus der Annahme heraus, dass Comicschaffende durch ihre individuelle künstlerisch-gestalterische Herangehensweise an das jeweilige Werk (den Stil, den Plot, die Layouttechnik …), diesem zweifellos einen Anteil persönlicher, unverwechselbarer Schöpfung verschaffen, ergibt sich die größtenteils vollständige Erfüllung des Hauptkriteriums. Selbst im Falle einer mit cartoonigem, karikierendem Strich ausgeführten Illustration einer vorgegebenen Idee (eines trockenen Infotextes beispielsweise) steckt in der Art der humoristischen Interpretation des Themas ein persönlich-individueller Aspekt des Werkes. Das gilt in Grenzen auch für technische Illustrationen oder Landkarten und Grundrisse etc., denn sogar hier ergeben sich Interpretationsspielräume und ästhetisch nutzbare Momente, für die eine sogenannte **Schöpfungshöhe** ausgemacht werden kann. Die Schöpfungshöhe ist das besondere Maß in Kreation und Innovation für ein Werk, das dann vom Urheberrecht geschützt wird. Dieses Maß der Schöpfungshöhe kann nur von einer Fachperson beurteilt werden. Im Streitfall kommt hier deshalb ein gerichtlich bestellter Gutachter zum Einsatz. Maßgebend für die Schöpfungshöhe ist die sogenannte kleine Münze. Sie stellt das Mindestmaß an geistiger schöpferischer Leistung dar, das überschritten werden muss. Die Rechtsprechung setzt diese Grenze recht niedrig an, so dass in der Regel lediglich bei „Gebrauchsgrafiken" wie Logos der urheberrechtliche

Schutz problematisch sein wird. Ein Comic sollte in aller Regel urheberrechtlichen Schutz genießen.

Bei der Übernahme von bereits bestehenden Comic-Charakteren und einem damit verbundenen bestehenden grafischen Stil dürfte eine künstlerische Urheberschaft hingegen eher in geringerem Maße vorliegen, jedoch kann beim Texten von Geschichten zu übernommenen Charakteren durchaus ein urheberrechtlich schützenswertes Werk entstehen. Sollte es in diesen Fällen zu Rechtsstreitigkeiten kommen, würde an dieser Stelle ein Gutachter gerichtlich bestellt werden. Bis auf wenige Einzelfälle ist im Prinzip davon auszugehen, dass für Schöpfungen im Bereich Comic/Cartoon weitestgehend Urheberrechtsschutz besteht, bei illustrativen Auftragsarbeiten im kommerziellen Bereich muss ggf. etwas genauer hingeschaut werden. Gerade bei der Übernahme von bestehenden Comic-Charakteren solltet ihr aber aufpassen. Die Übernahme kann eine Bearbeitung darstellen, für deren Veröffentlichung ihr selbst wieder eine Einwilligung des Rechteinhabers benötigt. Möglicherweise verlangt dieser sogar von euch, dass ihr ein Recht zur Bearbeitung erwerbt und ihm ein Nutzungshonorar zahlt (siehe Abschnitt **Bearbeitungsrecht** auf **Seite 72**).

Um jeglichen Unsicherheiten vorzubeugen und sich nicht ausschließlich auf ein (interpretierbares) Gesetz zu verlassen, empfiehlt es sich daher im Einzelfall, an einen vertraglich zwischen Urheber und Verwerter vereinbarten Schutz zu denken. Dazu sei auf die Vertragsvorlagen hingewiesen, die dieser Ratgeber zur Verfügung stellt.

EINGETRAGENES DESIGN

Für den Fall, dass für bestimmte Arbeiten aufgrund einer nicht ausreichenden Schöpfungshöhe keine Inanspruchnahme des Urheberrechts infrage kommt, gibt es noch weitere Schutzmöglichkeiten. Diese ergeben sich allerdings nicht mehr automatisch aus der Schaffung des Werkes allein, sondern müssen im Einzelfall beantragt werden. Für Comic-/Cartoonschaffende kommt hier das **eingetragene Design** in Betracht. Natürlich ist ein solches eingetragenes Design sonst ebenso eine gute (evtl. zusätzliche) Möglichkeit, die eigenen Werke schützen zu lassen. Ein eingetragenes Design schützt die vom Urheberrecht nicht erfassten ästhetischen Aspekte wie Pinselstrich, Technik, Format etc. eines Werks und wird in der Regel für Fragen einer äußerlichen Gestaltung genutzt. Es entspricht dem früher als „Geschmacksmuster" bezeichneten Schutzrecht. Dieses wird beim deutschen Patentamt beantragt und kostet – wie eigentlich alle sonst möglichen Schutzmaßnahmen – natürlich Zeit und Geld. Andere (ähnlich kostenpflichtige) Formen anmeldbarer Schutzmöglichkeiten wären die Eintragung einer Marke, eines Patents.

GEMEINSCHAFTLICHE URHEBERSCHAFT

Es ist nicht nur möglich, dass ihr euer eigenes Urheberrecht verteidigen müsst, es kann sogar erforderlich sein, dass ihr die Rechte anderer für eure Arbeit einholen müsst. Konkret wird das beispielsweise bei Gemeinschaftswerken, wie es Comics häufig sind. Hier ergibt sich durch das Aufsplitten in mehrere Beteiligte wie Writer, Scribbler, Inker, Letterer, Koloristen/-innen etc. eine Verteilung kreativer Aufgaben auf mehrere Personen, die eine exakte Gewichtung des schöpferischen Anteils am Gesamtwerk oft schwierig macht. Zu Beachten ist, dass Reinzeichnungen (= Ink und Lettering) im Allgemeinen nicht als schutzwürdig im Sinne des Urheberrechts betrachtet werden, da diese Leistungen als handwerklich und nicht als schöpferisch angesehen werden. Deutlich hingegen leisten neben den Writern die Scribbler (= Vorzeichner/-innen) schöpferische Arbeit, denn sie komponieren das Bildmotiv. Auch den Koloristen/-innen kann man Urheberschaft zubilligen, so lange sie relativ frei über die Farbgebung entscheiden dürfen.

Die Anteile am Gewinn sollten deshalb **vor** dem Verkauf der Rechte festgelegt werden. Bei einer klassischen Aufteilung in die Positionen Text und Zeichnung könntet ihr beispielsweise eine Halbierung der Anteile vorschlagen. Es ist jedoch meistens so, dass der Text deutlich weniger Arbeit macht als das Illustrieren, so dass eine Erhöhung der Anteile der Künstlerinnen und Künstler auf zwei Drittel aller Vergütungen zu einem Drittel der Autorinnen und Autoren oder gar auf drei Viertel gegenüber einem Viertel angebracht ist. Hier sollten sich die Beteiligten rechtzeitig einig werden, bevor sie die entsprechenden Leistungen erbringen.

LEISTUNGSSCHUTZRECHTE

Als Lightversionen des Urheberrechts lassen sich die *Leistungsschutzrechte* ansehen, die im Gesetzestext als „verwandte Schutzrechte" bezeichnet werden. Sie würdigen die in schöpferischer und vor allem organisatorischer Hinsicht erbrachte persönliche Leistung an einem Werk und schützen ein künstlerisch-publizistisches **Endprodukt** wie ein Magazin, eine Video-DVD oder eine Aufzeichnung (im Juristendeutsch ein sogenanntes „Laufbild"), einen Tonträger etc. vor dem unberechtigten Kopieren und Verbreiten. Damit unterscheiden sie sich vom Urheberrecht, das am reinen geistigen Werk der Literatur, Kunst, Musik oder des Films etc. als Ergebnis eines schöpferischen Prozesses festgemacht wird.

Bei Animationen sind mehrere Einzelleistungen beteiligt, auf die Urheberrechte geltend gemacht werden können. Dies gilt für die Literaturvorlage, das Drehbuch, das Storyboard und die Concept Art, für die Regie, für Puppen, Masken, Requisiten, Kulissen und Kostüme, für Zeichentrick-Animation inklusive Haupt- und Zwischenphasen, für 3D-Art und -Animation, für den Filmschnitt und visuelle Effekte, Filmmusik und Sounddesign etc. Hingegen werden die Leistungen von beispielsweise Inbetweenern (= Zwischenphasenzeichner/-innen, beim Puppentrick: Animatoren/-innen) nicht als urheberrechtlich schutzwürdig betrachtet, da es sich hier eher um eine ausführende handwerkliche Arbeit handelt. Jedoch sind in den Augen des Gesetzgebers die Leistungen des Produzenten in gewissem Grade schutzwürdig, genauso wie die Arbeit der Musiker, die die Filmmusik einspielen. Als Interpreten wird Schauspielern und Musikern ebenso wie den Filmproduzenten nur ein Leistungsschutzrecht zugestanden. Dadurch besitzen sie zwar Rechte am finalen Produkt, die werden jedoch gegenüber dem Urheberrecht deutlich eingeschränkt gehandhabt. Gebühren aus ihrer Verwertung werden in Deutschland von einer eigenen Verwertungsgesellschaft eingetrieben, der GVL. Sie kümmert sich vor allem um Schauspieler, Musiker, Tänzer, Artisten und dergleichen. Als Animator/-in wird man von diesen Themen allerdings weniger berührt, solange sich die meisten Kreativen als Filmemacher/-innen und Autorenfilmer/-innen sehen und fast alle künstlerischen Arbeiten am Werk in Eigenleistung erbringen.

In der Filmbranche wird übrigens gerne mit dem rechtlich fragwürdigen totalen Rechte-*Buyout* gearbeitet. Gerade an einem Projekt, an dem zahlreiche Kreative beteiligt sind, lassen sich Produzenten gerne einen rechtlichen Persilschein ausstellen, was nichts anderes ist als das, um das es sich beim Buyout handelt. Dazu mehr in **Kapitel 2.2: Nutzungsrechte**.

Für den Bereich Cartoon/Comic und den Trickfilm kommen einige Leistungsschutzrechte in Betracht, die hier erwähnt werden sollen, weil ein Kontakt mit ihnen durchaus in unserem beruflichen (und privaten) Alltag denkbar ist: der *Schutz des Presseverlegers* (kam in 2013 neu hinzu), der *Laufbildschutz*, der *Schutz der ausübenden Künstler*, der *Schutz der Sendeunternehmen* und der *Schutz des Filmherstellers*. Diese Personen, die anders als im Urheberrecht u.a. juristische Personen (d.h. Körperschaften wie Medienunternehmen etc.) sein können, dürfen ihre Rechte gegen illegale Verbreitung oder Veränderung ihres Produkts wahrnehmen, wobei die Rechte der Urheber davon berührt sein können.

Besonders erwähnen möchten wir das **Leistungsschutzrecht für Presseverleger**, in dem es vor allem um die Rechte der Verleger und Presseunternehmen geht. Presseverlegern wird seit 2013 in Deutschland ein Schutzrecht gewährt, das sich vor allem gegen die Macht von Suchmaschinen und Nachrichtenaggregatoren wie beispielsweise Google (vor allem die Google News-App) richtet, die Nachrichtenseiten durchsuchen und Bilder sowie kurze Textabschnitte von einschlägigen Online-Nachrichtenmagazinen listen, bis dahin ohne Nutzungsrechte einzuholen. Die Verleger sahen das als Rechtsverletzung an, konnten sich aber vor Gericht vor allem wegen der genannten Zitatfreiheit (siehe **Seite 67**) damit nicht durchsetzen. Erst die Einführung des Leistungsschutzrechts für Presseverleger in Deutschland zum 1. August 2013 gab ihnen hierzu ein Mittel in die Hand. Gleichwohl ließ sich Google davon nicht beeindrucken und drohte allen Verlagen, sie aus der News-Suche auszuschließen, wenn sie ihnen die Nutzung nicht unentgeltlich einräumen würden. Die meisten Online-Zeitungen entsprachen dieser Aufforderung dann, als sie feststellten, dass die Besucherzahlen rapide abnahmen, als ihre Artikel nicht mehr bei Google bzw. bei Google News gelistet wurden.

URHEBERRECHTS-NOVELLE DER EU

Das bestehende Urheberrechtsgesetz wurde in Deutschland über viele Jahre vehement und kontrovers zwischen Kreativen und Verwertern diskutiert, eine lang vorbereitete Novelle mit Verbesserungen für die Urheber wurde von den Lobbyisten der Verwerterseite blockiert und schließlich mehr oder weniger zu Fall gebracht. Im Sommer 2002 trat die lange angekündigte Änderung des Urheberrechtsgesetzes in Kraft. Weitere Regelungen wurden 2006 zum **Folgerecht** eingeführt, so dass die Vorgaben der EU zu einer Harmonisierung eines EU-weit einheitlich geregelten Urheberrechts in Deutschland weitgehend umgesetzt wurden.

Mit der diesjährigen (2019) Novelle des europäischen Urheberrechts kommt das Leistungsschutzrecht für Verleger über den europäischen Umweg wieder zurück und wird mit großer Sicherheit für Veränderungen im Online-Pressemarkt sorgen. Die Reform wird das Gesetz auf die digitale Gesellschaft übertragen und einen strengeren Schutz des geistigen Eigentums im Internet durchsetzen. Das Gesetzesvorhaben sieht dafür nicht nur die Einführung eines europäischen Leistungsschutzrechts für Verleger vor, ähnlich dem oben genannten deutschen Leistungsschutzrecht für Presseverleger, sondern sollen darüber hinaus sicherstellen, dass über die Plattformen von Internetdiensteanbietern (soziale Medien, Foren, Crowdsourcing etc.) keine urheberrechtlich geschützten Inhalte illegal angeboten werden. Gegner der Novelle befürchten, dass dies nicht nur zum Einsatz von Uploadfiltern und zur Zensur sondern u.a. zu einer rechtlichen Hürde für das immer wichtiger werdende Online-Marketing führen wird. Wir werden uns diesem Thema und seinen Auswirkungen auf Comic, Cartoon und Karikatur erneut widmen, sobald die EU-Richtlinie in Deutschland oder Österreich umgesetzt wurde.

BEARBEITUNGSRECHT

Remixer unter den Künstlerinnen und Künstlern haben grundsätzlich immer das Recht, Werke anderer in ihren Arbeiten zu zitieren, abzuwandeln, neu zu gestalten. Spätestens beim Veröffentlichen stellt der Gesetzgeber dann jedoch eine Hürde auf, denn Remixe oder anderweitige Bearbeitungen können nur mit Einverständnis zur Nutzung durch den ursprünglichen Urheber verwertet werden. Dies wird durch das Recht der **Bearbeitung** (§ 3 deutsches Urheberrechtsgesetz bzw. § 5 österreichisches Urheberrechtsgesetz) geregelt. Das wird im Comic z.B. dann interessant, sobald ihr die Figurenschöpfungen eines weiteren Urhebers in eure Geschichten einbinden möchtet. Wenn ihr Comics etwa über einen gewissen „James Bond" in sei-

ner Eigenschaft als Topspion des MI6 mit der „License to kill" erschaffen wollt, geht das zwar grundsätzlich schon, aber bei einer Veröffentlichung werdet ihr Probleme bekommen, wenn ihr euch nicht vorher beim Rechteinhaber die Erlaubnis holt, die berühmte Figur zu nutzen (das Thema „Fanfiction" wollen wir hier ausklammern). Die Verwendung des gleichen Namens beispielsweise für einen abgewandelten Funny-Charakter, der seine Abenteuer etwa im Hasenreich erlebt, wird ebenfalls auf Ansprüche der Rechteinhaber stoßen, denn der Name einer literarischen Figur kann zudem markenrechtlich (laut dem anglo-amerikanischen Recht als sogenannte „Trademark") geschützt werden. Das ist im Falle der Figur des James „007" Bond natürlich gegeben.

Das Bearbeitungsrecht an euren eigenen Werken als Bestandteil unveräußerlicher Urheberrechte könnt ihr nicht verkaufen. Allerdings könnt ihr die Erlaubnis zur Bearbeitung erteilen (verwirrenderweise wird dieses Recht zur Bearbeitung ebenfalls „Bearbeitungsrecht" genannt). Wenn ihr beispielsweise Charaktere und Geschichten für einen Auftraggeber entwickelt habt, darf niemand weitere Zeichnungen und Storys dazu publizieren, ohne vorher von euch die Einwilligung, eure Charaktere nutzen zu dürfen, eingeholt zu haben. Mit eurem Bearbeitungsrecht könnt ihr euch vielleicht Folgeaufträge sichern. Oder Ihr erlaubt die Bearbeitung und verlangt für die Nutzung eurer Schöpfung ein Nutzungshonorar. Ein solches Vorhaben solltet ihr aber vorher mit eurem Auftraggeber absprechen, im Nachhinein könnte es das Budget eures Geschäftspartners in unvorhergesehener Weise belasten und so dessen Widerstand hervorrufen. Viele Auftraggeber kennen die Rechtslage allerdings und holen sich von euch bereits im Vorfeld z.B. über einen „Total-Buyout" (siehe **Seite 77**) die Einwilligung für eine Bearbeitung eurer Schöpfungen.

Das Bearbeitungsrecht umfasst im Übrigen das **Recht zur Übersetzung**, denn hier wird teilweise massiv in den Text eingegriffen. Einem Übersetzer literarischer Texte wird laut Gesetz sogar Urheberrecht zugebilligt. Keine Übersetzung kann ohne die eingeholten Nutzungsrechte des Urhebers und des Übersetzers veröffentlicht werden. Unternehmen, die eure Werke veröffentlichen, sind über die Rechtsverhältnisse, die daraus entstehen, meistens besser informiert als ihr selbst. Aus dem mit der Bearbeitung einhergehenden Zwang heraus, sich die damit verbundenen Nutzungsrechte zu sichern, werden deshalb in der Regel in jedem Vertragsentwurf Formulierungen und Floskeln in den unterschiedlichsten Ausprägungen eingefügt. Betrachten wir beispielsweise die Möglichkeit einer Wiedergabe eurer Werke in einer Smartphone-App. Wenn eure Arbeiten vorher ein Film oder ein Buch waren, sind Bearbeitungen unumgänglich, da zumindest bereits rein äußerlich die Größen, Formate und dergleichen angepasst werden müssen.

Vielleicht werden sogar noch interaktive Momente eingefügt, und plötzlich sind hier neue Rechte an euren Werken entstanden, die sich das Medienunternehmen erst sichern muss. Das tun sie eben am liebsten im Voraus und ohne das Angebot einer gesonderten Vergütung, womit sie natürlich für Aufregung und Ärger bei uns Kreativen sorgen.

Wir empfehlen, bei unverständlichen Vertragstexten eine Rechtsanwältin/einen Rechtsanwalt zu konsultieren.

2.2 NUTZUNGSRECHT

Während das Urheberpersönlichkeitsrecht wie unter **2.1** erwähnt keinesfalls übertragbar ist, so können an jedem vorstellbaren Werk Nutzungsrechte – in einfacher oder exklusiver Form – vom Urheber an einen oder mehrere Verwerter eingeräumt werden. Nur durch eine solche Rechteeinräumung wird der Verwerter – im Allgemeinen der Kunde des Kreativen – in die Lage versetzt, mit dem Werk zu arbeiten, es zu veröffentlichen oder anderweitig zu nutzen. Der Urheber besitzt das zuvor erwähnte Verwertungsrecht, das Bestandteil des Urheberrechts ist, und räumt Nutzungsrechte an seinem Werk ein. Wie ebenfalls oben erwähnt, kann der Urheber keinesfalls zur Abtretung bzw. Übertragung von Nutzungsrechten gezwungen werden. Wenn ihr folglich im Sinn habt, eure Werke nutzen zu lassen oder ein Auftraggeber seine Verwertungsabsicht bekundet hat, müsst ihr als Urheber/-innen diesem Umstand Rechnung tragen und frühzeitig in den Auftragsverhandlungen über den Umfang und den Preis der Rechte, die ihr verkaufen möchtet, Klarheit walten lassen.

Das Urheberrechtsgesetz unterscheidet zwischen einfachem und ausschließlichem Nutzungsrecht. Erwirbt ein Verwerter das einfache Nutzungsrecht, darf der Urheber diese Rechte auch an weitere Verwerter verkaufen, sichert sich der Verwerter dagegen das ausschließliche Nutzungsrecht, hat er es exklusiv, und dem Urheber ist kein weiterer Verkauf möglich; auch er selber darf das Werk nur mit Genehmigung des Käufers nutzen (z.B. zur Kundenwerbung). Weitere Einschränkungen (z.B. räumlich, zeitlich) können ebenso vertraglich vereinbart werden wie die Gewährung weiterer Nebenrechte und Nutzungsarten. Wir empfehlen, im Vertrag alle Details der Nutzung festzuhalten (siehe **Musterverträge** ab **Seite 100**), denn „Sind bei der Einräumung eines Nutzungsrechts die Nutzungsarten nicht ausdrücklich einzeln bezeichnet, so bestimmt sich nach dem von beiden Partnern zugrunde gelegten Vertragszweck, auf welche Nutzungsarten es sich erstreckt" (**Urheberrechtsgesetz § 31 Abs. 5**). Und da können die Partner durchaus unterschiedliche Positionen vertreten.

Das Nutzungsrecht kann man als *Lizenz* bezeichnen, da es eine handelbare Erlaubnis darstellt, das Werk nutzen zu dürfen. Der Handel mit Lizenzen ist im Übrigen ein einträgliches Geschäft, da keine weiteren zu vergütenden Arbeiten am Werk vorgenommen werden, und der Verkauf zumeist Reinerlös ist – sieht man mal von evtl. Anteilen ab, die an Lizenzgeber gehen. Es gibt etliche Firmen, die vom Lizenzhandel sehr gut leben. Dazu gehören Bildagenturen, Presseagenturen und Syndikation-Unternehmen. Auch Verlage treiben einen blühenden Lizenzhandel. Mit einigen dieser Körperschaften werdet ihr als Comicschaffende beruflich zu tun bekommen.

URHEBER-/COPYRIGHT-VERMERK

Das amerikanische *Copyright Law* soll an dieser Stelle ergänzend zum obigen Abschnitt (**Bearbeitungsrecht**) kurz erläutert werden.

Viele verwechseln es mit dem Urheberrecht. In seinen Regelungen ist es jedoch eher mit dem Nutzungsrecht vergleichbar, denn es kann vollständig veräußert werden – sogar so weitgehend, wie es das europäische Verwertungsrecht nicht erlauben würde. Es umfasst kein Urheberpersönlichkeitsrecht und schließt deshalb beispielsweise eine Option ein, das Werk zu verändern, ohne den Urheber zu fragen, was das bereits beschriebene Recht der Bearbeitung etwa beinhaltet. Damit verliert der Urheber eigentlich eines seiner Grundrechte, nämlich das Besitzrecht am geistigen Eigentum. In Deutschland, Österreich sowie in der restlichen EU und der Schweiz ist dies nicht veräußerbar.

Da ein Urheberrecht im deutschsprachigen Rechtsraum automatisch erworben wird, muss ein Vermerk des Urhebers oder ein Copyright-Zeichen mit seinem Namen nicht unbedingt auf einem Werk angebracht werden, um es als geschützt zu kennzeichnen. Dennoch empfiehlt es sich, dies zu tun, da es sich im internationalen Gebrauch vor allem durch die Verbreitung im Internet als sicherer erwiesen hat. Damit einher gehen keinerlei Pflichten zur Registrierung der Urheberschaft bei einer Behörde – weder im Inland noch im Ausland. Das © solltet ihr nicht verwechseln mit dem **™** - oder **®** -Zeichen, was einer Markeneintragung entspricht oder einen Patentschutz voraussetzt.

Das Copyright wird idealerweise als © oder als **(C)** – Großbuchstabe, nicht das kleine **(c)**! – evtl. mit Jahreszahl und Urheberbezeichnung (auch mit Pseudonym) in das Bild direkt eingefügt. Zusätzlich sollten die Metadaten ebenfalls denselben Copyright-Vermerk enthalten. Eine Anbringung lediglich neben dem Bild auf einer Website birgt die Gefahr, dass es bei einem beispielsweise unerlaubten Kopiervorgang sowie mit einer (illegalen) Löschung der IPTC-Metadaten dann ohne Vermerk dasteht. Bei einzelnen analogen Kunstwerken ist im übrigen eine einfache individuelle Signatur ausreichend.

BANDBREITE DER NUTZUNGSRECHTE

Ein erworbenes Nutzungsrecht erlaubt in Deutschland und in weiten Teilen der EU lediglich die Nutzung im konkret vereinbarten Umfang. Wenn z.b. das Recht der Verbreitung eingeräumt wurde, dürfen lediglich Vervielfältigungen des Werkes vertrieben werden. Falls eine Übersetzung benötigt wird, muss dies gesondert als Recht zur Bearbeitung eingeräumt werden (siehe Abschnitt **Bearbeitungsrecht**). Zudem entsteht auf die Übersetzung wieder ein neues Urheberrecht, da Übersetzer/-innen auf sprachschöpferische Mittel nicht nur zugreifen, sondern intensiven Gebrauch davon machen können – man denke an Erika Fuchs, die erste deutsche MICKY-MAUS-Heft-Übersetzerin und ihren genialen Sprachwitz.

Der Umfang der zu übertragenden Nutzungsrechte ist in jedem Einzelfall genau festzulegen und ggf. zu begrenzen. Nutzungsrechte werden **einfach** oder **ausschließlich** vergeben. Weiterhin könnt ihr eine *zeitliche*, *räumliche* sowie eine *inhaltliche* Begrenzung einräumen. **Zeitliche Begrenzung** wird meist auf eine Anzahl von Jahren oder auf ein bestimmtes Datum hin festgelegt. Zeitlich unbegrenzt meint, dass der Verwerter die Lizenz für einen unbegrenzten Zeitraum nutzen darf. Die Exklusivität dieses Rechts endet aber auf jeden Fall mit Ablauf des Urheberrechts an dem Werk, es wird dann gemeinfrei. Eine **räumliche Begrenzung** bezieht sich auf den Radius einer Veröffentlichung. Ist der lokal begrenzt (bspw. Lokalblatt) oder offen weltweit (z.B. Internet)? Die **inhaltliche Begrenzung** meint die technisch-wirtschaftliche Art des Mediums. Beispielsweise könnt ihr erlauben, dass euer Werk gedruckt wird, aber ihr untersagt die Verbreitung als E-Book. Ihr schließt somit eine Vertriebsplattform aus, die eine Auswertung unter Umständen lukrativer gemacht hätte. Der Wunsch des Verwerters nach mehr Rechten sollte selbstverständlich mit einer angemessenen Vergütung einhergehen (dazu mehr in **Teil 5: Honorar**).

Da bei vielen Werken eine mehrfache Verwertung durchaus im Rahmen des Möglichen und in der Absicht der Urheber liegt, kann man mit der Vergütung für eine einfache Auswertung somit deutlich unter die Höhe eines angestrebten Gesamthonorars gehen, so dass einem Verwerter ein deutlich erschwinglicherer Preis für die Veröffentlichung ermöglicht wird als für eine voll bezahlte Auftragsarbeit. Das Lizenzmodell einer Mehrfachauswertung ist somit erst dann voll rentabel, wenn eine mehrfache Nutzung realistisch möglich ist.

SYNDIKATION

Der mehrfache Verkauf von einfachen Nutzungsrechten ist besonders im Pressegeschäft ein gängiges Mittel, um Artikel und bildnerische Werke wie Fotos oder Karikaturen zwischen einzelnen Medien auszutauschen, zu teilen (= Syndikation) und damit Lizenzkosten zu senken. So lässt sich mit relativ wenig Aufwand ein recht großer Gewinn im Lizenzhandel erzielen. Dabei ist eine Vorbedingung der Syndikation das Vorhandensein vieler regionaler und lokaler Blätter, die an einem Werk wie z.B. einem Cartoon oder einem Comicstrip für ihre diversen Rubriken oder Ressorts interessiert sind. Auch im Rundfunk und Fernsehen gibt es das Modell der Syndikation.

Im Internet hat sich ebenfalls die Syndikation etabliert und wird dort manchmal mit dem Begriff *Aggregation* bezeichnet. Blog-Einträge sind z.B. meistens zur Syndikation geeignet, da sie durch das RSS-Format in alle RSS-Reader und jede weitere Internetseite eingebunden werden können.

Die Syndikation wird von verschiedenen Unternehmen geschäftsmäßig betrieben, wobei auf diesem Markt neben den Medienunternehmen Bild- und Presseagenturen oder eben die Syndikate aktiv sind. Eines der bekanntesten (und das erste weltweit) ist das *King Features Syndicate* in den USA. In Deutschland ist der *Bulls Pressedienst* bekannt.

Bei einer Syndikation ist die Einzelvergütung für eine Nutzung eher marginal zu nennen, lukrativ sind Verkäufe an viele weitere Medien. So lief ein erfolgreicher Strip wie „Hägar der Schreckliche" beispielsweise in 1.900 Zeitungen, „Calvin and Hobbes" sogar in 2.400 Zeitungen weltweit (siehe auch **Seite 52***). Man kann bei den im Augenblick aktuell auf dem Zeitungsmarkt im deutschsprachigen Raum erzielbaren Pauschalen sagen, dass ein Cartoon oder Strip erst ab etwa 5 bis 10 verkauften Lizenzen gerade so rentabel sein dürfte.*

CREATIVE COMMONS

Ein ganz eigenes Thema sind die Regeln der *Creative Commons*, die sich am besten im Internet nachlesen lassen, da sie dafür gemacht wurden. Hier folgt nur ein kurzer Abriss darüber. Die Creative Commons regeln die unentgeltliche Nutzung einer Arbeit durch die Öffentlichkeit. Da viele Inhalte im Netz öffentlich frei zugänglich sind, ist dies eine allgemeinverständliche Methode, die über die eigene Website verbreiteten Inhalte den Konsumenten zur Verfügung zu stellen. Die Creative Commons sind dem Sharing-Gedanken verpflichtet und fördern ähnlich wie die Open-Source-Bewegung der Softwareentwickler den Dialog und die Zusammenarbeit von kreativen Publishern.

Creative Commons werden mit einem *CC* und dahinterstehendem Lizenztyp dargestellt. Wollt ihr z.B. von einem Verwerter als Urheber genannt werden, dann gilt das Kürzel *BY* („von"). Verbietet ihr eine Weiterverbreitung eurer Arbeit durch Dritte lediglich in kommerzieller Art, dann wird das mit den Buchstaben *NC* („non-commercial") dargestellt. Oder ihr legt fest, dass es nicht verändert werden darf: *ND* („no Derivatives"). Wenn ihr alles drei wollt, lautet der Vermerk *CC BY-NC-ND*.

CC   **BY**   **NC**   **ND**   **CC BY-NC-ND**

Im Internet lassen sich die Creative Commons unter de.creativecommons.org auf Deutsch nachlesen. Den dort vermerkten individuell konfigurierbaren CC-Rechtemix, mit dem ihr euren Content ausweisen möchtet, verlinkt ihr online mit eurem auf eurer Homepage publizierten Werk. Icons der Kürzel dürfen von dort[18] heruntergeladen und verwendet werden. Bei Drucksachen setzt man Icons und den Rechtstext ins Impressum.

DIGITALE RECHTEVERWALTUNG

Das *Digital Rights Management* (abgekürzt DRM) ist ein Kopierschutz-System und verhindert das unerlaubte Kopieren und Nutzen sowie die unerlaubte Weitergabe eines digitalen Mediums oder einer Software (beispielsweise viele im Internet erhältliche Apps, Games und Medien-Dateien, Software, MP3-Musikstücke und E-Books). Die Plattformen von Apple iTunes und iBooks arbeiten z.B. damit, sowie die bei Amazon heruntergeladen E-Books verfügen über ein DRM. Kurz gesagt, erlaubt das DRM nur dem rechtmäßigen Nutzer, der für die Software registriert und lizenziert ist, das Abspielen oder Öffnen der Datei.

Angesichts dessen, dass immer wieder Crackware auftaucht, die in der Lage ist, den neuesten Kopierschutz zu knacken, soll das DRM zumindest beim anständigen Nutzer eine moralische Hürde darstellen, die den Nutzer vor einer illegalen Verteilung abhalten soll. Es gibt mehrere Verfahren des DRM, die hier zu erörtern etwas zu weit führen würde. In der Regel wird der Dienst, der eure Werke online zugänglich macht, ein bestimmtes Verfahren benützen, um die Dateien zu schützen. Sie selbst einzurichten erfordert produktionstechnische Kenntnisse, die nicht jeder Urheber besitzt. In PDFs kann man die Möglichkeit des Rauskopierens von Texten oder das Ausdrucken einfach im Erstellungsmenü untersagen. Datenträger wie DVDs oder CDs benötigen dagegen produktionstechnische

Maßnahmen. Die Nennung des Urhebers und Rechteinhabers ist hier natürlich obligatorisch.

TOTALER RECHTE-BUYOUT

Ein komplettes Nutzungsrechte-Bundle wird über einen *Total-Buyout*-Vertrag verkauft. Das Total-Buyout besagt, dass der Verwerter die erworbenen Rechte ausschließlich und im größtmöglichen Umfang verwenden darf. Es schließt sogar die erst in der Zukunft noch zu entwickelnden technisch-wirtschaftlichen Plattformen ein, auf denen das Werk abgespielt oder in einer Bearbeitung konsumiert werden kann. Die Verwerter, zu denen Presseverlage, Fernsehanstalten und Filmgesellschaften gehören, erlauben sich unter Berufung auf das Buyout oftmals eigenmächtige Eingriffe in das Werk des Urhebers.

Sofern Buyouts in **AGB** geregelt sind, sind solche Klauseln in der Regel unzulässig[19]. Hier hatte der Deutsche Journalistenverband gegen ein Verlagshaus wegen dessen **AGB**-Klauseln für die Nutzung von Pressefotos geklagt. Das Buyout erleichtert einem Verwerter den finanziell attraktiven Umgang mit Rechten und fördert einen für Urheber ungerechten Lizenzhandel. Ein Verwerter zahlt beim Buyout ein (oft relativ geringes) Pauschalhonorar ohne Rücksicht darauf, dass das originale Werk nach seiner Veröffentlichung zu einem einträglichen Handelsprodukt werden kann, von dessen wirtschaftlichem Erfolg die Urheber dann jedoch ausgeschlossen ist.

NUTZUNGSRECHTE IM AUSLAND

Das deutsche Urheberrecht gilt nur in Deutschland, das österreichische in Österreich und das Schweizer in der Schweiz. EU-weit ist es weitgehend angeglichen. Wollt ihr mit eurem Werk in Länder außerhalb der EU

---

[18] creativecommons.org/about/downloads

[19] www.it-recht-kanzlei.de/buy-out-agb-pauschalhonorar.html und www.it-recht-kanzlei.de/Urteil/5665/Hanseatisches_Oberlandesgericht_Hamburg_5._Zivilsenat/5_U_11309/Urteil.html – Links abgerufen am 14.6.2014

gehen, müsst ihr jedoch die dortigen, manchmal niedrigeren Standards im Urheberrecht beachten. In einigen, wie beispielsweise im asiatischen Raum, gibt es manchmal gar keine oder nur rudimentäre. Dort wird eine gewaltige Menge an unlizenzierten Markenkopien hergestellt. Der Import solcher Waren stellt hierzulande einen Akt der Produktpiraterie dar.

In der EU hat man das Urheberrecht weitgehend harmonisiert, so dass ihr beim Lizenzhandel mit Partnern in Frankreich oder Spanien auf nahezu gleiche Bedingungen trefft. In jedem Fall solltet ihr euch aber bewusst sein, dass ausländisches Urheberrecht vom deutschen Urheberrecht zumeist abweicht und unterschiedliche Regelungen bestehen. Ihr solltet euch in jedem Fall vorab über die jeweiligen Regelungen informieren. Wenn ihr Lizenzen ins Ausland verkaufen wollt, müsst ihr die dort üblichen Regeln und Gepflogenheiten akzeptieren, was Fachkenntnisse erfordert, die ihr nicht unbedingt bei euch selbst erwarten könnt. Deshalb solltet ihr euch mit einem vertrauenswürdigen Vertreter vor Ort in Verbindung setzen (fragt z.B. bei dort existierenden Vereinigungen von Comicschaffenden nach oder wendet euch an das Goethe-Institut) oder an einen inländischen Lizenzhändler verkaufen, der in der Lage ist, seine Geschäfte international rechtssicher abzuwickeln.

DAS FOLGERECHT

Das Folgerecht berechtigt bildende Künstlerinnen und Künstler, bei einem erneuten Verkauf ihres Werks einen Anteil auf den Verkaufspreis, der bei bis zu 4 % liegt, als Vergütung zu erhalten. Sollte ein Besitzer eines Werks dieses an einen Dritten verkaufen wollen, müssen entsprechende Prozente der Kaufsumme an die Urheber gehen, soweit der Preis die 400 Euro nicht unterschreitet. Diese Abgabe verhält sich prozentual zum Verkaufspreis und liegt bei 4 % des Verkaufserlöses (bei Preisen ab 400 bis zu 50.000 Euro; danach sinkt sie). Der Einzug dieser

Abgabe wird von der Verwertungsgesellschaft (VG) *Bild-Kunst* (in Deutschland) oder *ProLitteris* (in der Schweiz) vorgenommen. Ihr müsst Mitglieder in einer dieser VGs sein und dort eure Werke melden. Zu den Verwertungsgesellschaften kommen wir **weiter hinten** im Buch.

Das Folgerecht soll der Tatsache Rechnung tragen, dass das Ouevre eines Künstlers zu Zeiten des Erstverkaufs eines Kunstwerks oft nicht die gleiche Wertschätzung erfährt wie in späteren Schaffensjahren. Dadurch liegt der Verkaufspreis anfangs meistens relativ niedrig. Bei einem erneuten Verkauf ist möglicherweise das Interesse der Allgemeinheit und damit der Wert des Kunstwerks gestiegen, ohne dass die Künstlerinnen und Künstler dann einen Nutzen davon hätten. Ohne die Regelungen des Folgerechts machen alleine die Händler/Galeristen/Kunstsammler das Geschäft mit der Wertsteigerung. Dabei würde dann übersehen, dass der Künstler eigentlich einen nicht unmaßgeblichen Anteil an der Leistung dieser Wertsteigerung trägt. Mit dem Folgerecht verschafft der Gesetzgeber dem Urheber eine Beteiligung in Form einer prozentualen Abgabe am weiteren Handel mit seinen Werken.

2.3 VERWERTUNGS-GESELLSCHAFTEN

Trotz aller vorgenannten – und scheinbar eindeutigen – Schutzrechte ist es den Kreativen, speziell den sogenannten Bildautoren, generell meist nur schwer möglich, die Übersicht über alle Nutzungen und Nutzungsarten ihrer kreativen Werke im Blick und unter Kontrolle zu behalten. Denn neben den zulässigen Privatkopien gibt es noch etliche weitere Möglichkeiten, Content zu nutzen wie z.B. über Bibliotheksausleihen, Pressespiegel, Fernseh- und Rundfunksendungen, den Kunsthandel etc. Um diesem Missstand abzuhelfen, wurden die **Verwertungsgesellschaften** (VG) gegründet. Ungefähr vergleichbar mit der Arbeit der deutschen GEMA im Tonträgerbereich haben es sich etliche weitere Gesellschaften zur Aufgabe gemacht, die Schöpferinnen und Schöpfer kreativer Werke am Ertrag der Nutzung ihrer Werke zu beteiligen. Dazu gehören in Deutschland ein Dutzend privat geführte Verwertungsgesellschaften, die jedoch von zwei Behörden, nämlich dem Deutschen Patent- und Markenamt und aufgrund ihrer Monopolstellung vom Kartellamt kontrolliert werden. Die relevanten deutschen Verwertungsgesellschaften, die wir im Folgenden exemplarisch für alle deutschsprachigen näher beschreiben, sind die *VG Wort* und die *VG Bild-Kunst*. In Österreich ist für Kunstwerke zuständig die *Verwertungsgesellschaft Bildender Künstler* (VBK) und für die Rechte an Schriftwerken die *Literar-Mechana* sowie für Film die *VDFS* (*Verwertungsgesellschaft der Filmschaffenden*). In der Schweiz sind zuständig die *Pro-Litteris* für Literatur, Fotografie und Kunst sowie die *Suissimage* für die Filmschaffenden. Alle genannten Verwertungsgesellschaften sind online präsent und informieren ausführlich über ihre Tätigkeit.

Verwertungsgesellschaften nehmen das sogenannte **Zweit- und Drittverwertungsrecht** wahr. Das Erstverwertungsrecht lizenziert der Urheber direkt an einen Verwerter. Eine Zweitverwertung wäre beispielsweise eine öffentliche Zugänglichmachung in einer Bibliothek oder in einem Filmverleih (gehört zu den bereits zuvor erwähnten „gesetzlichen Lizenzen"). Und eine Drittverwertung wäre etwa die private Kopie eines Konsumenten. Diese Arten der Verwertung sind aufwendig und kompliziert in ihrer Verwaltung, so dass sich eine persönliche Wahrnehmung durch die Urheberinnen und Urheber gar nicht durchführen lässt. Um dies zu vereinfachen, sind die Verwertungsgesellschaften ins Leben gerufen worden. Sie nehmen auf dem Markt Abgaben ein, um diese dann über einen ausgeklügelten Verteilungsschlüssel an diejenigen Kreativen weiterzugeben, deren Werke öffentlich zugänglich und damit für eine unkontrollierte Mehrfachnutzung verfügbar sind. So gibt es Nutzungsgebühren auf jeden bespielbaren USB-Stick, den sich jemand kauft. Denn hier besteht eine hohe Wahrscheinlichkeit, dass Kopien von Musikstücken, E-Books oder Filmen abgespeichert werden. Auch Festplatten in Computern und Fotokopiergeräte sowie das überall erhältliche Kopierpapier sind mit einer solchen Abgabe versehen.

Um in den Genuss der Leistungen dieser Verwertungsgesellschaften zu kommen, müsst ihr euch als Mitglieder einschreiben und Angaben zu dem zu schützenden Werk machen. Dies muss zeitnah mit der Erstveröffentlichung geschehen. Die Verwertungsgesellschaft rechnet dann im Folgejahr nach der Veröffentlichung ab und erneut bei Neuauflagen. Dazu werden dann alle Einnahmen zusammengezählt und in einem Schlüssel, über den die Verwertungsgesellschaft Rechenschaft leistet, an ihre Mitglieder ausgeschüttet. Dabei trennen sich jetzt zunächst die Wege der Urheberinnen und Urheber, denn eine reine Szenaristin etwa registriert sich bei der VG Wort und ein reiner Zeichner bei der VG Bild-Kunst. Das gilt natürlich gleichermaßen im Trickfilm für Drehbuchautorinnen und -autoren sowie die Animatorinnen und Animatoren. Kreativteams müssen sich einzeln **und** zusätzlich als Team registrieren. Wer in Personalunion textet und zeichnet, registriert sich bei beiden Verwertungsgesellschaften als Mitglied und gibt ihre oder seine beiden Mitwirkungen am Werk als Anteile jeweils in Prozent an. Nur auf diese Weise kann sie oder er sich beide zustehenden Einkünfte sichern.

VG BILD-KUNST

Für die Verwertungsrechte aller Bildautorinnen und -autoren ist die VG Bild-Kunst mit Sitz in Bonn zuständig. Sie erfasst die Werke von Kreativen in den Bereichen Kunst, Fotografie, Design, Karikatur, Regie, Kamera, Szenenbild, Kostüm etc. Wie bei allen Verwertungsgesellschaften müsst ihr euch dort namentlich registrieren und Dateien eurer veröffentlichten Arbeiten hinterlegen. Für die Registrierung meldet ihr euch in einer der drei Berufsgruppen an. Dafür ist bei Comics die Berufsgruppe II zuständig (Fotografie, Illustration und Design). Hier könnt ihr Abbildungen in Buchveröffentlichungen, Honorare (z.B. für Nutzungsrechte) und Einzelbilder auf Websites, in Zeitungen und Zeitschriften (Print), jedoch keine E-Books melden (das

geht nur für Autorinnen und Autoren in der VG Wort). Solltet ihr eine Ausstellungsbeteiligung oder einen Verkauf einer Originalzeichnung melden wollen, dann geht das nur in der Berufsgruppe I (Bildende Kunst). Die VG Bild-Kunst bietet eine Möglichkeit an, in beiden Berufsgruppen registriert zu sein. Dazu wendet ihr euch mit eurem Anliegen direkt an die VG und fragt danach. Im Bereich Animation registriert ihr euch in der Berufsgruppe III (Film).

Der Zeitpunkt der Veröffentlichung ist wichtig, denn es gibt für viele Nutzungsarten nur Vergütungen für das betreffende Jahr der Ersterscheinung. Dazu sind für die jeweiligen Bereiche unterschiedliche Meldefristen einzuhalten, die bei der VG Bild-Kunst regulär am 30. Juni liegen (Näheres ist für das aktuelle Jahr auf deren Website **bildkunst. de** zu erfahren). Nachmeldefristen können in Ausnahmefällen in Anspruch genommen werden. Eine Mitgliedschaft in der VG Bild-Kunst ist kostenlos.

Als Cartoon-, Comicschaffende oder Animatoren/-innen könnt ihr Verwertungsrechte an euren Veröffentlichungen geltend machen und sie von der VG Bild-Kunst wahrnehmen lassen. Dazu schließt ihr mit der Verwertungsgesellschaft einen Vertrag über die Wahrnehmung eurer gesetzlichen Vergütungsansprüche für bestimmte, nur auf den ersten Blick als marginal interessant einzustufende Nutzungsarten durch die VG Bild-Kunst wie für das erwähnte Recht der privaten Fotokopie, der Übertragung im TV, des Erstellens von Digitalisaten, der Ausleihe in Bibliotheken, das Folgerecht, so weit ihr noch mit analogen künstlerischen Mitteln arbeitet, etc. Das Recht, euer Werk weiterhin von einem Verlag oder einem Filmverleih verwerten zu lassen, bleibt dadurch unberührt, denn die Verwertungsgesellschaft nimmt eben nur diejenigen Verwertungsrechte wahr, welche die Nutzung eurer Werke durch Dritte betreffen.

Auch Teamarbeit wird von der VG Bild-Kunst hinsichtlich der Vergütungsansprüche der Teammitglieder vertreten. Wenn beispielsweise eine Zeichnerin mit einer weiteren Kollegin in künstlerischer Weise am Comic gearbeitet hat, beispielsweise mit einer Koloristin, die ebenfalls Urheberrechte für sich geltend machen kann, dann werden beide bildkünstlerische Urheberinnen als Team an den Ausschüttungen der Verwertungsgesellschaft beteiligt. Der künstlerische Anteil am Werk sollte vorher prozentual festgelegt sein. Z.B. 50 % für die Zeichnerin und 50 % für die Koloristin (oder 60 % zu 40 % usw.). Beide müssen sich einzeln und zusätzlich als Team mit ihren Anteilen bei der VG Bild-Kunst registrieren. Eventuelle weitere Schaffende werden in diesem Anteils-Verfahren an den ausgeschütteten Tantiemen weiterhin beteiligt. Dafür ist es natürlich besonders wichtig, dass sich das Team vorher genau Gedanken macht über die Aufteilung der Tantiemen. Bitte zu beachten, dass nicht alle am Herstellungsprozess Beteiligten urheberrechlichen Schutz genießen. Tuschezeichner/-innen (Inker) und Letterer, im Trickfilm die Zwischenphasenzeichner/-innen (Inbetweener) gelten in diesem Sinne, wie bereits zuvor erwähnt, eher als Handwerker und nicht als Schöpfer.

Das von der VG Bild-Kunst ausgeschüttete Nutzungshonorar hängt von unterschiedlichen, verhältnismäßig komplizierten Bedingungen ab. Beispielsweise ist bei der Bibliothekstantieme vor allem die Häufigkeit der Ausleihe ausschlaggebend. Bei der Kopiererabgabe sind u.a. die Art des Werks sowie die Art der urheberischen Tätigkeit am Werk für den Verteilungsschlüssel maßgeblich. Weitere Abgabenarten, die für unsere Berufsgruppen gelten, sind die Pressespiegelvergütung, welche die Sammlung und Zusammenstellung von Artikeln zur Medienbeobachtung betrifft, die Lesezirkelvermietung, Weitersenderechte, um Werke über Kabel senden zu dürfen, Vermietung von Bild-Tonträgern wie DVDs, CDs etc. sowie schließlich die Geräte- und Leermedien-Abgabe, die u.a. Rohlinge optischer Datenspeicher (CDs und DVDs) und Trägermedien für elektromagne-

tische Aufzeichnung (Tonbänder, Kassetten) betrifft. Die VG Bild-Kunst behält zunächst einen Anteil für ihre Betriebskosten ein. Aus den Überschüssen der Erlöse finanziert sie ihre beiden Stiftungen „Sozialwerk" und „Kulturwerk" in Höhe von insgesamt bis zu 20 % der Einnahmen. Die restlichen mindestens 80 % fließen an die Urheber. Dabei erfolgt die Ausschüttung regulär ab etwa November des Meldejahres.

Bei der Meldung sind einige Angabe zu machen: Neben Name und Adresse können Künstlernamen zwar angegeben werden, aber zur Identifikation dient allein der bürgerliche Name, solange der Künstlername nicht im Ausweis eingetragen ist. Melden müsst ihr die Höhe der gedruckten Auflage, die von der VG Bild-Kunst als Maßstab für den Verteilungsschlüssel verwendet wird. Die Auszahlung von Honoraren über die VG Bild-Kunst wird nicht nur bei der ersten Auflage, sondern ebenfalls bei Nachauflagen fällig. Wird euer Comic beispielsweise nach einigen Jahren neu aufgelegt, könnt ihr auf weitere Einnahmen durch die Verwertungsgesellschaft hoffen.

SELFPUBLISHER UND DIGITALE COMICS

Wenn ihr eure Comics selbst publiziert, könnt ihr eure Werke neben der Meldung als Bildurheber seit einem Urteil des Bundesgerichtshofs[20] **nicht** mehr zusätzlich als Verleger von der VG Bild-Kunst auswerten lassen. Die Ausschüttungen der VG gehen zu 100 % an die Urheberinnen und Urheber.[21]

Ihr könnt der VG lediglich physisch vorhandene Bücher (mit oder ohne ISBN) melden (E-Books — d.h. auch E-Comics — werden nicht von der VG Bild-Kunst erfasst). Die Auflage muss dabei mindestens 250 Stück

---

[20] *BGH-Urteil vom 21. April 2016 – I ZR 198/13 – Verlegeranteil*

[21] *Gemäß der kürzlich beschlossenen Novelle des Urheberrechts durch die EU soll die Praxis der Verlegerbeteiligung allerdings wieder eingeführt werden. Wir werden euch über die Entwicklungen informieren.*

betragen. Veröffentlicht ihr ein Werk über ein Print-on-Demand Verfahren, dann müsst ihr 200 verkaufte Exemplare nachweisen können.

Wer Honorare durch Veröffentlichung von Cartoons oder Comics erzielt und die Werke zusätzlich als Webcartoons oder -comics auf der eigenen Website veröffentlicht, erhält einen Zuschlag für die digitale Nutzung. Bei einer ausschließlichen Veröffentlichung als Webcomic wird nur ein fiktives Honorar als Mindestvergütung für eine Bewertung zugrunde gelegt, das pro Bilddatei berechnet wird (mehr als 200 Bilddateien pro Jahr können im Übrigen nicht gemeldet werden). Mehr Sinn macht ein gezahltes Bildhonorar. Veröffentlichungen auf ausländischen Websites wie **Tapas** oder **Webtoons** werden von der *VG Bild-Kunst* nicht erfasst. Einnahmen durch Werbung, Spenden oder Crowdfunding-Kampagnen zählen für die VG Bild-Kunst nicht als Honorare. Weiteres erfahrt ihr bei der Verwertungsgesellschaft selbst.

VG WORT

Für Werke der Comic-Literatur ist neben der VG Bild-Kunst die VG Wort zuständig, denn im Comic werden Texte verfasst, die als solches Teil des Gesamtwerks sind. Mit der VG Wort schließt ihr einen kostenlosen Wahrnehmungsvertrag ab. Ihr könnt auch zusätzlich eine kostenpflichtige Mitgliedschaft anstreben, dann müsst ihr jedoch eine gewisse Veröffentlichungspraxis nachweisen. Habt ihr einen Wahrnehmungsvertrag abgeschlossen, findet die VG Wort teilweise automatisch eure Veröffentlichungen über die Bibliotheksausleihen und schüttet dann eure Tantiemen ohne Meldung aus. Ihr könnt aber auch eine Titelanzeige für eure Einzelwerke über das T.O.M.-Portal abgeben.

Hier kommt jetzt die bereits beschriebene prozentuale Beteiligung ins Spiel, die ähnlich wie bei Jugendbüchern gehandhabt wird, denn mit den Szenaristinnen und Szenaristen als Texturhebern und den Zeichnerinnen und Zeichnern als Bildurhebern stehen zwei Arten von Urhebern mit Rechten am Werk zur Disposition, deren Honorar nach prozentual festgelegten Anteilen ausgeschüttet wird.

Hier werden somit zwei Verwertungsgesellschaften bemüht. Der künstlerische Teil wird von der VG Bild-Kunst eingetrieben, der textliche von der VG Wort. Die Registrierung erfolgt hierbei zweimal. Einmal einzeln bei jeder Verwertungsgesellschaft und einmal als Team bei jeder Verwertungsgesellschaft. Im Autor-Zeichner-Team muss genauso wie im oben dargestellten Zeichner-Koloristen-Team der Anteil für jedes Individuum am Werk in Prozenten geregelt sein. Diese Prozente sind der Maßstab für die Aufteilung der für das jeweilige Werk ausgegebenen Tantiemen. Weitere Urheberinnen und Urheber, die am Werk beteiligt sind, können zusätzliche Kreative im Bereich Text, Übersetzung und natürlich im Bereich Kolorierung usw. sein. Macht euch am besten schon zu Beginn der Arbeiten Gedanken um die Aufteilung der Tantiemen unter den Urheberinnen und Urhebern. Hier ist zu berücksichtigen, dass sich der Proporz des Anteils, der euch bei der Vergabe der Erstverwertungsrechte vom Verlag zugewiesen wurde, nicht immer auf die Zweitverwertungsrechte übertragen lässt, da Verlage im Gegensatz zu Verwertungsgesellschaften nicht an gesetzliche Vorgaben gebunden sind, wenn sie Bild- und Textautorinnen sowie -autoren Tantiemen zuweisen. Wenn ihr erst im Anschluss an die Veröffentlichung Anteile für euch einfordert, wird das zuerst zu Verstimmungen bei den Miturhebern/-innen und dann zu Klagen führen. Um Urheberschaft und damit um Tantiemen wurden schon viele Prozesse ausgefochten, bei denen es oft schwierig ist, die Parts im Nachhinein gerecht zu gewichten.

Die VG Wort kann bei E-Books, die in diesem Falle dann E-Comics wären, den Absatz über das von ihr eingerichtete METIS-Zählpixel verfolgen. Werden Texte nicht gedruckt, sondern nur online veröffentlicht, können sie über die hinterlegte Textdatei die weitere Nutzung ermitteln. Dabei funktioniert der Zählpixel zudem im EPUB- und PDF-Format. Wenn die Texte in die Bilddatei flachgerechnet worden sind, wie es bei Webcomics üblich ist, ist eine Erfassung der Texte allerdings nicht möglich. Die Meldung erfolgt online über das von der VG Wort unterhaltene T.O.M.-Portal.

Im Übrigen können auch Beteiligungen an Comic-Anthologien gemeldet werden. Dies erfolgt alle drei Jahre im Rahmen der „Sonderverteilung Bibliothekstantieme". Zur nächstfolgenden Sonderverteilung wird die VG Wort im Herbst 2021 aufrufen.

Ausschüttungen der VG Wort in 2017
In 2017 betrug die Zahl der Wahrnehmungsberechtigten in der VG Wort 744.017. Die Ausschüttungen in 2016 betrugen insgesamt rund **150 Millionen Euro,** was durchschnittliche individuelle Einnahmen von ca. **200 Euro** für die wahrnehmungsberechtigten Mitglieder der VG Wort bedeutet.

2.4 REGELN IM GESCHÄFTSVERKEHR

Zum Kundenkontakt gehört neben der Akquise das Senden von *Angeboten* und *Rechnungen*. Beim Ausbleiben der Überweisung ist das Schreiben einer *Zahlungserinnerung* und vielleicht sogar einer juristischen *Abmahnung* unvermeidlich. Schauen wir uns diese genannten Schriftstücke näher an, stellt sich heraus, dass sie gewissen Regeln zu folgen haben, damit sich daraus hieb- und stichfeste Dokumente in der Abwicklung eines vielleicht notwendigen Rechtsstreits ableiten lassen.

DAS ANGEBOT

Mit einem Angebot überreicht ihr eurem Interessenten auf eurem eigenen Briefkopf ein Schreiben, in dem ihr den geplanten Aufwand vorrechnet und eure damit verbundenen Honorarerwartungen darstellt. Das soll ihm helfen, seine Kosten für das Projekt zu berechnen, und sichert euch – sofern ihr euch mit dem Auftraggeber auf die Konditionen geeinigt habt – rechtlich bei einem möglichen Streitfall ab. Folglich solltet ihr zu einem Angebotsschreiben eine schriftliche Auftragsbestätigung erhalten.

In vielen Branchen ist die Erwartung eines Angebots auf **Stundensatzbasis** obligatorisch, insbesondere in der Werbung und im Marketing. Etliche Auftraggeber insbesondere im Verlagsgeschäft geben dabei hingegen **Pauschalbeträge** für ihre Aufträge vor und bestimmen so automatisch die Höhe deines Honorars. Euren Stundensatz legt ihr fest, indem ihr eine Rentabilitätsrechnung

(siehe **Teil 4: Betriebskosten**) durchführt. Für die Zeit, die ihr in einen Job investiert, müsst ihr schließlich einen würdigen finanziellen Ausgleich im Honorar erzielen können. Pauschalen sind im Comic und Cartoon üblich, weiter verbreitet als Stundensätze. Mit Pauschalen werden feste Abnahmepreise für ein klar definiertes Leistungspaket fixiert (z.B. eine Illustration, ein Cartoon, ein Strip oder eine Comicseite etc.). Sie sind für den Auftraggeber ein verlässlicher Kalkulationsfaktor, gehen aber an der Realität eines zeitlichen Aufwands oft deutlich vorbei. Etliche übliche Pauschalen lassen eigentlich ein auskömmliches Ausüben des künstlerischen Handwerks nicht zu und sind im Übrigen nicht zu verwechseln mit den Ablösesummen für Nutzungsrechte, deren Vergütungen gesondert in das Angebot eingehen. In einer Textbox auf der Seite 86 stellen wir die Vor- und Nachteile von Pauschalen der Verwendung eines Stundensatzes gegenüber.

Im Grunde sollte die Berechnungsgrundlage für jeden Job eine Frage der absolvierten **Arbeitszeit** sein. Denn ein Monat hat nur eine bestimmte Anzahl an Arbeitsstunden, und am Ende muss das erwünschte Einkommen in einer angestrebten Höhe erarbeitet sein. Das legt eigentlich die Kalkulation in Stundensätzen nahe. Pauschalen sind zwar einfacher zu handhaben, werden aber problematisch, wenn sie zu niedrig angesetzt sind und die monatlich angestrebten Umsätze damit nicht oder nur mit Nacht- und Wochenendarbeit erzielt werden können. Es gibt sehr häufig Pauschalen in den Branchen, wo nach Zeichen, Wörtern oder Zeilen bezahlt wird (beispielsweise im Bereich Skript und Übersetzung). Viele Presseorgane bleiben bei festen Preislisten, die sich zumeist nach den Bildhonoraren von Bildautoren wie Fotografinnen und Fotografen richten, und bieten den Zeichnerinnen und Zeichnern feste Sätze für die Ablösung der Nutzungsrechte pro veröffentlichter Zeichnung an. Hierzu gibt es eine umfangreiche Honorarübersicht[22] der Bildagenturen, die sich jedoch alle anderen Bildschöpferinnen und -schöpfer gerne ebenfalls zulegen sollten – so etwa auch die, die nicht fotografisch arbeiten. Wegen der Pauschalen im Business haben sich viele die Vorgehensweise angewöhnt, dass sie soundsoviele Einheiten im Monat schaffen müssen, um am Ende auf die existenziell erforderliche Summe „X" zu kommen.

Wenn ein Auftrag über einen Pauschalbetrag abgerechnet wird, könnt ihr als auftragnehmende Künstlerinnen und Künstler von vornherein versuchen, den im Rahmen dieser Pauschale akzeptablen und realistischen Arbeitsumfang euch selbst gegenüber genau abzustecken. Dazu könnt ihr für euch selbst einen maximalen Stundenaufwand festsetzen. Der Vorteil von Pauschalen liegt für den Auftraggeber darin, dass er seine Budgets nicht überschreiten wird und damit Planungssicherheit erhält. Falls ihr schneller fertig werdet als geplant, könnt ihr als Kreative im Gegenzug eine gute Bezahlung erwarten. Es ist wichtig, dass dem Auftraggeber gegenüber die Anzahl der Entwürfe und die Anzahl der möglichen (und akzeptablen) Korrekturphasen, die in der Pauschale enthalten sind, **unbedingt bereits im Angebotsschreiben klar limitiert** werden. So schafft ihr euch eine Argumentationsgrundlage, auf die ihr euch im Fall einer evtl. notwendigen

Nachberechnung berufen könnt. Bedauerlicherweise nutzen einige Kunden Pauschalen dazu, um am Ende mehr Leistungen herauszuschlagen, als ursprünglich angekündigt und absehbar waren.

Wir veröffentlichen in **Teil 5: Honorar** in unserer Honorar-Umfrage seit einigen Jahren ermittelte, beispielhafte Durchschnittspreise für die Preisgestaltung. Das Durchsetzen vernünftiger Honorare sollte ein Anliegen einer jeden Kollegin und eines jeden Kollegen sein, denn wir erleben derzeit eine Zunahme der bereits schon lange existierenden Härte einer künstlerischen Existenz im mitteleuropäischen Cartoon-, Comic- oder Animationsfilmgeschäft.

Im Angebot, das der Auftraggeber von euch erhält, sind die Vergütungen für **Nutzungsrechte** ausgewiesen. Wie weiter vorne bereits gesagt bedeuten Nutzungsrechte so etwas wie eine Lizenz, eure Werke abdrucken oder auf andere Art vervielfältigen zu dürfen. Warum diese Lizenzgebühren erhoben werden, ist vielen oft unklar, schließlich wird die Arbeitsleistung bei Auftragswerken ohnehin bereits bezahlt (Werkhonorar) und als solche auf einer künftigen Rechnung ausgewiesen. Warum gibt es eine weitere Summe, die mal als „Nutzungshonorar" oder mal als „Lizenz" bezeichnet wird? Stellen wir vereinfacht fest, dass Nutzungsrechte das eigentlich Interessante im Kreativbusiness sind, da ihr Vergütungen für eure Arbeit jedesmal erheben werdet, wenn sie genutzt, sprich: veröffentlicht wird. Sie liefern so etwas wie einen erfolgsabhängigen Gewinn. Bei Angebotswerken werden Werkhonorare zumeist gar nicht erst in Rechnung gestellt. Hier ergibt sich das Einkommen vollständig durch den Verkauf der Nutzungsrechte.

Ein künftiger Auftraggeber wendet sich üblicherweise zunächst mit einer **Anfrage** an euch. Diese kann über einen an die Allgemeinheit gerichteten Aufruf (z.B. per Inserat, in Internetforen oder mit einer Bekanntmachung über die Firmenwebsite) oder direkt an euch adressiert sein. Ihr erhaltet es oder

---

[22] Die Honorare für Fotografien werden von der Mittelstandsgemeinschaft Foto-Marketing (MFM) in der Broschüre „Bildhonorare" jährlich ermittelt und veröffentlicht.

85

PAUSCHALE VS. STUNDENSATZ

Kalkulationen im Angebot beziehen sich entweder auf Pauschalen oder auf Stundensätze. Das hat jeweils Vor- und Nachteile. Hier eine Gegenüberstellung.

	Pauschale	*Stundenlohn*
Nachvollziehbarkeit	Pauschalen wurden meistens aufgrund von langjährigen Erfahrungen festgelegt. Wenn ihr euch nicht die Pauschalbeträge von euren Kunden unhinterfragt diktieren lassen wollt, müsst ihr sie durchgerechnet und beurteilt haben. Die Höhe einer Pauschale ist nicht unbedingt logisch nachvollziehbar und gehorcht eher den Marktgesetzen und den Vorstellungen des Kunden statt deinen persönlichen Anforderungen.	Angebote lassen sich über Stundensätze und Zeiteinheiten einfach und klar errechnen. Die Beträge sind für euch und eure Kunden gut nachvollziehbar.
Zeit und Ablieferung	Pauschalen richten sich nach keiner zeitlichen Dimension. Theoretisch könnt ihr so viel oder so wenig Zeit für den Auftrag brauchen, wie ihr es für richtig haltet oder die Sache es erfordert. Am Ende ist das Honorar immer das Gleiche, egal, wie lange die Umsetzung gedauert hat.	Bei Stundensätzen drückt euch der Zeitfaktor und kann sich negativ auf die Qualität der Arbeit auswirken, wenn ihr merkt, dass ihr länger brauchen werdet, als ihr eingeschätzt habt (was leider aller Erfahrung nach die Regel ist), und Arbeitsschritte verkürzen müsst. Ihr seid ferner gezwungen, zu einem vorher berechneten Termin zu liefern.
Flexibilität	Eine Pauschale ist fix. Ein Abweichen davon ist meist nicht möglich ohne saures Aufstoßen auf der Seite des Kunden. Allerdings sind Argumente wie „geforderte Extra-Entwürfe" oder „zusätzlich angeordnete Korrekturen" für (manche) Kunden einsichtig.	Nachforderungen sind bei an Zeiteinheiten orientierten Berechnungen leichter möglich, wenn der Kunde beispielsweise Verzögerungen verursacht hat, und ihr ihm das dokumentieren könnt. Dafür solltet ihr euch im Angebot ausdrücklich Optionen offenhalten.

Risiko	Die Wahrscheinlichkeit, dass ein Kunde seine Rechnung nicht bezahlt, ist bei Pauschalen relativ gering. Die Konditionen sind in der Regel eindeutig.	Auch wenn die auftraggeberseitig liegenden Gründe für eine Überschreitung des im Angebot veranschlagten Zeitmaßes für alle Beteiligten offensichtlich sind, kann eine Erhöhung eurer Honorarkosten auf der Seite des Kunden eine rote Linie überschreiten und für Probleme mit dessen Controlling-Abteilung sorgen. Umgekehrt könnte der Kunde bei zeitlichen Unterschreitungen des Rahmens darauf bestehen, dass ihr entsprechend weniger Honorar abrechnet.
Einsatz	Pauschalen machen vor allem Sinn bei Routinejobs. Hier wissen alle, was auf sie zukommt. Solltet ihr am Anfang mehr Zeit für die Ausführung brauchen, dann werdet ihr vielleicht nach etlichen weiteren Aufträgen Übung erlangt haben und unterhalb eures selbst gesetzten Zeitlimits bleiben. Ihr könnt dann besser verdienen, weil ihr in der gleichen Zeit mehr Arbeiten schafft.	Lasst ihr und euer Kunde euch auf ein kreatives Abenteuer mit ungewissem Ausgang ein, dann ist die Abrechnung nach Stundensatz dringend zu empfehlen. Rechtzeitige Rückmeldungen zum Stand der Arbeiten und damit zur Betragshöhe der abzurechnenden Arbeitszeit solltet ihr regelmäßig dem Kunden durchgeben und euch eventuelle Überschreitungen des Budgets freigeben lassen.

wartet es auf jeden Fall ab, bevor ihr ein Angebot schreibt.

Das von euch stammende **Angebotsschreiben** hat bereits eine rechtliche Funktion und listet eure Leistung und die Bedingungen auf, zu denen ihr ein Werk liefern werdet. Es wird zu einem Vertrag, wenn der Kunde/Auftraggeber nach dieser Aufstellung euer Werk bestellt. Ihr könnt ein Angebot auch mündlich abgeben. Besiegelt wird es mit einer ebenfalls mündlichen Bestellung durch den Kunden. Obwohl die Mündlichkeit rechtlich bindenden Charakter hat, zeigt die Erfahrung, dass wenigstens eine schriftliche Bestätigung zumindest bei späteren Meinungsverschiedenheiten eine bessere Beweiskraft hat. Es ist oft schwierig, eure Forderungen im Falle eines Falles ohne irgendeinen Beleg durchzusetzen. Euer Angebot ist verbindlich. Ihr müsst liefern, wenn es euer Kunde annimmt und euch beauftragt.

DIE POSITIONEN

In **Teil 5: Honorar** werden die wichtigsten Positionen eines Angebots (und damit am Ende einer Rechnung), d.h. Stundenhonorar und Entgelt für Nutzungsrechte, in konkreten Werten ausgedrückt. Die Vergütung der Nutzungsrechte sind auf jeden Fall Bestandteil des Angebots. Im Angebot sollten folgende Positionen vermerkt sein:

- geschätzte Arbeitsstunden des **Entwurfs** in Stundensätzen,
- der Betrag zur Vergütung der **Nutzungsrechte** (einfach oder exklusiv), deren Höhe sich auf die im ersten Punkt genannten Entwurfsstunden stützt,
- weitere Arbeiten **ohne kreative** Relevanz wie Recherche, Abwicklung, Meetings, Werk- und Reinzeichnungen etc. in Stundensätzen geschätzt,
- geschätzte **Kosten** durch gesonderte Materialanschaffungen, Hard- und Software, Kurierdienste, Reisen etc., die sich durch den Auftrag ergeben und keine Kosten darstellen, welche ihr als Kreative ohnehin zur Aufrechterhaltung eures Atelier-/Studiobetriebs produziert.

Außerdem macht ihr Angaben zur Art und Umfang der Nutzungsrechte, zur Höhe eures Stundensatzes und fügt einen Vermerk zur Handhabung von Autorkorrekturen und zur Mehrwertsteuer ein. Ein weiterer Bestandteil des Angebots sind die Allgemeinen Geschäftsbedingungen (**AGB**), die traditionellerweise kleingedruckt auf der Rückseite des Angebots-Bogens Platz finden können.

Stimmt der Auftraggeber dem Angebot zu, sollte er eine schriftliche Auftragsbestätigung erteilen. Eine mündliche ist zwar bindend, im Ernstfall vor Gericht jedoch schwieriger nachzuweisen. Am Ende ist der Auftrag erteilt und durch die **AGB** (siehe **Seite 127–134**) sogar vertraglich abgesichert. Handelt es sich um einen komplexeren Auftrag, bei dem noch weitere Dienstleister und Beteiligte involviert sind, empfiehlt es sich, einen Vertrag aufzusetzen in der Art, wie wir sie in **Kapitel 2.6: Vertragsmuster** verfasst haben, und von einer Anwältin/einem Anwalt prüfen zu lassen.

VERBINDLICHKEIT

Angebote sind konkret verbindliche Zusicherungen an den Geschäftspartner, von deren Inhalt und Beträgen in der Schlussrechnung nicht abgewichen werden darf. Bei einer künstlerischen Tätigkeit können im Voraus jedoch nicht unbedingt hundertprozentige Aussagen über die Dauer der Arbeiten getroffen werden. Wir Freiberufler stellen eine Sonderform der Selbstständigkeit dar. Wir verkaufen keine Waren und dürfen das sogar nicht einmal, denn sonst müssten wir ein Gewerbe anmelden, und das Finanzamt würde uns ein anderes Steuermodell vorschreiben. Wir bieten vielmehr eine besondere Kompetenz und diese zusammen mit unserer Arbeitskraft an. Das macht uns einem Arbeitnehmer ähnlicher als einem Unternehmer. Arbeitskraft wird in Zeiteinheiten gemessen, deshalb sind Stundenlöhne, die im Kreativgeschäft in *Stundensätzen* berechnet werden, das übliche geschäftliche Maß, mit dem Leistungen von Freiberuflern abgegolten werden.

Für den Auftraggeber stellt die Höhe des Stundensatzes eine interessante Größe bei der Beurteilung eines ihm bislang noch unbekannten Freiberuflers dar, die somit zumeist als erstes abgefragt wird. Hieraus kann sich der Auftraggeber aufgrund der zeitlichen Einschätzungen und Erfahrungen die Endsumme der Honorarrechnung halbwegs genau kalkulieren. In der geschäftlichen Realität werden die Stundensätze zwischen verschiedenen möglichen Freiberuflern von ihm im Vorfeld verglichen und können ihm noch vor der Auftragserteilung eine Entscheidung über die Vergabe nahelegen. Die Vermutung, dass dann der billigste automatisch den Job kriegen wird, hat leider bei etlichen Kolleginnen und Kollegen dazu geführt, dass ihre Stundensätze nicht aus dem Keller kommen wollen. Die Angst, schon im Vorfeld einer Auftragsvergabe am Stundensatz zu scheitern, hat vielen Kreativen nahegelegt, hier das Niveau sehr niedrig anzusiedeln. Obwohl die Hypothese in vielen Fällen sicherlich nicht einer gewissen Berechtigung entbehrt, funktioniert die Denke eines ehrgeizigen Verwerters jedoch genau anders herum. Er versucht die bestmöglichen Kreativen für den Auftrag zu bekommen. Ein Stundensatz der oberen Preisklasse kennzeichnet in seinen Augen eine relativ fähige Spezialistin oder einen Spezialisten. Und von da an erst beginnen die Verhandlungen.

Die Preise eines Angebots sind im deutschsprachigen Raum rechtsgültig und verbindlich. Nicht um ein Haar dürft ihr am Ende von ihnen abweichen. Eine Ausnahme stellt ein sogenannter „Kostenvoranschlag" dar. Hier dürft ihr in der Schlussrechnung grundsätzlich um bis zu 10 % darüberliegen. Meistens erwartet euer Kunde jedoch ein verbindliches Angebot von euch. Eine unangekündigte Überschreitung eures Angebots in der abschließenden Rechnung kann eventuell Konsequenzen von Auftraggeberseite nach sich ziehen. Euer Kunde darf dann die Bezahlung eigenmächtig auf den im Angebot festgelegten Betrag kürzen. Ihr könnt euch natürlich einen Vorbehalt ins Angebot einbauen, indem ihr darauf hinweist, dass euer Angebot unverbindlich ist. Auch dann solltet ihr jedoch nicht mehr als 10 bis 15 % darüber liegen. Wenn der Auftraggeber von sich aus zusätzliche Arbeiten und Leistungen anfordert und ihr erkennt, dass dies den ursprünglich vereinbarten Rahmen an Aufwand deutlich überschreiten wird, schreibt ihr ein aktualisiertes Angebot und bittet um dessen Freigabe. Der Kunde hat in diesem Moment zwar ein Kündigungsrecht, muss euch aber trotzdem wenigstens die im letzten Angebot festgelegte Summe bezahlen.

Wir empfehlen, die größtmögliche Kostentransparenz walten zu lassen und regelmäßige Rückmeldungen zum Fortschreiten der Arbeiten zu geben. Überschreitungen des Angebots sind, auch wenn sie begründet sind, allerdings immer etwas problematisch. Es könnte sich dem Auftraggeber der Verdacht aufdrängen, dass ihr nicht zielstrebig genug gearbeitet haben könntet, oder er schiebt euch aus irgendeinem anderen Grund die Verantwortung für die höheren Kosten in die Schuhe. Falls ihr weiterhin Aufträge von ihm haben möchtet, empfiehlt es sich nicht nur in solchen Fällen, sondern durchaus im Normalfall Zufriedenheits-Checks mit dem Kunden durchzuführen. Das kann eine Essenseinladung (als Dankeschön) zu einer Nachbesprechung sein, in der ihr mit ihm über den Auftrag redet und seine Beurteilung einholt.

Angebotsschreiben oder Kostenvoranschläge gehören auf den persönlichen Briefbogen und sollten neben eurem Absender und euren entsprechenden Kontaktdaten sowie Bankverbindung und Steuer-ID-Nummer natürlich den kompletten Adressaten enthalten (hier muss der vollständige Firmenname stehen). Eine Liste der Positionen, die zum Leistungsumfang des Auftrags gehören, die Menge der Einheiten (Stunden in der Regel), deren Einzelpreis und die Gesamtsumme bilden das Kernstück des Angebots. Dazu kommen eventuelle weitere Kosten wie Andrucke, Anfahrtskosten zu Meetings und vieles anderes mehr, die unbedingt hier rein müssen.

Als Schlusspunkt unter das Angebot solltet ihr neben dem Hinweis auf die nicht enthaltene Mehrwertsteuer noch vermerken, dass **Autorenkorrekturen** getrennt berechnet werden. Viele Auftraggeber denken, dass Korrekturen, obwohl ihr sie als Kreative nicht zu verantworten habt, wenn sie vom Auftraggeber ins Spiel gebracht wurden, sowie sämtliche Änderungswünsche in einem Angebot enthalten sind. Korrekturen machen Arbeit und das kostet nun mal Zeit. Das könnte für euch von großem Nachteil sein, wenn ihr diese nicht in Rechnung stellen dürftet.

In jedes Angebot gehören eure **AGB**, die sogenannten „Allgemeinen Geschäftsbedingungen", unter denen ihr eure Arbeit und deren Vergütung abgewickelt sehen möchtet. Sie sollten für gewöhnlich auf der Rückseite eures Angebots zu finden sein oder auf einem Zweitblatt mitgeschickt werden und erscheinen in der Regel sehr klein gedruckt, damit sie auf einen DIN-A4-Briefbogen passen. Umgangssprachlich sind sie das legendäre „Kleingedruckte" im Vertrag, das die möglichen Wenns und Abers einer Abmachung regelt. Am Ende dieses Kapitels geben wir Muster-**AGB** bekannt, die sich **ICOM**-Mitglieder für ihre Nutzung vom **ICOM**-Server als Text-Datei herunterladen können. In den **AGB** sind vertragliche Details geregelt, die eurem Vertragspartner mitteilen, wie in bestimmten Fällen oder Konflikten zu verfahren ist.

Die **AGB** stellen bereits eine vertragliche Vereinbarung dar, insbesondere wenn das Angebot schriftlich bestätigt wurde. Ergibt sich jedoch die Notwendigkeit, ein eigenes Rechtsdokument über die Zusammenarbeit zu verfassen, werden **Werkverträge** aufgesetzt und zur Unterzeichnung an die Vertragspartner weitergereicht. Um die Fairness eines Werkvertrags beurteilen zu können, solltet ihr euch den Vertragsentwurf gut durchlesen und in speziellen Fragen mit einer Anwältin/einem Anwalt in Kontakt stehen, die oder der euch beraten kann. Zur Orientierung haben wir dem **ICOM**-Ratgeber einen Muster-Werkvertrag beigefügt. **ICOM**-Mitglieder können das Text-Dokument auf der Website des Verbands beziehen.

DIE RECHNUNG

Sind alle Leistungen erfüllt und die Arbeiten in korrekten Datenformaten an den Kunden übertragen worden, wird die Rechnung gestellt. Sie unterscheidet sich vom Angebot oder Kostenvoranschlag in einigen Punkten. Hier wirkt bereits der lange Arm des staatlichen Steuereinnehmers und verlangt das Hinzufügen und Ausweisen einer Mehrwertsteuer auf der Rechnung, was bei Angeboten nicht unbedingt drinstehen muss. In welcher Höhe sie liegt, nämlich ob voll (19 %) oder ermäßigt (7 %), hängt davon ab, ob sie ausschließlich für kreative Leistung gilt (7 %) oder ob es sich um handwerkliche Arbeiten handelt (19 %). Hier gibt es Ermessensspielräume. Auf der sicheren Seite seid ihr jedoch, wenn ihr auf jeden Fall den vollen Steuersatz benutzt (siehe dazu auch der Abschnitt **Umsatzsteuer** auf **Seite 140** in **Teil 3: Steuern und Versicherungen**). Dem Auftraggeber ist es egal, soweit es sich nicht um eine umsatzsteuerbefreite Einrichtung handelt. Gezahlte Mehrwertsteuer wird von den Unternehmen mit der eingenommenen Umsatzsteuer verrechnet, ein höherer Prozentwert ist für sie somit sogar interessant. Es sei denn, das Unternehmen gehört beispielsweise einem öffentlichen Träger an, dann ist es oft von der Umsatzsteuer befreit, muss jedoch die Mehrwertsteuer auf seine Einkäufe vollständig tragen. Hier freuen sie sich dann, wenn ihr ihnen nur den ermäßigten Mehrwertsteuersatz in Rechnung stellt, so weit das möglich ist.

Alle weiteren Positionen, die in eurem Angebot stehen, müsst ihr natürlich noch in die Rechnung einfügen, aufgeröselt nach den einzelnen Stunden, die ihr gearbeitet habt. Dazu kommen das Nutzungshonorar und die zusätzlichen kleineren Ausgaben, die im Zusammenhang mit dem Auftrag stehen. Hier können beispielsweise Reisekosten stehen, da ihr vielleicht zu diversen Treffen gefahren seid. Zeiten mit Meetings sowie telefonischen Besprechungen, müssen in die Rechnung. Solltet ihr Materialien wie farbverbindliche Ausdrucke, Datenträger be- oder erstellt haben, sind diese ebenfalls zu berücksichtigen. Künstlerische Materialien, die ihr für die Kreation benötigt oder evtl. sogar dem Kunden aushändigen müsst, könnt ihr weiterberechnen. Etwas anderes sind Skizzenbücher und Farben. Diese fallen eigentlich unter laufende Betriebskosten und gehen den Kunden nichts an, so weit jener nicht auf die Verwendung besonders exklusiver Materialien besteht. Hier handelt ihr in diesem Fall auf fremde Rechnung, und dürft die Kosten dafür abrechnen. Übrigens werden weder Angebot noch Rechnung unterschrieben.

DETAILS FÜR DIE RECHNUNG

- **Name und Anschrift** müssen vollständig und bei Verwendung eines Künstlernamens zusätzlich den bürgerlichen Namen enthalten. Die Adresse des Dienstleisters ist mit der korrekten Firmenbezeichnung anzugeben.
- Die fortlaufende **Rechnungsnummer** darf nicht mehrfach vergeben werden und bildet ein eindeutiges Identifikationsmerkmal des Geschäftsvorgangs.
- Das **Ausstellungsdatum** der Rechnung ist wichtig für das evtl. befristete Zahlungsziel.
- Die Angabe des **Leistungszeitraums** oder alternativ des **Lieferzeitpunkts** gibt dem Kunden Aufschluss über den absolvierten zeitlichen Aufwand.
- Die Benennung von **Art und Umfang** der Dienstleistung zeigt das Projekt an, an dem gearbeitet wurde.
- Die **Entgelte** sind in einzelne Positionen aufzulösen. Dabei sind die Entwurfsleistungen gesondert zu kennzeichnen und von exekutiven Arbeiten wie beispielsweise Reinzeichnungen zu trennen. Außerdem ist zu vermerken, welche Steuersätze für die Positionen gelten. Für Nutzungsrechte gilt im Übrigen der ermäßigte Steuersatz (siehe auch **Teil 3: Steuern und Versicherungen** auf **Seite 141**).
- Unter Nebenkosten werden **Menge und Bezeichnung** der materiell ausgehändigten Güter wie Originalzeichnung, Datenträger, Andrucke etc. gelistet.
- Die Abgeltung der **Nutzungsrechte** bezieht sich auf die Art und den Umfang der Nutzung und entfällt bei Nichtnutzung.
- Falls **Entgeltminderung** wie z.B. Skonto vereinbart wurde, dann ist das ebenfalls zu vermerken.
- Die **Summe** benennt den zu zahlenden Betrag, zu dem die anfallende Umsatzsteuer gerechnet wird.
- Da alle dazu verpflichtet sind, Umsatzsteuer abzuführen, gehört die **Umsatzsteuer-Identifikationsnummer** oder Steuernummer in die Rechnung.
- Hinweise auf **Steuerbefreiung** (z.B. wenn der Rechnungsstellende die Kleinunternehmerregelung (siehe **Teil 3: Steuern und Versicherungen**) anwendet. Es gibt zudem Leistungen und Kunden, die von der Umsatzsteuer befreit sind).
- Das **Zahlungsziel** benennt den spätesten Zahlungseingang. Es wird jedoch empfohlen, darauf zu verzichten, da Zahlungsziele manchmal für Skontozahlungen missbraucht werden, obwohl keine vereinbart waren.
- Eine gültige **Kontoverbindung** für den Zahlungseingang.
- Auf der Rechnung können nochmals die **AGB** aufgeführt werden.

SKONTO

Einige Auftraggeber bestehen für sich darauf, dass sie Skonto in Anspruch nehmen möchten. Das bedeutet, dass sie die Rechnung besonders frühzeitig begleichen wollen, so dass ihnen dann gewisse Prozente am Rechnungsbetrag von euch erlassen werden. Auch wenn eine Skontozahlung nicht mit euch vereinbart war, handeln manche Kunden einfach eigenmächtig und ziehen sich 2 bis 3 % vom Rechnungsbetrag ab, wenn sie innerhalb von einer Woche nach Eingang der Rechnung euer Honorar überweisen. Eine Skontozahlung sollte allerdings vorher mit euch vereinbart worden sein.

INKASSO UND MAHNVERFAHREN

Mit dem Eingang der Honorarzahlung ist das Geschäft zum Abschluss gekommen. Beide Seiten haben ihre zu Anfang eingegangenen Verpflichtungen erfüllt. Davon abgesehen werden natürlich mit dem Zahlungseingang bei euch Steuern und Abgaben fällig. Es geht somit auf eurer Seite weiter mit dem Bezahlen von Rechnungen. Es kann jedoch anders kommen. Fast alle Freiberufler dürften die Probleme kennen, die das Ausbleiben der Zahlungsvereinbarung seitens des Auftraggebers mit sich bringt. Abgesehen von dem Ärger liegt der finanzielle Verlust manchmal in einer schmerzlichen Höhe.

In einem Mahnverfahren geht ihr folgenderweise vor. Ihr schickt eine Zahlungserinnerung mit einem **Zahlungsziel** (d.h. einem konkreten Termin mit dem Zahlungseingang auf eurem Konto) an den säumigen Kunden, falls das noch nicht in der Rechnung geschehen ist. Reagiert der Kunde nach Ablauf des Zahlungsziels immer noch nicht, dann sendet ihr einen **amtlichen Mahnbescheid** mit Hinweis auf den **Zahlungsverzug**. Dieser kann bei eurem zuständigen Amtsgericht beantragt werden und kostet euch eine Gebühr, ist aber der wichtige Schritt, der euch einen pfändbaren Titel verschafft, wenn der Kunde wieder nicht reagieren sollte. Legt er fristgerecht Widerspruch ein, dann kommt ihr um einen Prozess nicht herum: Die Rechnung muss eingeklagt werden. Versäumt euer Schuldner die Widerspruchsfrist jedoch, wird euer Anspruch rechtskräftig und kann über Gerichtsvollzieher eingezogen werden.

Wir empfehlen euch, nicht gleich bei jeder unbezahlten Rechnung den Rechtsweg einzuschlagen. Der ist immer mit erheblichen Kosten verbunden und kann enorme Zeit und Kraft verschlingen. Wer nicht über ein gewisses Geldpolster verfügt, kann sich hier finanziell zudem ruinieren, denn Rechtsfälle können sogar Schaden bei euch anrichten, auch wenn ihr sie gewinnt. Die Gegenseite könnte z.B. **insolvent** geworden sein. Dann wird euch nicht immer aus der gepfändeten Konkursmasse – falls vorhanden – ausreichend materieller oder immaterieller Ersatz angeboten. Häufig werdet ihr leer ausgehen. Oder wenn der Prozessgegner im außereuropäischen Ausland sitzt, dann kann es für euch schwierig werden, an euer Geld zu kommen.

WAS TUN GEGEN ZAHLUNGSAUSFALL?

Mit folgenden Maßnahmen könnt ihr Zahlungsverweigerern begegnen:

- Besteht darauf, bei langfristigen Projekten **Abschlagsrechnungen** stellen zu dürfen. Auch eine **Vorauszahlung** am Anfang solltet ihr verlangen. Abschlagsrechnungen sind mindestens monatlich fällig. Bleibt die Zahlung aus, könnt ihr eure Arbeit einstellen oder die Lieferung zurückhalten, bevor die Rechnung nicht beglichen ist.
- **Erkundigt euch** bei anderen Dienstleistern oder Lieferanten über einen euch völlig unbekannten Interessenten, falls das möglich ist und ihr Verdacht schöpft, dass es Probleme geben könnte.
- Wenn ihr häufig größere Summen in Rechnung stellt, die bei Ausfall ein großes Risiko für eure Existenz darstellen, dann schließt eventuell eine **Rechtsschutzversicherung** ab (Näheres dazu in **Teil 3: Steuern und Versicherungen**).
- Bleibt einander zugewandt: Klopft regelmäßig die Zufriedenheit eurer Auftraggeber ab. Zeigt eure Freude über den Auftrag, bleibt gesprächsbereit und pflegt einen **freundlichen Umgangston**, auch wenn offensichtliche Probleme auf dem Tisch liegen. So schafft ihr euch Räume für außergerichtliche Einigungen.

Versucht zuerst euch außergerichtlich mit Gesprächen zu einigen. Vielleicht könnt ihr mit einem kleinen Entgegenkommen schon Einigung erzielen? Wenn ihr den geschuldeten Betrag verschmerzen könnt, lohnt sich ein Prozess eher nicht und ihr verbucht das Ganze unter Lehrgeld. Künftige Geschäftspartner werdet ihr dann vielleicht genauer prüfen. Zumindest solltet ihr keine Geschäfte mehr mit Leuten machen, die eure letzte Rechnung nicht bezahlt haben oder erst wieder eure Leistungsbereitschaft zeigen, sobald der offenstehende Betrag beglichen ist. Nur wenn die ausstehende Summe erheblich ist (beispielsweise in der Höhe eines Monatsumsatzes), dann lohnt sich eigentlich der Aufwand eines gerichtlichen Vorgehens. Gerichte in Deutschland haben oft gezeigt, dass sie durchaus Verständnis für geprellte Urheberinnen und Urheber haben. Wenn sie dabei einen Vergleich zwischen den Parteien anstreben, dann sollte eine wichtige Bedingung des Vergleichs sein, dass die Gegenseite eure Anwalts- und Gerichtskosten zu tragen hat. Das könnte ansonsten den von euch erstrittenen Teilbetrag komplett aufzehren, vielleicht sogar überschreiten.

2.5 WEITERE RECHTSFRAGEN

In loser Form sind hier ein paar Themen versammelt, die euch womöglich bereits Kopfzerbrechen bereitet haben. Urheberrecht und Vertragsrecht gehören zum geschäftlichen Grundwissen. Wie sieht es aber mit weiteren Fragen aus? Was wäre z.B., wenn der Auftraggeber selbst Ideenlieferant ist? Ist er dann automatisch ebenfalls in die Ränge der Urheber aufgerückt, die eigentlich den Kreativen zustehen? Oder: Was muss man bei der Zusammenarbeit von mehreren gleichberechtigten Urhebern beachten? Oder: Was tun bei schlechter Bezahlung?

KREATIVE AUFTRAGGEBER

Mancher Auftraggeber liefert Ideen oder sogar Inhalt: Wenn er gestaltend in das Werk eingreift (beispielsweise schreibt er einen Plot oder Dialoge etc.), dann hat der Auftraggeber u.U. ein Urheberrecht am fertigen Werk. Äußert er allerdings wirklich nur Ideen, dann erhält er dafür kein Urheberrecht, denn nackte Ideen sind keine Werke und somit nicht schutzfähig. Sollten von ihm Dialoge und ganze Storys kommen, dann hält er dafür natürlich die Nutzungsrechte. Nur einen Teil der Urheberschaft am Werk innezuhaben, bedeutet für euch allerdings nicht, dass ihr eure Einnahmen halbieren müsst. Ihr habt den vereinbarten Anteil am Werk geschaffen, für den euch die vereinbarten Honorare in der vollen Höhe zustehen. War mit euch beispielsweise vereinbart, dass ihr Story und Zeichnungen zusammen liefert, dann kann euch der Auftraggeber einen Teil des Auftrags (beispielsweise das Texten) nicht wieder wegnehmen. Eine Ausnahme gibt es nur dann, wenn ihr euch nicht in der Lage zeigt, diesen Teil des Vertrags (z.B. fristgerecht) zu erfüllen. Ansonsten gilt, was ausgemacht war: Ihr habt alles das zu liefern, was im Vertrag steht. Dafür steht euch dann das volle Honorar zu.

ZUSAMMENARBEIT MIT KOLLEGINNEN UND KOLLEGEN

Ein größeres Comic- und natürlich insbesondere ein Animationsfilm-Projekt besteht aus vielen Mitarbeiterinnen und Mitarbeitern unterschiedlicher Qualifikationen, deren Arbeitsleistungen am Gesamtwerk koordiniert werden müssen. Nicht nur die Anteile an den zu erwartenden Einkünften durch den Vertrieb des späteren Werks müssen vorab festgelegt werden, bereits die Planungsschritte und die Termine für die Ablieferungen der Einzelleistungen sind ein wichtiger Bestandteil der frühen Projektplanung. Normalerweise wird Konzept und Abwicklung eines größeren Auftrags vom Studio oder vom Verlag organisiert. Bei kleinen Arbeitsgruppen wie **Autor-Zeichner-Teams** lässt sich die gemeinsame Arbeitsbewältigung problemlos unter vier Augen klären. Größere Arbeitsgruppen, die aus Writer, Penciller, Inker, Kolorist und Letterer bestehen oder aus Regisseurinnen, Animatorinnen, Zwischen- und Hauptphasenzeichnerinnen, Tonmeisterinnen, Synchronsprecherinnen, Koloristinnen sowie ihren männlichen Pendants (— sorry fürs Kürzen) etc. organisieren ihre Arbeit mit dem **Studio**, das die diversen einzelnen Arbeitsschritte („Tasks") und größere Schwellen („Milestones") im Verlauf des Projekts auf dem Weg zur Vollendung des Werks betreut. Einzelne Tasks werden dabei den jeweiligen Ausführenden zugewiesen und in einen Zeitplan eingefügt. Mit den Milestones sind jeweils größere Projektphasen abgeschlossen.

Erstreckt sich ein Projekt über einen größeren Zeitraum, werden Vorschüsse oder Abschlagshonorare gezahlt, die monatlich ausgeschüttet werden, denn alle Beteiligten müssen eben ihren Lebensunterhalt bestreiten können. Häufig werden die Mitwirkenden an Animationsfilmen für die Produktionszeit fest eingestellt, die immerhin einige Jahre betragen kann. Sie erhalten dann ein ganz normales monatliches Gehalt. Ein gerütteltes Maß an Überstunden ist sowohl bei Comic- sowie bei Animationsfilmproduktionen unvermeidlich. Mehrleistungen gehören zu jeder Form einer kreativen Produktion dazu, da man anders als vielleicht bei einem Autozulieferer nicht im Detail wissen kann, wie das Produkt am Ende aussehen wird. Umfangreiche Änderungen und gesonderte Entwurfsphasen noch im fortgeschrittenen Stadium sind an der Tagesordnung. Diese Korrekturen kosten wertvolle Zeit und könnten die zeitlichen Dimensionen eines Projekts sprengen, was dann im Folgenden die Veröffentlichungstermine durcheinanderbringen wird. Das mögen natürlich die Kreditoren nicht besonders, die sich zeitnah ein „Return on Investment" (= ROI) wünschen: rasche Einnahmen im Gegenzug für ihre Investitionen. Der Umgang mit Überstunden muss vor dem Beginn des Projekts zwischen allen Beteiligten zufriedenstellend geklärt werden.

Wenn sich die Gruppe aus freien Stücken zur Herstellung eines Werks zusammengeschlossen hat, dann kann sie im Übrigen schon eine Firma gründen, nämlich eine **Gesellschaft bürgerlichen Rechts** („BGB-Gesellschaft"). Diese Rechtsform ist für die einfache Organisation des Geschäfts unter

ihren Mitgliedern vorgesehen und greift, sobald sich zwei oder mehr Personen auf die Verfolgung eines gemeinsamen wirtschaftlichen Ziels einigen und sich aus diesem Grund geschäftlich vernetzen. In einer GbR sind, anders als in einer GmbH, alle Gesellschafter mit ihrem eigenen und kompletten Vermögen haftpflichtig. Sollte ein größerer Schaden entstehen, dann müssen alle Gesellschafter dafür aufkommen, auch wenn er evtl. nur von einem einzelnen verursacht wurde. Für eine GbR muss zumindest keine Bilanzierung erstellt werden, es sei denn, sie tritt als Körperschaft auf und die Gesellschafter schreiben Rechnungen in ihrem Namen. Nutzt ihr beispielsweise gemeinschaftliche **Atelierräume** mit Kolleginnen und Kollegen zusammen, dann habt ihr bereits de facto eine GbR gegründet, deren gemeinschaftlicher Zweck in der Nutzung und Bewirtschaftung der gemeinsamen Räume liegt. Eine andere Lösung wäre ein Untermietvertrag. Dann gibt es nur einen Hauptmieter, der vom Vermieter berechtigt worden sein muss, Untermieter in seine Arbeitsräume aufzunehmen. Der Nachteil dabei ist, dass bei einer Kündigung des Hauptmieters alle Untermieter mitausziehen müssen.

Natürlich müssen in einer Ateliergemeinschaft unterschiedliche Kosten verwaltet werden. Das sollte ordentlich organisiert und evtl. ein Ausgabenbuch angelegt werden, in dem die laufenden Kosten vermerkt sind und Lösungen für alle offenen Fragen unter den Gesellschaftern ausgehandelt wurden. Moderne Möglichkeiten bieten die **Coworking Spaces**, die zu einem relativ geringen Preis moderne Büroinfrastruktur und Vernetzungsmöglichkeiten mit weiteren Spezialisten vor Ort zur Verfügung stellen. Hier erübrigen sich komplizierte Organisations- und Rechtsformen, stattdessen wird ein Nutzungsvertrag mit dem als Dienstleister auftretenden Inhaber der Räume eingegangen.

Ein Thema für alle Kreativen ist die **Künstlersozialversicherung**, auf die wir in **Teil 3: Steuern und Versicherungen** noch ausführlich eingehen. Das betrifft euch nicht nur als mögliche Mitglieder derselben, sondern auch als potenzielle Auftraggeber, die gegenüber der Künstlersozialkasse abgabepflichtig sind.

WAS TUN GEGEN SCHLECHTE BEZAHLUNG?

Aus Budgetgründen wird eine Bezahlung von Überstunden bei Kreativproduktionen meistens vom Management abgelehnt. Die Produktionskosten steigen häufig aus diversen Anlässen während des Produktionsprozesses (leider oft, weil anfangs nicht gut genug kalkuliert worden ist oder weil sich Gestaltungsprozesse nicht einfach berechnen lassen), was bei Produzenten, Redakteuren und Managern recht unbeliebt ist, denn das kostet Geld und wird ganz offensichtlich das Budget überschreiten. Überstunden gehören natürlich in diese Kategorie. In Arbeitsverträgen von Kreativen steht deshalb regelmäßig im Kleingedruckten, dass Überstunden nicht abgegolten werden, falls dieser Passus überhaupt erwähnt wird.

Dass dies eine unverhältnismäßige Gefahr des Abgreifens von unbegrenzten Sonderleistungen darstellt, ist eine traurige Tatsache. Oft sitzen Kreative bis weit in die Nachtstunden an ihren Projekten, ohne dafür eine Gegenleistung erwarten zu können, was in dem Falle in Ordnung geht, wenn sie sich freiwillig und aus Interesse an der Sache dazu bereit erklärt haben. Sollten Auftraggeber jedoch existenzielle Sorgen ihrer Kreativen ausnutzen, um die eine oder den anderen in schlechte Vertragsbedingungen einzuzwängen, überschreitet das eindeutig die Grenze. Hier sind alle aufgerufen, bei solchen Verträgen Verbesserungen für sich auszuhandeln und entsprechende Klauseln über unbezahlte Arbeitsleistungen streichen zu lassen. Eine Tarifverträge erkämpfende Kreativgewerkschaft gibt es für uns leider nicht. Der **ICOM** als Verband der Kreativen im Cartoon-, Comic- und Animationsfilmmarkt kann solches nicht leisten, sondern nur auf Aufklärung setzen und dazu aufrufen, selbstbewusst für die eigenen Interessen einzutreten.

Die *Dienstleistungsgewerkschaft Verdi*, die u.a. für Medienschaffende zuständig ist, hat eine aktive Abteilung für Selbstständige eingerichtet, die *Bundeskommission Selbstständige*, die sich um Freelancer (im Gewerkschafts-Jargon: „Solo-Selbstständige") kümmert. Mit einer Gesamtzahl von 30.000 Mitgliedern, die Selbstständige sind, ist der Anteil durchaus beeindruckend und wächst weiterhin.

GIBT ES MÖGLICHKEITEN FÜR DEN ARBEITSKAMPF?

Eine Bestreikung von Medienunternehmen für die Rechte der Kreativarbeiterinnen und -arbeiter ist aufgrund der Vereinzelung der Mitglieder und derer vielgestaltiger Tätigkeitsprofile nicht möglich. Der **ICOM** versteht sich als Interessenvertretung größtenteils selbstständiger Kreativer im Cartoon-, Comic- und Animationsfilmbusiness und kann für seine Mitglieder lediglich Empfehlungen aussprechen.

Es gibt ein Beispiel für einen erfolgreichen Arbeitskampf im Kreativgeschäft. Im Jahr 2008 streikten die Drehbuchautorinnen und -autoren in den USA lange und in einem für die Industrie schmerzhaften Maße (und das schon zum zweiten Mal, Ähnliches ist 1988 passiert). Sie konnten ihre Forderungen am Ende gegen die Industrie durchsetzen, weil hier die Schaffenden einer der weltweit größten nationalen Medienproduktionen in einer beeindruckenden Anzahl von über 9.000 Personen an dem gut organisierten Arbeitskampf der Drehbuchautoren-Gewerkschaft (*Writers Guild of America*) teilgenommen haben und die laufenden Serien- und Kinoproduktionen unter Druck setzen konnten.

Für ein Business als Freiberufler ist der Streik eine schwierige Sache. Comic- oder Cartoonschaffende werden hierzulande nunmal nicht in den rauen Mengen beauftragt, deren Arbeitsniederlegung eine ernsthafte wirtschaftliche Gefährdung für ihre Auftraggeber darstellen würde. Freiberufliche Kreative könnten sich zudem nur schwierig auf gemeinsame konkrete Maßnahmen im Arbeitskampf einigen.

Wenn euch jemand einen Auftrag anbieten sollte, dessen Bedingungen eigentlich als unzumutbar gelten müssen, werdet ihr daraus nicht das Recht ableiten dürfen, diesen zunächst anzunehmen und danach z.b. für eine bessere Entlohnung zu streiken. Das Annehmen des Auftrags und die Unterschrift unter den Vertrag besiegeln euer Einverständnis mit den Bedingungen. Eine Infragestellung im Anschluss würde somit zu einer Vertragsverletzung führen und wäre juristisch anfechtbar. Es sei denn, der Vertrag verstößt gegen die guten Sitten, dann gibt es Möglichkeiten rechtlich einzuschreiten. Wird z.b. die Vergütung von Nutzungsrechten mit der Begründung verwehrt, dass eine Urheberschaft seitens der beauftragten Kreativen nicht vorläge, weil beispielsweise die Rechte an der Originalfigur Dritten gehörten, dann ist dies schlichtweg eine falsche Aussage, und eine Honorierung der Nutzungsrechte kann aussichtsreich vor Gericht erstritten werden. Aus diesem Grund empfehlen wir allen Kolleginnen und Kollegen, die Rechtsinformationen, Vertragsvorschläge sowie die Empfehlungen zu Rechten und Honoraren des **ICOM**-Ratgebers zu beachten und sie als Basis für die eigene Argumentation bei Verhandlungen zu benutzen. Unsere Geschäftsgrundlagen sind das deutsche und damit europäische Urheberrecht, sorgfältig ermittelte Honorarempfehlungen für branchenübliche Leistungen sowie aktuelle Vertrags- und **AGB**-Muster, die über die **ICOM**-Website bezogen werden können.

BITTSTELLER UND SCHNORRER

In unseren Branchen bekommen wir es immer wieder mit einem Personenkreis zu tun, der sich mit Frechheit oder Selbstverständlichkeit, mit Freundlichkeit oder sogar Schmeichelei unbezahlte Arbeiten zu sichern versucht. Im ersten Moment werdet ihr nicht unbedingt erkennen, worauf die Sache rausläuft, aber wenn in der Anfrage auf die **Ge-**

meinnützigkeit des eigenen Unternehmens oder Vereins oder der Einrichtung, auf die Hilfsbedürftigkeit des Auftraggebers oder auf die Mittellosigkeit einer ansonsten respektablen Person hingewiesen wird, sollten bei euch die Alarmglocken schellen. Mitleid und Solidarität sind starke Gefühle und können von einem geschickten Interessenten ausgenutzt werden, damit ihr euch auf seine Argumentation einlasst. Mag dessen Ansatz begründet sein oder nicht, schaut euch genau an, was der Bittsteller von euch will, und prüft sein Anliegen. Vielleicht habt ihr wirkliches Interesse, ihm zu helfen? Doch in jedem Fall solltet ihr euch überlegen, ob ihr es überhaupt finanziell verkraften könnt, keine Bezahlung anzunehmen. Welchen Verdienstausfall bedeutet es für euch, die unbezahlte Arbeit zu liefern? Könnt ihr es euch leisten, auf dieses Geld zu verzichten?

Oft bietet euch der Interessent an eurer unbezahlten Leistung im Gegenzug eine **Zuwendungsbestätigung** (= „Spendenbescheinigung") an, die euch steuerlich zum Sonderausgabenabzug berechtigen würde. So etwas können grundsätzlich nur gemeinnützigen Institutionen und Vereine ausstellen, niemals Privatpersonen oder Unternehmen, es sei denn, ein solches führt die Rechtsform „gGmbH" (= gemeinnützige GmbH). Sollte der Bittsteller hier korrekt gehandelt und euch richtig informiert haben, solltet ihr es euch trotzdem genau überlegen, ob ihr auf die Anfrage eingehen möchtet. Denn ihr müsst in jedem Fall Umsatzsteuer für seinen Auftrag abführen, so will es der Gesetzgeber — wahrscheinlich, um möglichen Missbrauch zu vermeiden. Habt ihr euch überreden lassen und einen steuervergünstigenden Sonderausgabenabzug vom Auftraggeber erhalten, stellt ihr eine Scheinrechnung aus, in dem der Betrag für den Wert eurer Leistung festgelegt wird, und legt sie dem Finanzamt zusammen mit der Spendenquittung vor. Hier ist die damit verbundene Umsatzsteuer vermerkt, die ihr korrekt an den Staat zu melden und abzuführen habt. Ob ihr am Jahresende dann so viel Einkommensteuer sparen und gegen die gezahlte Umsatzsteuer, die ihr zwangsweise für eure unentgeltliche Leistung zu entrichten habt, aufrechnen könnt, ist schwierig zu beantworten und eher zu bezweifeln. Unsere Empfehlung ist, auf eine Spendenquittung zu verzichten und sich die damit verbundene Ausgaben und den bürokratischen Aufwand zu schenken.

Sollte es euch ganz übel erwischen, nachdem ihr eure Leistungen im guten Glauben an die gute Sache erbracht habt, und ihr stellt fest, dass der Auftraggeber einen erklecklichen Batzen Geld damit verdient hat und euch eine lange Nase damit macht, ist es im Nachhinein leider nicht legitim, doch noch eine Rechnung zu stellen. Dennoch kann es unter der Voraussetzung des bereits erwähnten „Verstoßes gegen die Sittlichkeit" im deutschen Rechtswesen erfolgreich sein, sich vor Gericht zu streiten. Unter der Bedingung, dass euch falsche Tatsachen vorgespiegelt wurden (z.B. besitzt der Auftraggeber die von ihm beschworene Gemeinnützigkeit in Wirklichkeit gar nicht) und ihr das beweisen könnt, dürft ihr hoffen, dass euch ein Richter im Nachgang noch ein angemessenes Honorar zuspricht. Allerdings müsst ihr euch dann auf Anwalts- und Gerichtskosten sowie einen vage hoffnungsvollen Ausgang der ganzen Sache einlassen.

Es gibt aber noch eine andere Möglichkeit, für die geleistete Arbeit zu Geld zu kommen: Vorausgesetzt, die gespendete Arbeit wird publiziert, wofür natürlich ein Nutzungsrecht von euch eingeräumt werden muss, kann und sollte diese Arbeit einer der Verwertungsgesellschaften gemeldet werden. Dann lassen sich zumindest auf diesem Weg über die Wahrnehmung der Zweit- und Drittverwertungsrechte durch die VG noch Einnahmen erzielen. Das Thema Verwertungsgesellschaften haben wir auf **Seite 97 ff** behandelt.

Eine weitere Kategorie von Schnorrern sind diejenigen, die euch endlosen Ruhm und **fragwürdige Werbewirkungen** verspre-

chen, wenn sie eure Werke umsonst nutzen dürfen. Doch beherzigt die bereits im vorigen Kapitel geäußerte Weisheit: Die beste Werbung ist immer die, mit der ihr eure zahlende Zielgruppe auf dem direkten Weg erreichen könnt. Wenn ihr diese Tatsache als gegeben abhaken könnt, dann ist alles in Ordnung, dann könnt ihr die Rechte an euren Werken in angemessener Weise verschenken und das Ganze als Werbeausgaben betrachten (und trotzdem: Euer Werbebudget solltet ihr nicht überstrapazieren). Alles andere ist barer Unfug und sollte von euch tunlichst gemieden werden.

Es gibt einen Kniff, der euch helfen kann, mutig für eure Interessen einzutreten. Schließlich muss man zudringlichen Leuten zugestehen, dass eine Frage nach unentgeltlicher Leistung erst mal grundsätzlich erlaubt ist. Stellt einfach die Gegenfrage, ob der Interessent denn bereit wäre, ein angemessenes Honorar für die Leistung zu bezahlen, und gebt Auskunft über euren Stunden-/Tagessatz. Fragen kostet für euch schließlich ebenfalls nichts. Ihr werdet sehen, wie schnell solche Leute mit ihrer Anfrage dann das Weite suchen.

Solltet ihr in umgekehrter Weise vielleicht selbst davon ausgegangen sein, dass ihr die Leistungen einer Kollegin oder eines Kollegen kostenlos in Anspruch nehmen dürft, weil ihr selbst beispielsweise keine finanziellen Interessen an ein Projekt geknüpft habt, dann können euch die empörten Kollegen im Übrigen durchaus zur Kasse bitten, wenn ihr die Unentgeltlichkeit nicht vorher eindeutig und möglichst schriftlich untereinander geklärt habt. In diesem Zusammenhang sei wieder darauf hingewiesen, dass jeder Fall seine Eigenheiten hat und in diesem Band nicht generell abgehandelt werden kann.

RECHTE DER AUFTRAGGEBER

Wie zuvor bereits erwähnt, hat der Auftraggeber in seiner Auftragsbeschreibung und später dann im Vertrag die Qualitätsrichtlinien der Erstellung von angeforderten künstlerischen Werken festgelegt. Davon solltet ihr eigentlich nicht abweichen. Qualitativ darüber könnt ihr zwar immer gehen, doch darunter zu bleiben ist problematisch. Sollten sich trotz der sorgfältigen Herstellung der Arbeiten dennoch Meinungsverschiedenheiten oder sogar ungerechtfertigt geforderte Nachkorrekturen ergeben, können sich komplizierte Streitfälle entwickeln.

Häufig gibt es nur geringe oder gar keine künstlerische Freiheit im Auftragswerk. Die Rahmenbedingungen sind eng gesetzt, die Vorstellungen richten sich meistens nach bestimmten Stilen, vorgegebenen Charakteren oder nach den Wünschen des Auftraggebers, so dass hier wenig Freiheit oder Erlaubnis zum Experimentieren besteht. Sind dennoch einmal freie Entwicklungen von Visualisierungen gefordert, dann unterliegen sie trotzdem der „Gefällt mir (nicht)"-Option des Auftraggebers. Er hat und behält die Freiheit, von einer Nutzung abzusehen, wenn er mit dem von euch erstellten Werk nicht zufrieden ist. Es kann aber beispielsweise dazu kommen, dass der Auftraggeber euch keine Entwürfe bezahlen möchte, die ihm nicht gefallen haben. Im härtesten Fall gefällt ihm gar nichts, und er weigert sich, euch die Rechnung generell zu bezahlen. Um es kurz auszudrücken: Ihr habt Recht, wenn ihr euch hier auf einen gerichtlichen Streit einlasst. Eine andere Option werdet ihr womöglich nicht haben, um an euer Geld zu gelangen. Wenn das Tischtuch einmal zerschnitten ist, kann man es selten wieder kitten. Einige missliebige Auftraggeber rechnen durchaus begründet mit einer eher prekären Lage bei den meisten Kreativen und gehen davon aus, dass diese es schon aus Kostengründen nicht wagen werden, den Mund aufzumachen und einen teuren Rechtsstreit mit unsicherem Ausgang zu führen.

Neben der Option, eine Rechtsschutzversicherung für euch abzuschließen, könnt ihr in einen **Berufsverband** eintreten, der eine Rechtsschutzversicherung in seinem Mitgliedsbeitrag eingeschlossen hat. Bevor es zum Streit kommt, könnt ihr eine Rechtsberatung und -hilfe im Verband aufsuchen. Der **ICOM** bietet diese über seinen Rechtsbeistand Dr. Martin Bahr an. Hier könnt ihr im Vorfeld einer Streitsache eine unentgeltlich Erstberatung in Anspruch nehmen. **ICOM**-Ratgeber-Autor und Rechtsanwalt Martin Boden bietet **ICOM**-Mitgliedern die Erstberatung ebenfalls kostenlos an. Es wird geklärt, ob ein Prozess Aussicht haben mag und wie ihr euch verhalten solltet. Die weiteren Anwaltskosten sind allerdings beim **ICOM** nicht im Mitgliedsbeitrag enthalten. Auch die traditionellen Designer- und Gestalter-Verbände **AGD** (*Alliance of German Designers*) und *BDG* (*Berufsverband der Deutschen Kommunikationsdesigner*) bieten eine kostenfreie Erstberatung an. Wer über den Berufsverband eine Rechtsschutzversicherung abschließen will, muss in einen Verband wie beispielsweise in die **IO** (*Illustratoren Organisation*) eintreten. Sie schließt für ihre Mitglieder eine Rechtsschutzversicherung ohne Selbstbeteiligung für folgende Fälle ab: Urheberrechtsverletzungen, Zahlungsverweigerungen und Mängel der Arbeitsausstattung.

2.6 VERTRAGSMUSTER

Grundsätzlich können die Möglichkeiten zur Nutzung der Werke von Bildautorinnen und -autoren in zwei Sparten unterteilt werden: einerseits die Nutzung und Verbreitung des Werkes durch Verlage sowie die Nutzung durch sonstige Kunden (z.B. Werbeagenturen, Institutionen, Privatleute etc.) zu gewerblichen, gemeinnützigen oder privaten Zwecken. Vor allem im zweiten Falle handelt es sich in aller Regel um die Erstellung von Auftragsarbeiten, wohingegen Verlage sich oft um die Verbreitung eines von der Autorin oder vom Autor auf eigene Initiative erstellten Werks bemühen.

Um sowohl diesen unterschiedlichen Formen der Nutzung als auch den im jeweiligen Markt vorherrschenden Gepflogenheiten gerecht zu werden, haben wir im Folgenden zwei unterschiedliche Vertragstexte (mit kurzen Erläuterungen) abgedruckt: Der **Verlagsvertrag** und der **Werkvertrag**. Im Grundsatz folgen beide Textentwürfe jedoch demselben Ziel: der Wahrung der Eigentums- und Persönlichkeitsrechte sowie der wirtschaftlichen Interessen des Urhebers. Im Verlagsvertrag werden die Ansprüche der Autorinnen und Autoren (Szenaristen/-innen, Writer) sowie die der Bildautorinnen und -autoren (Zeichner/-innen, Künstler/-innen) geregelt. Bitte beachtet dabei die unterschiedlichen Formulierungen, die in dem einen oder anderen Fall verwendet werden sollten und löscht die nicht zutreffenden. Wir gehen mit ausführlichen Kommentaren auf die jeweiligen Zusammenhänge ein.

Darüber hinaus wird an den **ICOM** immer wieder die Frage gestellt, wie im Falle einer im Comic-Bereich üblichen Kooperation zwischen Zeichner/-in und Texter/-in (oder einem noch größeren Team) verfahren werden kann, um Rechts-, Honorar-, Eigentums- und Urheberrechts-Streitigkeiten zu vermeiden. Es gibt bei gemeinschaftlichen Werken entweder eine sogenannte *Werkverbindung*, bei der beide Urheber/-innen im Wesentlichen klar trennbare und evtl. sogar getrennt verwertbare Werke geschaffen haben. So könnte der reine Text einer Graphic Novel beispielsweise (mit entsprechender Bearbeitung) ebenso als Theaterstück oder Filmdrehbuch funktionieren. Schwieriger wird es hingegen mit dem Werk der Bildautoren/-innen. Es ist nur denkbar in Verbindung mit dem sprachlichen Teil und funktioniert nur in Ausnahmefällen für sich allein. Somit muss bei Bildautorinnen und Bildautoren eigentlich von einer *Miturheberschaft* gesprochen werden, da beide Werke ausschließlich als Gemeinschaftsarbeit auftreten können. Das hat Auswirkungen auf die gemeinschaftliche Verwertung des Werks und die Meldung bei den Verwertungsgesellschaften.

Darum stellen wir das Muster eines **Kooperationsvertrags** zur Verfügung. Es muss aber gesagt werden, dass selbst der narrensicherste Vertrag nicht vor Streitigkeiten schützt — er kann lediglich Richtlinien aufstellen, nach denen im Streitfall zu handeln ist. Wir haben uns daher bemüht, hier eine Beispielformulierung zur Verfügung zu stellen. Sicherlich ist es im Interesse einer fairen Zusammenarbeit stets erstrebenswert, bereits von Beginn an über die gegenseitigen Wünsche, Vorstellungen und Ansprüche Klarheit zu erlangen. Im Kreise kooperierender Kolleginnen und Kollegen könnte dafür jedoch unter Umständen von Fall zu Fall die Niederschrift einer knappen, formlosen Vereinbarung genügen.

VORBEMERKUNG

Die von uns für die letzte Ausgabe des **ICOM**-Ratgebers erarbeiteten Beispiel-Normverträge sind als Vorschlag (quasi als Checkliste der nötigsten Punkte) zu verstehen und basieren auf Vertragswerken, die vom Börsenverein des deutschen Buchhandels, von der IG Medien (**ver.di**) sowie von verschiedenen Berufsverbänden empfohlen werden. Sie wurden überarbeitet und neu kommentiert von unserem Autor und Rechtsanwalt **Martin Boden, LL.M.**, der die Texte ergänzt und aktualisiert hat.

Gegenüber dem alten Ratgeber neu hinzugekommen sind die Empfehlungen für **Allgemeine Geschäftsbedingungen (AGB)**, die als Rechtsgrundlage für alle frei übernommenen Aufträge zu gelten haben. Mit dem Hinweis auf die eigenen **AGB** erübrigen sich viele Vertragsabschlüsse, da hier bereits allgemein geregelt ist, was in konkreten Verträgen oft nur noch wiederholt wird. Ein vom Kunden zusammen mit den **AGB** unterzeichnetes Angebot ist eine sichere Geschäftsgrundlage und wird von jedem deutschen Gericht als bindend anerkannt. Dieses Musterdokument hat ebenfalls Martin Boden verfasst und kommentiert.

Selbstredend wird kaum ein Vertrag in seiner Wortwahl und Reihenfolge exakt der von uns vorgegebenen Form entsprechen, und es gibt sicherlich zahlreiche Fälle, in denen die jeweilige Vereinbarung etwas „schlanker" formuliert werden kann. Die Vertragstexte in diesem Kapitel entstanden in dem Bemühen, sämtliche eventuell für die Comicschaffenden relevanten Punkte ab-

zudecken. Wegen der Vielzahl von Möglichkeiten, die einer vertraglichen Vereinbarung zugänglich sind, und der Vielzahl von erdenklichen Einzelfällen besteht kein Anspruch auf Vollständigkeit.

Es ist auf alle Fälle ratsam, diese Normtexte im konkreten Fall zum Vergleich heranzuziehen und zu prüfen, ob sich die darin enthaltenen Forderungen und Absicherungen zumindest sinngemäß im jeweils vorliegenden Vertrag wiederfinden. Im Übrigen sollte ein Vertrag mit einer besonders großen wirtschaftlichen Bedeutung für die Comicschaffenden im Zweifelsfall oder bei Verständnisfragen erst dann geschlossen werden, wenn der Inhalt von fachlich kompetenter Seite geprüft worden ist.

WEITERE VERTRAGLICH FESTZULEGENDE ZUSATZLEISTUNGEN UND GARANTIEN

Neben den im ersten Kapitel genannten Prozent-Beteiligungen am Erlös von Buch- bzw. Alben-Veröffentlichungen stehen den Urheberinnen und Urhebern einige weitere Leistungen seitens des Verlags als Nutzer zu, was in der Praxis allerdings oftmals nicht erfüllt wird. Es sollte daher versucht werden, diese Dinge von vornherein vertraglich festzulegen. Die Rede ist hier u.a. von einer gewissen Menge an Freiexemplaren für die Autorinnen und Autoren sowie dem Recht zum rabattierten Bezug weiterer Exemplare (auch zum Verkauf), regelmäßiger Information über Absatzverlauf und öffentliche Reaktionen (Rezensionen) sowie Vorabinformation bei eventueller Verramschung oder Makulierung des Werkes. Auch bei Werkverträgen für Cartoons, Comics, Illustrationen und sonstige Auftragsarbeiten sollten das Anrecht auf eine bestimmte Anzahl von Belegexemplaren sowie einige weitere Rechtseinräumungen selbstverständlich sein.

Ein weiterer Anspruch, der eigentlich mittlerweile generell mit absoluter Selbstverständlichkeit erfüllt werden sollte (aber tatsächlich nach wie vor nicht immer selbstverständlich ist), ist das Recht auf eine

Autorennennung an angemessener Stelle des Werks. Solcherlei Zusatzleistungen gehören nur noch indirekt zu diesem Kapitel. Die gezeigte Bereitschaft (oder Nicht-Bereitschaft) des jeweiligen Gegenübers zu solchen Zusatzgarantien gibt jedoch Aufschluss über seine Einschätzung der Urheberinnen und Urheber als gleichwertige Partner und ist ein gutes Indiz für die zu erwartende Fairness und Zuverlässigkeit des künftigen Vertragspartners.

NOCH EINIGE TIPPS

Bei allem Bemühen um vertraglich saubere Regelungen, gibt es doch immer wieder Situationen, in denen es − aufgrund der Kürze der Zeit oder weil einem dies (angesichts geringen Auftragsumfangs oder eines ungehaltenen Kunden) unangebracht erscheint − nicht zu vertraglichen Vereinbarungen kommt. Auch in solchen Fällen jedoch bleiben noch genügend Möglichkeiten, sich soweit wie möglich abzusichern:

Vor Arbeitsbeginn sollte in jedem Fall die Erteilung eines **schriftlichen Auftrages** (mit Angaben zum Umfang des zu erstellenden Werkes sowie zur vorhergesehenen Nutzung) abgewartet werden. Ist eine solche vom Kunden (evtl. nur aus Zeitgründen) nicht zu bekommen, sollte der oder die Autor/-in selbst eine kurze schriftliche Auftragsbestätigung an den Auftraggeber aufsetzen. Eine solche Bestätigung muss sich immer auf die (mündliche) Auftragserteilung (z.B. am Telefon, beim Bricfing etc.) beziehen, den abgesprochenen Umfang und Inhalt des Auftrags sowie den geplanten Nutzungszweck und die Höhe des vereinbarten Honorars beinhalten. Bleibt diese Auftragsbestätigung unwidersprochen, so ist das Bestätigte Rechtens und gilt als Vertragsgrundlage bei evtl. Streitigkeiten.

Bei Aufträgen größeren Umfangs und Kunden, deren Geschäftsgebaren ihr nicht kennt, ist es stets ratsam, schon im Verlauf der ersten Verhandlungen nicht nur eine mündliche Honoraraussage zu machen, sondern möglichst ein **schriftliches Angebot** an den Kunden zu formulieren. Erstens ist dies ein Schriftstück, dessen Aussagen den Stand der Verhandlungen vor Arbeitsbeginn dokumentieren, und zweitens wird auf diese Weise sichergestellt, dass − im Gespräch eventuell nur beiläufig getroffene − Preisaussagen ihr Ziel erreichen. Ein solches Angebot sollte den vorgesehenen Leistungsumfang so klar wie möglich umreißen sowie eine Klausel enthalten, welche klarstellt, dass jede Änderung **nach** Erstellung der bestellten Reinzeichnung als Autorenkorrektur gilt und nach Stundensatz honoriert wird (hier konkret den eigenen Satz angeben oder sich auf eine der gängigen Honorarlisten berufen − siehe **Teil 5: Honorar**). Ein Kunde, der sich durch solches Vorgehen irritiert oder gar vor den Kopf gestoßen zeigt, lebt außerhalb jeder geschäftlichen Realität!

Bei Rechnungsstellung immer deutlich machen, wofür das entsprechende **Honorar** berechnet wird (= Inhalt und Umfang der erbrachten Leistung sowie Art/Umfang des eingeräumten Nutzungsrechts). So schützt ihr euch vor Missverständnissen, unvereinbarten Nachforderungen bzw. Lizenz-Übertretungen.

Bei jedem Kunden- bzw. Verlagskontakt ist es von Anfang an wichtig, **klar und offen** über Preise, Rechtsansprüche, Nutzungsart und -dauer zu sprechen. Es macht keinen Sinn, sich gegenseitig ein gutes Kooperationsverhältnis vorzugaukeln, indem die Klärung der eigentlichen Knackpunkte „bis auf weiteres" aufgeschoben wird. Kunden, die nach dem Motto: „Erst mal seh'n, was Sie überhaupt zu bieten haben" versuchen, sich die Entwurfsphase unentgeltlich zu erschleichen, werden selbst beim Zustandekommen einer weiteren Zusammenarbeit nie verlässliche Partner sein! Klare Aussagen über Rechtsansprüche, Leistungsumfang und -Vergütung bewahren nicht nur vor bösen Überraschungen, sondern vermitteln dem Kunden darüber hinaus einen professionellen Eindruck, der sich auf die Beurteilung der zu erbringenden kreativen Leistung auswirken wird!

2.7 MUSTER FÜR EINEN VERLAGSVERTRAG
(AUTOR ODER BILDAUTOR)

VERLAGSVERTRAG

zwischen

im folgenden AUTOR/BILDAUTOR genannt
(oder dessen Rechtsnachfolger)
einerseits

und

im folgenden VERLAG genannt
(oder dessen Rechtsnachfolger)
andererseits

1. VERTRAGSGEGENSTAND

a) Gegenstand dieses Vertrags ist das vorliegende/noch zu verfassende Werk des Autors mit dem Titel/Arbeitstitel [...]

(Hier empfiehlt sich auch noch eine Angabe bezüglich des ungefähren Umfangs des Werkes, um etwa entstehenden Nachbesserungs- bzw. Erweiterungsforderungen begegnen zu können.)

Vertragszweck ist die umfassende Auswertung des vorgenannten Werkes in allen Medien/*die Auswertung des vorgenannten Werkes in Printmedien* durch den Verlag.

(Die Festlegung des Vertragszwecks ist optional. Nach der sogenannten Zweckübertragungslehre wird die Einräumung der Rechte durch den Autor nach dem Vertragszweck ausgelegt. Sofern keine Nennung des Vertragszwecks erfolgt, ist der Vertragszweck auf das Hauptrecht, die Buchnormalausgabe, beschränkt. Daneben gibt es die Nebenrechte, die zwischen buchnahen und buchfernen Nebenrechten unterschieden werden. Buchnahe sind solche, die zum typischen Geschäft eines Verlegers gehören, wie z.B. eine Taschenbuchausgabe, das Übersetzungsrecht oder auch digitale Verwertungsformen. Buchferne Nebenrechte sind solche, die der Buchverlag typischerweise nicht selbst nutzt, wie z.B. die Verfilmung oder die Bearbeitung als Hörspiel. Die buchnahen Nebenrechte werden in der Regel noch vom Zweck eines „normalen" Verlagsvertrags umfasst sein. Hingegen wird ein reiner Buchverlag selten die Auswertung der Filmrechte vornehmen. Hier ist es nun empfehlenswert, durch Festlegung des Vertragszwecks von vornherein klarzustellen, inwiefern die Einräumung von buchfernen Nebenrechten gerechtfertigt ist. Eine unbestimmte, alles umfassende, pauschale Rechteeinräumungsklausel ist dann im Zweifel unwirksam. Genauso kann der Autor durch einen eng formulierten Vertragszweck im Zweifel darüber hinausgehenden Verwertungen widersprechen.)

b) Der endgültige Titel wird in Abstimmung zwischen Autor und Verlag festgelegt, wobei bei einer Meinungsverschiedenheit der Verlag das Recht der letzten Entscheidung hat. Der Autor ist berechtigt, dem Stichentscheid des Verlages zu widersprechen, sofern der Titel sein Persönlichkeitsrecht verletzen würde.

("Stichentscheid" bedeutet die Ausübung des Letztentscheidungsrechts durch den Verlag. Eine Persönlichkeitsrechtsverletzung kann auch dann in Betracht kommen, wenn der Titel das Werk völlig verfremdet. Steht der Titel zum Zeitpunkt des Vertragsschlusses bereits fest, kann diese Klausel komplett gestrichen werden.)

(Alternative bei einem reinen Bildautorenvertrag:)

a) Gegenstand dieses Vertrages ist die gemalte/zeichnerische/fotografische Ausstattung des Werkes [*Titel* ...] von [*Name des Verfassers*].

b) Das Werk samt Illustrationen wird in [*Erst-*] Ausgabe am [*Datum*] publiziert werden.

c) Art, Anzahl, Format und technische Vorgaben (Farbe, Schattierung etc.) der benötigten Illustrationen werden in der Anlage 1 zu diesem Vertrag, die wesentlicher Vertragsbestandteil ist, in Form einer Themen- und Motivliste festgelegt.

*(Der Verlagsvertrag kann als Autoren- oder Bildautorenvertrag geschlossen werden. Der Bildautorenvertrag ist in der Regel in Anhängigkeit des literarischen Werks, das ja erst vorliegen muss, um es im zweiten Schritt zu bebildern. Autor und Bildautor können im Rahmen einer Kooperation auch erst eine Verwertungsgesellschaft in Form einer GbR begründen – siehe **Muster-Kooperationsvertrag** – und als solche den Verlagsvertrag abschließen. Bei Comiczeichnern, die Text und Bild als untrennbare Einheit liefern, ist ein Autorenvertrag anzunehmen. Dieser Verlagsvertrag geht grundlegend von einem Autorenvertrag aus, alternative Klauseln für Bildautoren werden angeführt. Im Übrigen kann Autor*

durch Bildautor ersetzt werden, soweit die Klauseln nicht erkennbar spezifisch allein auf Autoren abzielen bzw. für Bildautoren keinen Sinn machen.)

d) Der Autor versichert, dass er allein berechtigt ist, über die urheberrechtlichen Nutzungsrechte an seinem Werk zu verfügen, und dass er bisher keine den Rechtseinräumungen dieses Vertrages entgegenstehende Verfügung getroffen hat. Das gilt auch für die vom Autor gelieferten Text- oder Bildvorlagen, deren Nutzungsrechte bei ihm liegen. Bietet er dem Verlag Text- oder Bildvorlagen an, für die dies nicht zutrifft oder nicht sicher ist, so hat er den Verlag darüber und über alle ihm bekannten oder erkennbaren rechtlich relevanten Fakten zu informieren. Soweit der Verlag den Autor mit der Beschaffung fremder Text- oder Bildvorlagen beauftragt, bedarf es einer besonderen Vereinbarung.

(Der Autor gewährleistet die Rechtefreiheit des Werkes. Sofern auch nur ansatzweise ein Miturheber in Betracht kommt, sollten alle Rechte mit diesem vor Unterschrift geklärt sein. Im eigenen Interesse sollte ebenso auf die Beschaffung fremder Vorlagen im eigenen Namen so weit wie möglich verzichtet werden, da dem Autor bei Zweifeln ein sicheres Rechteclearing mitunter kaum möglich ist.)

e) Der Autor ist verpflichtet, den Verlag schriftlich auf im Werk enthaltene Darstellungen von Personen und Ereignissen hinzuweisen, mit deren Veröffentlichung das Risiko einer Persönlichkeitsverletzung verbunden ist.

(Das sollte immer bei autobiografischen Inhalten erfolgen. Bei Zweifeln entscheidet dann die Rechtsabteilung des Verlags. Im schlechtesten Fall kann eine erkennbare Person, die sich in ihren Persönlichkeitsrechten verletzt sieht, die Vernichtung des gesamten Werks durchsetzen verbunden mit Schadensersatzforderungen seitens

des Verlags gegen den Autor, sollte er gegen seine Hinweispflicht verstoßen haben.)

2. RECHTSEINRÄUMUNGEN

a) Der Autor räumt dem Verlag für die Dauer des gesetzlichen Urheberrechtsschutzes/für die Dauer von [10] Jahren das nachfolgende räumlich und inhaltlich unbeschränkte/auf das Gebiet [Land/Länder ...] beschränkte, ausschließliche [optional: und übertragbare] Recht zur verlagsmäßigen Vervielfältigung und Verbreitung ein. Dieses Verlagsrecht gilt für Auflagen und Auslagen in allen Sprachen/ in der Sprache [deutsch] zur Vervielfältigung und Verbreitung des Werkes für alle Druckausgaben wie auch körperliche elektronische Ausgaben und Auflagen ohne Stückzahlbegrenzung und für alle Sprachfassungen

(Hier ist zu vereinbaren und im Einzelnen aufzuzählen, für welche Nutzung die Rechte eingeräumt werden. Das Verlagsrecht unterscheidet zwischen dem Verlagsrecht als dem Hauptrecht und den Nebenrechten. Das Hauptrecht ist das Recht, das der Autor dem Verleger einzuräumen verpflichtet ist und auf das sich die Auswertungsverpflichtung des Verlags bezieht. Es bezieht sich auf die Buchnormalausgabe. Nebenrechte sind die Rechte, die der Verleger für die primäre Auswertung des Verlagsrechts nicht benötigt und zu deren Auswertung er auch nicht verpflichtet ist, die ihm aber, wie beispielhaft unter Buchstabe b dargestellt, vertraglich eingeräumt werden können. In Betracht kommen sämtliche erdenklichen Nutzungsarten, wie Buchform, Zeitschriftenform, monatlich erscheinend, zweiwöchentlich erscheinend, Heftform, gebunden oder ungebunden, Grafiken oder andere Druckerzeugnisse, usw. Es können einzelne oder eine Vielzahl von verschiedenen Arten aufgeführt werden. Der Umfang der einzelnen Rechte ist Verhandlungssache und sollte im Interesse des Autors oder des

Werkschaffenden natürlich so gering wie möglich gehalten werden. Ferner kann hier eine Regelung gefunden werden, die sich auf die Sprache, für die die Rechtseinräumung erfolgt, wie auch auf die Anzahl der Ausgaben und Auflagen erstreckt. Über die Einräumung weiterer Rechte muss gesondert verhandelt werden.)

(Bei einem – in Verlagsverträgen eher unüblichen – Pauschalhonorar ist § 40a UrhG zwingend zu beachten. Demnach kann bei einem ausschließlichen Nutzungsrecht der Urheber nach 10 Jahren das Werk anderweitig verwerten, beim Verlag verbliebe lediglich ein einfaches Nutzungsrecht. Eine Klausel mit zeitlich unbeschränkter Ausschließlichkeit wäre in einem solchen Fall unwirksam. Es kann jedoch, frühestens nach 5 Jahren ab dem Zeitpunkt der Rechteeinräumung, zwischen den Parteien vereinbart werden, dass der Urheber auf eine anderweitige Verwertung verzichtet. Das kann dann auch nochmals gesondert vergütet werden. Wichtig ist auch zu wissen, dass bei einer Rechtseinräumung für die Dauer der gesetzlichen Schutzfrist eine ordentliche Kündigung ausgeschlossen ist.)

(Es folgen Beispiele gemäß des Normvertrags für den Abschluss von Verlagsverträgen, diese sind weder verpflichtend noch abschließend. Hier kann alles auch individuell vereinbart werden. Viel hilft nicht immer viel, es sollten tatsächlich auch nur die Rechte vergeben werden, die sich am Vertragszweck orientieren und die der Verlag tatsächlich auch verwerten kann.)

b) Außer dem Verlagsrecht nach Buchstabe **(a)** erhält der Vertrag folgende [nicht] ausschließliche Nebenrechte:

I) Das Recht zur Vervielfältigung und Verbreitung in allen Druckausgaben sowie körperlichen elektronischen Ausgaben. Unter Druckausgaben sind z.B. Hardcover-, Taschenbuch-, Paperback-, Sonder-, Reprint-, Buchgemeinschafts-, Schul-, Großdruckausgaben und

Gesamtausgaben zu verstehen. Unter körperlichen elektronischen Ausgaben ist die digitale Vervielfältigung und Verbreitung des Werkes auf Datenträgern (z.B. CD, CD-ROM, DVD, USB-, SD-Karte) zu verstehen.

II) Das Recht, das Werk in unkörperlichen elektronischen Ausgaben (z.B. E-Book, App, sonstige Formen des *electronic publishing*) digital zu vervielfältigen und in Datenbanken und Datennetzen zu speichern und einer beliebigen Zahl von Nutzern ganz oder teilweise derart zugänglich zu machen, dass diese das Werk oder Werkteile auf individuellen Abruf (z.B. Download, Streaming) empfangen können, unabhängig vom Übertragungssystem (z.B. Internet, Mobilfunk) und der Art des Empfangsgeräts (z.B. Computer, Smartphone, E-Reader). Dies schließt auch das Recht ein, das Werk Nutzern ganz oder teilweise zeitlich beschränkt zugänglich zu machen.

III) Das Recht des ganzen oder teilweisen Vorabdrucks und Nachdrucks, beispielsweise in Kalendern, Anthologien, Zeitungen und Zeitschriften.

IV) Das Recht der Übersetzung in andere Sprachen oder Mundarten und die Auswertung dieser Fassungen nach allen vertragsgegenständlichen Nutzungsarten.

V) Das Recht zu sonstiger Vervielfältigung und Verbreitung des Werkes, ganz oder in Teilen, insbesondere durch digitale, fotomechanische oder ähnliche Verfahren (z.B. [Digital-]Fotokopie).

VI) Das Recht zum Vortrag des Werkes durch Dritte, insbesondere Lesung und Rezitation.

VII) Das Recht zur Aufnahme des Werkes (z.B. als Hörbuch) auf Datenträger aller Art sowie das Recht zu deren Vervielfältigung, Verbreitung, öffentlichen Wiedergabe einschließlich Sendung sowie öffentlicher Zugänglichmachung.

sowie

VIII) Das Recht, das Werk oder seine Teile mit anderen Werken, Werkteilen oder sonstigem Material zu (auch) interaktiv nutzbaren elektronischen Werken zu vereinen und diese dann als körperliche oder unkörperliche Ausgaben zu vervielfältigen, verbreiten und öffentlich zugänglich zu machen. Änderungen des Charakters des Werkes bedürfen der Zustimmung des Autors.

IX) Das Recht zur Bearbeitung als Bühnenstück sowie das Recht der Aufführung des so bearbeiteten Werkes.

X) Das Recht zur Verfilmung einschließlich der Rechte zur Bearbeitung als Drehbuch und zur Vorführung des so hergestellten Films. Eingeschlossen ist ferner das Recht zur Bearbeitung und Verwertung des verfilmten Werkes im Fernsehen (Free- oder Pay-TV) oder auf ähnliche Weise (Fernsehen auf Abruf, Video-on-Demand, WebTV etc.).

XI) Das Recht zur Bearbeitung und Verwertung des Werkes als Hörspiel.

XII) Das Recht zur Vertonung des Werkes einschließlich des Rechts zur Aufführung des vertonten Werkes.

XIII) Das Merchandisingrecht, d.h. das Recht, das Werk, insbesondere die in dem Werk enthaltenen Figuren, Namen, Textteile, Titel, Schriften, Geschehnisse, Erscheinungen und die durch das Werk begründeten Ausstattungen einschließlich ihrer bildlichen, fotografischen, zeichnerischen und sonstigen Umsetzungen im Zusammenhang mit anderen Produkten und Dienstleistungen jeder Art und jeder Branche zum Zwecke der Verkaufsförderung zu nutzen, und so gestaltete oder versehene Produkte kommerziell auszuwerten und nach eigenem Ermessen Markenanmeldungen durchzuführen sowie gewerbliche Schutzrechte zu erwerben.

Die Verwertung hat im Einvernehmen mit dem Autor zu erfolgen.

(Wird eine der oben genannten Klauseln vereinbart, muss jedem Autor/Bildautor bewusst sein, dass eine eigene Vermarktung der Figur – z.B. Superman – nicht erlaubt ist, im schlechtesten Fall sogar eine Markenverletzung darstellen kann.)

sowie

XIV) Das Recht, das Werk bzw. die hergestellten Werkfassungen nach Absatz **1 b VIII–XIII** in allen vertragsgegenständlichen Nutzungsarten auf Datenträgern aller Art aufzunehmen, zu vervielfältigen und zu verbreiten sowie durch Hör- und Fernsehfunk zu senden und/oder öffentlich zugänglich zu machen.

XV) Die am Werk oder seiner Datenträger oder durch Lautsprecherübertragung oder Sendung entstehenden Wiedergabe- und Überspielungsrechte.

XVI) Das Recht, das Werk in allen vertragsgegenständlichen körperlichen Nutzungsarten zu veröffentlichen, gewerblich oder nichtgewerblich auszuleihen und/oder zu vermieten.

XVII) Das Recht, das Werk im Umfang der eingeräumten Rechte in allen vertragsgegenständlichen Nutzungsarten auszugsweise zum Zwecke der Werbung für das Werk öffentlich zugänglich zu machen.

XVIII) Das Recht, das Werk in zum Zeitpunkt des Vertragsschlusses unbekannten Nutzungsarten zu nutzen. Beabsichtigt der Verlag die Aufnahme einer neuen Art der Werknutzung, wird er den Autor entsprechend informieren.

Dem Autor stehen die gesetzlichen Rechte gemäß **§ 31a UrhG** (Widerruf) und **§ 32c UrhG** (Vergütung) zu.

(Bei der Ausgestaltung als Bildautorenvertrag können natürlich die Klauseln, die sich auf die Vertonung als Hörbücher und Lautsprecherübertragungen beziehen, weggelassen bzw. modifiziert werden.)

c) Der Verlag kann die ihm nach diesem Vertrag eingeräumten Rechte ganz oder teilweise auf Dritte übertragen, ohne dass hierzu die Zustimmung des Autors erforderlich ist. Der Autor räumt dem Verlag für die Dauer des Vertrags die durch eine Verwertungsgesellschaft, wie z.B. VG Wort, wahrgenommenen Exklusivrechte nach deren Satzung, Wahrnehmungsvertrag und Verteilungsplan zur gemeinsamen Einbringung ein. Diese Berechtigung gilt nicht für gesetzliche Vergütungsansprüche gemäß § 63 a UrhG. Hier steht es dem Autor frei, der Beteiligung des Verlags bei Anmeldung des Werks zuzustimmen oder, sollte er selbst kein Mitglied der betreffenden Verwertungsgesellschaft sein, seine Beteiligungsansprüche an den Verlag nach Veröffentlichung des Werkes abzutreten.

(Nach einem Urteil des BGH aus dem Jahr 2016 [„Verlegeranteil"] ist eine Beteiligung der Verlage an den sogenannten Zweitverwertungsrechten [z.B. für Presse, Kopienversand, Geräte- und Speichermedienvergütung] nur noch mit Zustimmung des Urhebers möglich. Ist der Urheber bereits Mitglied einer Verwertungsgesellschaft, entscheidet er bei Anmeldung des Werks selbst darüber, ob der Verlag daran beteiligt werden soll. Ist er nicht Mitglied, kann er nach Veröffentlichung des Werkes dem Verlag die Vergütungsansprüche anteilig abtreten. Der Verlag bringt dann das Werk in die Verwertungsgesellschaft ein und die Einnahmen werden zwischen den Parteien nach dem Verteilungsplan aufgeteilt. Der Verlag hat keinen Anspruch auf die Zustimmung oder Abtretung durch den Urheber. Daher hat die Regelung in diesem Vertrag eher informativen Charakter. Bei den Rechten, welche von der VG Wort ausschließ-

lich wahrgenommen werden – das kleine Senderecht, die öffentliche Wiedergabe von Werken im Hörfunk oder Fernsehen, das Vortragsrecht sowie das Recht der Kabelweitersendung von filmunabhängig vorbestehenden Werken [z.B. Romanverfilmungen] – erfolgt nach wie vor eine Ausschüttung an Verlage und Urheber gleichermaßen.)

d) das Recht zur Einräumung von weiteren Nutzungsrechten an den Nebenrechten unter b), ganz oder teilweise an Dritte. Die Entscheidung über Art, Umfang und Konditionen steht im freien Ermessen des Verlags. Die Lizenzverträge sollen befristet sein. Das Recht zur weiteren Nutzungsrechteeinräumung durch den Verlag endet mit dem Erlöschen des Hauptrechts gemäß **Buchst. a)**. Der Bestand bereits bestehender Lizenzverträge bleibt hiervon unberührt; die Verteilung der nachvertraglichen Lizenzeinnahmen richtet sich nach § **4b**, sofern der Autor diesen Vertrag nicht berechtigt außerordentlich gekündigt hat. In diesem Fall enthält der Verlag keinen Anteil.

[Alternativ zu **d) Satz 5 und 6**:
Lizenzverträge, die der Verlag, im Rahmen der ihm durch diesen Vertrag eingeräumten Nebenrechte, abschließt, bleiben für den Fall der Vertragsbeendigung – gleich aus welchem Grund – gültig mit der Maßgabe, dass die dem Verlag aus ihnen zustehenden Rechte auf den Autor übergehen.]

(Die erste Alternative entstammt dem Normvertrag für den Abschluss von Verlagsverträgen und sichert eine weitere Beteiligung des Verlags für von ihm geschlossene Lizenzverträge. Bei der Alternative gehen die Verträge auf den Autor über. Letzten Endes ist es Verhandlungssache. Sind zahlreiche Unterlizenzen eingeräumt worden, wird eine eigene Verwertung den Autor regelmäßig überfordern, so dass eine weitere Abwicklung über den Verlag schlichtweg praktikabel ist.)

e) Soweit dem Verlag unter dem **Buchst. b)** das Recht eingeräumt ist, das Werk zu bearbeiten oder bearbeiten zu lassen, hat er Beeinträchtigungen des Werkes zu unterlassen, die geistige oder persönliche Rechte des Bildautors am Werk zu gefährden geeignet sind. Im Falle einer Vergabe von Lizenzen wird der Verlag darauf hinwirken, dass der Autor vor Beginn einer entsprechenden Bearbeitung des Werkes vom Lizenznehmer gehört wird. Möchte der Verlag einzelne Rechte selbst ausüben, so hat er den Autor anzuhören und ihm bei persönlicher und fachlicher Eignung die entsprechende Bearbeitung des Werkes anzubieten, bevor Dritte damit beauftragt werden.

(Das ist Ausdruck des Urheberpersönlichkeitsrechts und schützt den Autor/Bildautor vor einer ungewollten „Verhunzung" seines Werkes.)

3. VERLAGSPFLICHT

a) Der Verlag übernimmt die Herstellung und Verbreitung des Werks auf eigene Kosten und in verlagsüblicher Weise. Den Herstellungsbeginn, die Höhe der jeweiligen Auflage sowie deren Erscheinungstermin, der für den [Datum] vorgesehen ist, bestimmt der Verlag, ferner die Ausstattung des Werkes, den jeweiligen Ladenpreis, Art und Umfang der zweckmäßigen Werbemaßnahmen sowie die Vertriebswege.

Der Verlag ist verpflichtet, das Werk zu vervielfältigen, zu verbreiten und dafür angemessen zu werben.

Der Verlag hat sich in angemessener Frist darum zu bemühen, die ihm gemäß **Ziffer 2b)** eingeräumten Nebenrechte zu verwerten. Er wird bei mehreren einander ausschließenden Verwertungsmöglichkeiten, die für den Autor materiell und ideell günstigste wählen. Kommt der Verlag der Verwertungspflicht nicht nach, steht dem Autor hinsichtlich der betroffenen Nebenrechte jeweils ein Rückrufrecht wegen Nichtausübung nach den Regeln des **§ 41 UrhG** zu. Der Bestand des Vertrags wird im Übrigen hiervon nicht berührt.

(Hinsichtlich der Nebenrechte trifft den Verlag von Gesetzes wegen keine Verwertungspflicht. Diese Regelung legt ihm diese Verpflichtung auf und stellt klar, dass der Urheber die Rechte zurückholen kann, wenn der Verlag untätig oder gar unfähig ist. Damit wird auch einer zu weiten Rechtseinräumung ohne tatsächlicher Verwertungsabsicht durch den Verlag Einhalt geboten.)

b) Ausstattung, Auflagenhöhe, Auslieferungstermin, Ladenpreis und Werbemaßnahmen werden vom Verlag nach pflichtgemäßem Ermessen unter Berücksichtigung des Vertragszwecks sowie branchenüblicher Gepflogenheiten bestimmt.

Das Recht des Verlags zur Bestimmung des Ladenpreises nach pflichtgemäßem Ermessen schließt auch dessen spätere Herauf- oder Herabsetzung ein. Bei Herabsetzung des Ladenpreises muss der Autor vorher informiert werden.

c) Als Erscheinungstermin ist [...] vorgesehen.

d) Das Werk soll zunächst als *[z.B. Paperback, Taschenbuch, Hardcover ...]*-Ausgabe erscheinen. Nachträgliche Änderungen der Form der Erstausgabe bedürfen des Einvernehmens mit dem Autor.

4. HONORAR/VERGÜTUNG

a) Der Autor erhält für die Einräumung der Nutzungsrechte gem. **Ziff. 2a)** für jedes verkaufte Exemplar *(hier sollte geregelt werden, für welche Nutzungsart das Honorar gilt. Es richtet sich selbstverständlich nach dem Umfang der eingeräumten Nutzungsrechte.)* [...] % des Ladenpreises ausschließlich der gesetzlichen Mehrwertsteuer.

Das Honorar erhöht sich ab dem [...] verkauften Exemplar auf [...] % vom Preis, ab dem [...] verkauften Exemplar auf [...] % vom Preis.

(Ob und inwieweit die vorgenannte Staffel vereinbart wird, hängt im Wesentlichen von der Art des Werkes und des Mediums, auf dem die Veröffentlichung/Verbreitung erfolgt, ab. Die Honorarfrage ist in jedem Fall im Einzelnen zu prüfen.)

b) Der Autor erhält ferner für die Einräumung der weiteren Nutzungsrechte gem. **Ziff. 2 b)** von den aus der Verwertung erzielten Nettoumsätzen (= erzielte Gesamtumsätze ausschließlich Umsatzsteuer) [...] %.

(Hier kommt es im Wesentlichen auf die Verhandlung mit den Verlagen an, die naturgemäß nur eine geringfügige Beteiligung wollen. Zu berücksichtigen ist, dass häufig mit diesen Nutzungsarten mehr Geld verdient wird als mit dem Hauptzweck. Wie oben bereits gesagt, ist im Einzelfall zu prüfen, welche Nutzungsarten eingeräumt werden und welche Beteiligung am wirtschaftlichen Erfolg angemessen erscheint. Es kann hier natürlich auch eine weitere Aufschlüsselung der Vergütungssätze nach den einzelnen Rechten oder Rechtegruppen eingeräumt werden.)

Soweit Nebenrechte durch Verwertungsgesellschaften wahrgenommen werden, richten sich die Anteile von Verlag und Autor nach deren Verteilungsplan.

c) Frei-, Pflicht-, Beleg-, Archiv-, Rezensions- und Werbeexemplare, deren Anzahl der Verlag für jede Auflage nach pflichtgemäßem Ermessen festsetzt, sind nicht zum Verkauf bestimmt und weder abrechnungs- noch honorierungspflichtig. Nicht hierzu zählen Partie- und Portoersatzexemplare sowie solche, die zur Werbung für den Verlag, nicht jedoch des Werkes abgegeben werden.

d) Auf die zu erwartenden Honoraransprüche des Autors zahlt der Verlag einen Vorschuss in Höhe von insgesamt […] Euro. Hiervon sind […] % unmittelbar nach Abschluss des Vertrages und […] % bei Ablieferung des druckfertigen Werkes sowie […] % bei Ersterscheinen des Werkes fällig.

Der Vorschuss ist ein garantiertes Mindesthonorar, das der Autor nicht zurückzuzahlen hat, das jedoch mit allen weiteren Ansprüchen, die dem Autor nach diesem Vertrag zustehen, verrechnet werden darf.

e) Ist der Autor umsatzsteuerpflichtig, so hat er dies dem Verlag umgehend mitzuteilen, der die Umsatzsteuer dann den Honoraransprüchen zusetzt.

f) Der Verlag hat über die Vergütungsansprüche halbjährlich zum 30.06. und 31.12. innerhalb von drei Monaten nach Ablauf des jeweiligen Zeitraumes eine Abrechnung zu erteilen. Der Autor ist berechtigt, die Richtigkeit durch einen von ihm beauftragten Wirtschaftsprüfer, Steuerberater, vereidigten Buchprüfer oder Rechtsanwalt prüfen zu lassen. Der Verlag hat dieser Person auf Verlangen die erforderliche Einsicht in die Bücher und Unterlagen zu gewähren. Die Kosten der Prüfung trägt der Autor, wenn die Abrechnung des Verlages bestätigt wird, ansonsten der Verlag.

(Da im Comic/Cartoon-Bereich oft für den Buchhandel vergleichsweise hohe Remissionen in Kauf zu nehmen sind, wird an dieser Stelle zuweilen versucht, noch diverse Absätze bezüglich der Rückzahlung bzw. Verrechnung von Erträgen aus Posten einzuschieben, welche dem Autor gegenüber schon als verkauft abgerechnet, danach jedoch remittiert wurden. Ein solches Ansinnen ist durchaus nachvollziehbar und kann im Grunde auch zugestanden werden, sollte jedoch fair formuliert sein. Auf Rückzahlungsregelungen sollte man sich nicht einlassen, Verrechnung mit den folgenden Abrechnungen ist wohl der beste Weg. Eine Regelung, bei der vom Verlag „zum Auffangen seines Remissions-Risikos" von

vornherein ein gewisser Prozentsatz bis zur nächsten Abrechnung einbehalten wird, ist abzulehnen. Hier geht es eindeutig um Verlagsrisiko, welches nicht auf den Autor abgewälzt werden darf. Darüber hinaus sind Formulierungen abzulehnen, welche evtl. durch Remittenden entstandene Fehlbeträge auch mit Ansprüchen des Autors aus anderen Verlagsverträgen verrechenbar machen.)

g) Falls der Verlag wegen Verletzung der ihm durch diesen Vertrag eingeräumten Rechte Schadensersatzansprüche gegen Dritte realisiert, ist der Autor hieran, nach Vorabzug der Kosten der Rechtsverfolgung, nach Maßgabe von **§ 4 a)** und **b)** zu beteiligen. Sollte der Verlag für mehrere bzw. alle seine Autoren gemeinschaftlich Urheberrechtsverletzungen verfolgen lassen und sollten sich nur in Einzelfällen Schadensersatzansprüche realisieren, so ist der Autor nach Vorabzug der Kosten der gemeinschaftlichen Rechtsverfolgung gemäß **Satz 1** zu beteiligen.

h) Nach dem Tode des Autors bestehen die Verpflichtungen des Verlages nach **Buchst. a)–g)** gegenüber den Erben, die bei einer Mehrzahl von Erben einen gemeinsamen Bevollmächtigten zu benennen haben. Bis zur Vorlage des Erbscheins oder vergleichbarer rechtskräftiger Dokumente und ggf. bis zur Benennung des gemeinsamen Bevollmächtigten ist der Verlag nicht verpflichtet, Honorare auszuzahlen.

4 A. VERHÄLTNIS ZUM TEXTAUTOR
(bei Bildautorenverträgen einfügen)

a) Textautor ist der in **§ 1 a)** angegebene Verfasser des Werkes.

b) Der Textautor und der Bildautor sind Urheber verbundener Werke im Sinne des **§ 9 UrhG**.

c) Verlag und Textautor nehmen bei allen Vereinbarungen auf berechtigte Interessen des Bildautors Rücksicht.

5. MANUSKRIPTABLIEFERUNG
(entfällt beim reinen Bildautorenvertrag)

a) Der Autor verpflichtet sich, dem Verlag das vollständige und vervielfältigungsfähige Manuskript einschließlich sämtlicher Bild- und Text-Vorlagen bis spätestens [...] zu übergeben. Kann der Autor den Termin nicht einhalten, hat er dies dem Verlag umgehend mitzuteilen. Der Verlag räumt dem Autor eine Nachfrist im Sinne des § 30 Verlagsgesetz von mindestens [...] Monaten ein.

(1-2 Monate sind üblich, abhängig von voraussichtlicher Größe/Umfang des Werkes. Sollte es sich allerdings um ein Werk mit periodischer Erscheinungsweise handeln [z.B. für Kiosk-Objekte mit 14-täglichem oder monatlichem Erscheinen], so ist diese Frist begreiflicherweise deutlich kürzer anzusetzen.)

Nach Ablauf der Nachfrist ist der Verlag berechtigt, vom Vertrag zurückzutreten und bereits geleistete Vorschusszahlungen vom Autor zurückzufordern.

(Alternativ – wenn die vollständige Korrektur etc. vom Autor übernommen wird und der Verlag tatsächlich nur noch drucken lässt:)

Der Autor verpflichtet sich, dem Verlag das vollständige, lektorierte und vervielfältigungsfähige Manuskript einschließlich sämtlicher Bild- und Text-Vorlagen im Sinne der Druckvorlage mit Vertragsschluss zu übergeben. Der Verlag verpflichtet sich, dem Autor die durch die Zur-Verfügung-Stellung des Manuskripts als Druckvorlage entstandenen Kosten wie z.B. Lektorat etc. gegen Vorlage entsprechender Belege zu erstatten.

*(In diesem Fall kann **Ziffer 7** entfallen.)*

b) Das Manuskript bleibt Eigentum des Autors und ist ihm vom Verlag nach Erscheinen des Werkes zurückzugeben. *[Alternativ:* Das elektronische Manuskript verbleibt beim Verlag. Der Autor behält eine Kopie für sich.*]*

6. FREIEXEMPLARE

Der Autor erhält für seinen eigenen Bedarf [*optional:* von der Erstauflage und jeder veränderten Neuauflage] [...] Freiexemplare *(ca. 15 Stück)*. Bei Herstellung von mehr als [...] Exemplaren erhält der Autor weitere [...] Freiexemplare (usw.).

Darüber hinaus kann der Autor zum selben Zweck weitere Exemplare seines Werkes zu einem Höchstrabatt von [...] % vom Ladenpreis *(bis zu 45-50 % sind möglich!)* vom Verlag erwerben.

Ein Weiterverkauf ist nur mit Zustimmung des Verlags zulässig.

7. SATZ, KORREKTUR

a) Die erste Korrektur des Satzes und das Lettering werden vom Verlag oder von der Druckerei vorgenommen. Der Verlag ist verpflichtet, dem Autor dann in allen Teilen gut lesbare Abzüge *[alternativ: eine digitale Korrekturvorlage]* zur Verfügung zu stellen. Der Autor ist verpflichtet, unverzüglich die Abzüge ohne gesonderte Vergütung zu korrigieren. Das finale Lettering und die finale Bearbeitung der vom Autor vorgegebenen Korrekturen werden vom Verlag vorgenommen. Der fertige Satz wird dem Autor übersandt, der ihn für „druckreif" zu erklären hat. Durch die Erklärung werden auch etwaige Abweichungen vom Manuskript genehmigt.

Der fertige Satz gilt auch dann als „druckreif", wenn sich der Autor nicht innerhalb einer angemessenen *(oder im Einzelfall aushandeln)* Frist nach dessen Erhalt zu ihm erklärt hat.

(Alternativ – wenn das Lettering und das Einpflegen der Korrekturen vom Autor übernommen wird:)

Der Autor übersendet den ersten Satz in digitaler Form/in allen Teilen gut lesbaren Abzügen an den Verlag. Der Verlag korrigiert den Text und lässt dem Autor seine Korrekturen innerhalb angemessener Frist zukommen. Der Autor pflegt diese Korrekturen nach eigenem Ermessen selbstständig ein und übersendet dem Verlag den fertigen Satz als „druckreif".

b) Verursacht der Autor Änderungen im fertigen Satz, so hat er die dadurch entstehenden Mehrkosten – berechnet nach dem Selbstkostenpreis des Verlages – soweit zu tragen, als sie 10 % der Satzkosten übersteigen. Dies gilt nicht für Änderungen, die durch nach Ablieferung des Manuskripts eingetretene, nicht vom Autor zu beeinflussende Umstände erforderlich geworden sind, *[alternativ bei vollständiger Vornahme des Letterings durch den Verlag:* durch den Verlag verursachte Fehler oder nicht vorgenommene Korrekturen*]*, wie auch für Änderungen bei Sachbüchern, die durch Entwicklungen der Fakten nach Ablieferung des Manuskripts erforderlich geworden sind.

8. LIEFERBARKEIT UND (VERÄNDERTE) NEUAUFLAGEN

a) Wenn die Auflage des Werkes ausverkauft ist, hat der Verlag den Autor zu benachrichtigen. Der Autor kann dann den Verlag schriftlich auffordern, innerhalb einer Frist von […] Monaten eine weitere Auflage bzw. eine ausreichende Anzahl weiterer Exemplare des Werkes herzustellen und zu verbreiten.

Hat der Verlag bei Ablauf der vereinbarten Frist mit der Herstellung der Neuauflage nicht begonnen, ist der Autor berechtigt, durch schriftliche Erklärung den Verlagsvertrag fristlos zu kündigen. Bei Verschulden des Verlages kann er daneben Schadensersatz wegen Nichterfüllung verlangen.

Wenn das Werk nur in einer elektronischen Ausgabe und/oder nur in einer Druckausgabe lieferbar ist, die nach Bestelleingang in der Regel nicht binnen 10 Werktagen an den Kunden geliefert werden kann, ist der Autor berechtigt, den Verlagsvertrag durch schriftliche Erklärung zum 30.6. eines Jahres zu kündigen, wenn der Verkauf der körperlichen elektronischen Ausgabe und der Abruf der unkörperlichen elektronischen Ausgabe in zwei aufeinanderfolgenden Kalenderjahren unter […] Exemplaren gelegen hat.

b) Der Verlag bleibt im Falle der Kündigung zum Verkauf der ihm noch *(z.B. durch Remittenten)* zufließenden Restexemplare für einen Zeitraum von […] Monaten berechtigt; er ist verpflichtet, dem Autor die Anzahl dieser Restexemplare mitzuteilen und zur Abnahme anzubieten. Im Falle von unkörperlichen Ausgaben wird der Verlag diese aus den entsprechenden Vertriebsplattformen in angemessener Frist entfernen bzw. entfernen lassen, die zu diesem Zeitpunkt von Endkunden erworbenen Ausgaben können von diesen jedoch ggf. erneut heruntergeladen werden.

c) Der Autor ist berechtigt und, wenn es die Art des Werkes erfordert, auch verpflichtet, das Werk für weitere Auflagen zu überarbeiten; wesentliche Änderungen von Art und Umfang des Werkes bedürfen der Zustimmung des Verlages.

(Im Allgemeinen ist in Verlagsverträgen an dieser Stelle noch das Recht des Verlages eingefügt, bei Nichterfüllung der Überarbeitungspflicht durch den Autor einen anderen Bearbeiter bestellen zu können, dessen Arbeitsergebnisse allerdings durch den Autor abgesegnet gehören. Eine solche Regelung mutet im Zusammenhang mit Comic/Cartoon-Artwork allerdings eher befremdlich an und spräche nicht gerade für das Berufs- und Kunstverständnis des Vertragspartners. Im Kiosk-Geschäft, wo es mitunter eben um das Halten wöchentlicher, vierzehntäglicher oder monatlicher Erscheinungstermine geht, muss allerdings auch für solche Vorgehensweisen ein gewisses Verständnis aufgebracht werden.)

9. VERRAMSCHUNG, MAKULIERUNG

a) Wenn der Verkauf in zwei aufeinanderfolgenden Jahren unter [...] Exemplaren pro Jahr gelegen hat, ist der Verlag berechtigt, das Werk zu verramschen. Am Erlös ist der Autor in Höhe des vereinbarten Grundhonorarprozentsatzes beteiligt.

(Gerade im Comic-Bereich sind hier oft auch Formulierungen gängig, welche schon nach einem „schlechten" Jahr eine Verramschung möglich machen. Eine weitere gern benutzte Formulierung sichert dem Autor eine etwas höhere Prozentbeteiligung zu, solange der Ramschpreis über dem Herstellungspreis liegt. Liegt er allerdings darunter [was bei Verramschungen meist ohnehin die Regel ist], bleibt für den Autor schließlich gar nichts. Beide Regelungen sind aus Sicht des Autors fragwürdig und sollten eher nicht zugestanden werden. Sie würden der – ohnehin bisweilen exzessiven – Ramsch-Politik vieler Verlage noch Vorschub leisten!)

b) Erweist sich auch ein Absatz zum Ramschpreis als nicht durchführbar, darf der Verlag die Restauflage makulieren *(= einstampfen)*.

c) Der Verlag ist verpflichtet, den Autor von einer beabsichtigten Verramschung bzw. Makulierung vorher zu informieren. Der Autor hat das Recht, durch einseitige Erklärung die noch vorhandene Restauflage bei beabsichtigter Verramschung zum Ramschpreis, bei beabsichtigter Makulierung unentgeltlich — ganz oder teilweise — ab Lager abzunehmen.

d) Das Recht des Autors, im Falle der Verramschung oder Makulierung vom Vertrag zurückzutreten, richtet sich nach **§§ 30, 32 VerlG**.

(Der Autor kann also dem Verlag eine angemessene Frist setzen, die Verramschung oder Makulierung nicht durchzuführen und nach Ablauf der Frist zurücktreten. Unterschied zwischen Kündigung und Rücktritt

ist, dass die Kündigung für die Zukunft wirkt und lediglich ein eingetretener Schaden bei Verschulden des Vertragspartners eingefordert werden kann, während der Rücktritt den gesamten Vertrag in ein Rückgewährschuldverhältnis umwandelt. Die Folgen des Rücktritts richten sich nach § 38 VerlG, wonach es nach Ablieferung des Werks auf die Umstände ankommt, ob der Vertrag teilweise aufrechterhalten bleibt und der Autor seine bisher erhaltene Vergütung vollständig oder teilweise behalten darf.

10. REZENSIONEN

Der Verlag wird bei ihm eingehende Werkbesprechungen umgehend an den Autor weiterleiten.

11. URHEBERBENENNUNG, COPYRIGHT-VERMERK

a) Der Verlag ist verpflichtet, den Autor in angemessener und üblicher Weise, mindestens im Impressum, als Urheber des Werkes zu nennen.

b) Der Verlag ist verpflichtet, bei der Veröffentlichung des Werkes den Copyright-Vermerk im Sinne des Welturheberrechtsabkommens anzubringen.

(Die hier genannte Verlagsverpflichtung ist aus Autorensicht unabdingbar und sollte in jedem Fall eingefordert werden. Im Falle einer Artwork-Produktion im Rahmen einer Lizenzcharakter-Nutzung mag der Lizenzgeber und/oder der Vertragspartner argumentieren, dass aus Gründen des Markenschutzes eine Autorennennung unterbleiben solle. Dies kann allerdings nicht wirklich als triftiges Argument gelten. Die Situation sollte gelöst werden, indem man über die in 11 a) genannte „angemessene Weise" verhandelt: Es ist z.B. eine Nichtnennung auf Cover und Innentitel vorstellbar, sofern eine unmissverständliche Nennung im Impressum erfolgt.)

12. ÄNDERUNG VON EIGENTUMS- UND PROGRAMMSTRUKTUR DES VERLAGES

a) Der Verlag ist verpflichtet, dem Autor anzuzeigen, wenn sich in seinen Eigentums- oder Beteiligungs-Verhältnissen eine wesentliche Veränderung ergibt. Dasselbe gilt für wesentliche Veränderungen in der über das Verlagsprogramm entscheidenden Verlagsleitung.

b) Der Autor ist berechtigt, durch schriftliche Erklärung gegenüber dem Verlag von etwa bestehenden Optionen oder von Verlagsverträgen über Werke, deren Herstellung der Verlag noch nicht begonnen hat, zurückzutreten, wenn sich durch eine Veränderung gemäß **Ziff. 12 a)** eine so grundsätzliche Veränderung des Verlagsprogramms in seiner Struktur und Tendenz ergibt, dass dem Autor nach der Art seines Werkes und unter Berücksichtigung des, bei Abschluss dieses Vertrages bestehenden, Verlagsprogramms ein Festhalten am Vertrag nicht zugemutet werden kann.

c) Das Rücktrittsrecht kann nur innerhalb eines Jahres nach Zugang der Anzeige des Verlages gemäß **12 a)** ausgeübt werden.

13 . SCHLUSSBESTIMMUNGEN

a) Soweit dieser Vertrag keine speziellen Regelungen enthält, gelten die allgemeinen gesetzlichen Bestimmungen des Rechts der Bundesrepublik Deutschland. Die Nichtigkeit oder Unwirksamkeit einzelner Bestimmungen dieses Vertrags berührt die Gültigkeit der übrigen Bestimmungen nicht. Die Parteien sind alsdann verpflichtet, die nichtige oder unwirksame Bestimmung durch eine solche zu ersetzen, durch die der mit der ungültigen Bestimmung beabsichtigte wirtschaftliche und juristische Zweck unter Abwägung der beidseitigen Parteiinteressen weitestgehend erreicht wird.

*(Derartige sogenannte salvatorische Klauseln sind mit Vorsicht zu genießen. Standardverträge wie der vorliegende werden von Gerichten bei unveränderter Anwendung – wie auch mehrfacher durch eine Partei – als **AGB** gewertet und es gelten somit strengere Regeln als bei individuell ausgehandelten Verträgen. Die gesetzliche Folge bei Unwirksamkeit einer Klausel ist die Geltung der gesetzlichen Vorschriften. Gibt es keine, ist diese Lücke im Wege einer ergänzenden Vertragsauslegung zu schließen. Daran orientiert sich die hier vorgeschlagene Klausel. Im Zweifel schadet es jedoch nicht, diese Klausel ganz wegzulassen.)*

b) Jede Partei erhält je eine gleich lautende unterschriebene Fassung dieses Vertrages.

c) Nebenabreden und Ergänzungen zu vorliegendem Vertrag bedürfen der Schriftform, wobei ein bestätigender Briefwechsel der Vertrags-Parteien genügt.

*(Hier ergibt sich wiederum die Problematik, dass eine derartige Schriftformklausel in **AGB** wegen des Vorrangs der [formlosen] Individualabrede unwirksam wäre. Hierauf ist vor allem zu achten, wenn ein Standardvertrag mehrfach durch eine Partei verwendet wird.)*

d) Bei Beendigung des Vertrages, gleich aus welchem Grund, oder Verramschung oder Makulierung des Werkes fallen alle eingeräumten Rechte, ohne dass es einer gesonderten Erklärung bedarf, entschädigungslos an den Autor zurück.

e) Sind beide Parteien Kaufleute, ist Erfüllungsort und Gerichtsstand für diesen Vertrag [...]. Hat eine der Parteien keinen allgemeinen Gerichtsstand in Deutschland, wird [...] als Gerichtsstand vereinbart.

(Eine Gerichtsstandvereinbarung ist gemäß § 38 ZPO nur unter Kaufleuten zulässig. Regelmäßig werden der Textautor und

der Zeichner als natürliche Personen nicht als e.K., GmbH etc. organisiert sein, so dass sie keine Vereinbarung zu Erfüllungsort und Gerichtsstand treffen können. Es gilt dann der allgemeine Gerichtsstand, im Zweifel also der Sitz des jeweiligen Beklagten. Ausnahme ist nur, wenn eine der Parteien ihren Sitz im Ausland hat, dann kann ein deutsches Gericht als Gerichtsstand bestimmt werden.)

Ort, Datum und Unterschrift

Autor/Bildautor

Ort, Datum und Unterschrift

Verleger/Verlagsbeauftragter

2.8 MUSTERVERTRAG FÜR DEN ABSCHLUSS VON WERKVERTRÄGEN

WERKVERTRAG

zwischen

(Autor/Designer/Illustrator ...)
im folgenden BILDAUTOR genannt
(oder dessen Rechtsnachfolger) einerseits

_____

und

(Verlag, Redaktion, Agentur, Firma ...)
im folgenden KUNDE genannt (oder dessen
Rechtsnachfolger) andererseits

_____

1. VERTRAGSGEGENSTAND

a) Gegenstand dieses Vertrags ist das vom Bildautor zu schaffende, vom Kunden in Auftrag gegebene Werk/die Illustration mit dem Titel/Arbeitstitel [...] sowie die Einräumung von Nutzungsrechten an diesem Werk.
(Hier empfiehlt sich ebenfalls eine grobe Beschreibung des Werks sowie eine Angabe zum ungefähren Umfang des Werkes, um spätere Nachbesserungs- bzw. Erweiterungsforderungen begegnen zu können.)

2. RECHTEEINRÄUMUNG

a) Der Bildautor räumt dem Kunden das *(räumlich und zeitlich unbegrenzte/begrenzte – dann mit entsprechend genauen Angaben!)* einfache/ausschließliche Recht zur Nutzung des Werkes in folgendem Rahmen ein: [...]
(Hier gilt das zum Verlagsvertrag Gesagte. Der Umfang der Rechtseinräumung hängt vom Einzelfall ab. Bei einer ausschließ-

lichen Rechteeinräumung ist auch dem Urheber selbst die Nutzung des Werks untersagt. Der Urheber kann sich aber eine Nutzung vertraglich vorbehalten, z.B. „Dem Bildautor bleibt es vorbehalten, das Werk zu vervielfältigen und als Druck an Privatkunden zu verkaufen".)

b) Für die Arbeiten (Entwürfe und Werkzeichnungen) des Bildautors gelten die Regelungen des Urheberrechtsgesetzes; unabhängig davon, ob sie die nach § 2 UrhG erforderliche Schöpfungshöhe erreichen.

c) Ohne Zustimmung des Bildautors dürfen seine Werke weder im Original noch bei der Reproduktion bearbeitet oder umgestaltet werden.

d) Die Werke des Bildautors dürfen nur für die vereinbarte Nutzungsart und den vereinbarten Zweck im vereinbarten Umfang gemäß **2 a)** verwendet werden. Die eingeräumten Nutzungsrechte erwirbt der Kunde erst mit vollständiger Zahlung des vereinbarten Honorars.

(Es ist bei einem derartigen Pauschalhonorar für eine ausschließliche Nutzungsrechteeinräumung darauf zu achten, dass gemäß § 40a UrhG nach zehn Jahren der Urheber das Recht hat, das Werk anderweitig zu verwerten und der Besteller lediglich ein einfaches Nutzungsrecht behält. Erst 5 Jahre nach Ablieferung des Werks kann der Urheber auf dieses Verwertungsrecht verzichten. Diese Regelung gilt nicht, wenn das Werk für die Nutzung als Marke, ein sonstiges Kennzeichen oder ein Geschmacksmuster/Design vorgesehen ist. In diesem Vertrag ist keine gesonderte Regelung dazu getroffen, da dieser 10-Jahreszeitraum immer zu Gunsten des Urhebers gilt. Wenn eine Verzichtsvereinbarung getroffen wird, kann auch durchaus über eine weitere Vergütung für diese Rechteeinräumung verhandelt werden.)

e) Wiederholungs- oder Mehrfachnutzungen bedürfen der Zustimmung des Bildautors; es ist ein gesondertes Honorar zu vereinbaren.

(Diese Regelung ist nur bei Werken zu verwenden, bei denen sich die lediglich einmalige Nutzung aus dem vereinbarten Verwendungszweck ergibt, z.B. bei einer einmaligen Veröffentlichung in einer Zeitung. Ansonsten ist sie ersatzlos zu streichen.)

f) Die Übertragung eingeräumter Nutzungsrechte wie auch die Einräumung weiterer Nutzungsrechte an Dritte bedarf der Zustimmung des Bildautors. Der Bildautor ist an den aus der Übertragung oder der Rechteeinräumung resultierenden Einnahmen, d.h. die Pauschalvergütung oder Lizenzgebühr, die der Kunde vom Dritten erhält, mit [...] % zu beteiligen.

(Mit einer derartigen Vergütungsregel vermeidet man späteren Streit über die angemessene Vergütung, die ein Urheber gemäß § 32 UrhG bei unzureichender Vergütungsvereinbarung nachfordern kann. Alternativ kann auch der Passus zur wei-
teren Vergütung weggelassen werden und auf die nachfolgenden Auskunftsansprüche abgestellt werden. Ergibt sich aus diesen ein krasses Missverhältnis aus den Erträgen oder Vorteilen des Unterlizenznehmers oder Erwerbers, kann der Urheber von diesem direkt eine angemessene Beteiligung verlangen. Hier wird dann im Nachgang über die Höhe der Angemessenheit zu streiten sein, was bei der vorliegenden Regelung mit einer festen prozentualen Beteiligung vermieden wird. Eine hälftige Aufteilung sollte in den meisten Fällen angemessen sein.)

g) Der Bildautor hat einen jährlichen Auskunftsanspruch über den Umfang der Nutzung durch den Kunden und die hieraus gezogenen Erträge und Vorteile. Der Kunde wird dem Bildautor die Nutzung monatsweise aufgeschlüsselt nach der jeweiligen Maßnahme und Verwendungsart sowie die hieraus erzielten Gewinne mitteilen.

(Dieser Auskunftsanspruch ergibt sich aus dem Gesetz und sichert den Urheber ab, wenn das Werk über die Maßen erfolgreich ist. Dann kann er gegebenenfalls nach den Grundsätzen der angemessenen Vergütung eine Einwilligung in die Änderung des Vertrags, also der gewährten Vergütung, beanspruchen.)

h) Der Kunde darf das Werk nach vollständiger Zahlung der vertraglichen Gesamtvergütung veröffentlichen, ohne dass es einer gesonderten Zustimmung des Bildautors bedarf. Bis zur vollständigen Zahlung ist eine Veröffentlichung nur mit Zustimmung, wenigstens in Textform, des Bildautors zulässig.

3. HONORAR/VERGÜTUNG

a) Das Honorar des Bildautors beträgt [...] Euro. und setzt sich aus folgenden Bestandteilen zusammen:

- Vergütung für die gesamte Entwurfsarbeit/Konzeption etc. i.H.v. [...] Euro
- Vergütung für die Einräumung von Nutzungsrechten i.H.v. [...] Euro
- Vergütung für die Erstellung von Reinzeichnungen (auch: Werkzeichnungen) i.H.v. [...] Euro zzgl. Nebenkosten.

b) Eine unentgeltliche Tätigkeit, insbesondere die kostenfreie Schaffung von Entwürfen, ist nicht berufs-/branchenüblich. Übt der Auftraggeber seine Nutzungsoption nicht aus und werden keine Nutzungsrechte eingeräumt, berechnet der Bildautor ein Abschlagshonorar als Vergütung seiner Entwurfsarbeit.

c) Vorschläge und Weisungen des Kunden aus technischen, gestalterischen und anderen Gründen sowie seine sonstige Mitarbeit haben keinen Einfluss auf das Honorar, sie begründen, wenn nicht ausdrücklich anders schriftlich vereinbart, auch keine Miturheberschaft.

d) Das Honorar ist bei Ablieferung der jeweiligen Arbeiten fällig und ohne Abzug zu zahlen. Bei umfangreichen und in der Abwicklung langfristigen Arbeiten ist eine angemessene Vorauszahlung zu leisten. Die Abnahme der Arbeiten darf nicht aus gestalterisch-künstlerischen Gründen verweigert werden. Im Rahmen dieses Auftrags besteht Gestaltungsfreiheit.

(Vorauszahlungen oder Abschläge sind ausdrücklich zu vereinbaren; andernfalls besteht kein Anspruch hierauf.)

e) Ist der Bildautor umsatzsteuerpflichtig, ist die Umsatzsteuer in der jeweiligen gesetzlichen Höhe den vereinbarten Honorarbeträgen hinzuzusetzen.

f) Der Kunde ist darüber informiert, dass bei der Auftragsvergabe im künstlerischen, konzeptionellen und werbeberatenden Bereich an eine nicht-juristische Person eine Künstlersozialabgabe an die Künstlersozialkasse zu leisten ist. Diese Abgabe darf vom Kunden nicht von der Rechnung in Abzug gebracht werden. Für die Einhaltung der Anmelde- und Abgabepflicht ist der Kunde zuständig und selbst verantwortlich.

Kauft der Bildautor auftragsgemäß Kreativdienstleistungen von Dritten ein, für die eine Künstlersozialabgabe zu entrichten ist, stellt der Kunde den Bildautor in voller Höhe von den Kosten dieser Abgabe frei.

4. ZUSATZLEISTUNGEN, NEBEN- UND REISEKOSTEN

a) Die Änderung von Entwürfen, die Schaffung und Vorlage weiterer Entwürfe, die Änderung von Reinzeichnungen sowie andere Zusatzleistungen *(wie etwa Manuskriptstudium, Produktionsüberwachung ...)* werden nach Zeitaufwand gesondert berechnet *(hier muss ein entsprechender Stundensatz festgelegt werden)*.

b) Im Zusammenhang mit den Entwurfs- oder Entwurfsausführungsarbeiten entstehende technische Nebenkosten *(Zwischenrepros, Satz ...)* sind zu erstatten.

c) Für Reisen, die nach Abstimmung mit dem Kunden zwecks Durchführung des Auftrags oder der Nutzung erforderlich sind, werden die Kosten und Spesen berechnet.

d) Die Vergabe jeglicher Fremdleistungen *(Fotoaufnahmen, Bildbearbeitung, Druckausführung ...)* nimmt der Bildautor nur aufgrund einer mit dem Kunden getroffenen Vereinbarung in dessen Namen und auf dessen Rechnung vor. Soweit der Bildautor auf Veranlassung des Kunden Fremdleistungen in eigenem Namen vergibt, stellt der Kunde ihn von hieraus entstehenden Ansprüchen frei. Bei Fotoaufnahmen obliegt dem Kunden die Einholung der notwendigen Rechte etwaig abgebildeter Personen.

(Zumindest bei Neukunden ist davon abzu-raten, Fremdleistungen bei dritten Dienst-leistern im eigenen Namen zu beauftragen. Zum einen ist man in die Haftungskette, anders als bloßer Vermittler, eingebunden, zum anderen läuft man Gefahr, dass man seinem Geld länger hinterherlaufen muss.)

e) Die Vergütung von Zusatzleistungen ist nach deren Erbringung fällig, verauslagte Nebenkosten sind nach Anfall zu erstatten. Sämtliche hier genannten Kosten verstehen sich zuzüglich der gesetzlichen USt.

5. BELEGEXEMPLARE, URHEBERNENNUNG

a) Von vervielfältigten Werken sind dem Bild-autor mindestens […] *(10 sind üblich)* Beleg-exemplare unentgeltlich zu überlassen, die er im Rahmen seiner Referenzwerbung, auch auf seiner Webseite und sonstigen Online/ Social-Media-Präsenzen oder -Diensten, ver-wenden darf.

b) Der Kunde hat den Bildautor auf Verviel-fältigungsstücken oder bei der öffentlichen Zugänglichmachung in für die jeweilige Ver-wendung üblicher Weise und soweit tech-nisch möglich am Werk selbst als Urheber zu benennen. Ein Verstoß gegen diese Ver-pflichtung begründet einen Anspruch auf eine Vertragsstrafe in Höhe von 100 % des für die Nutzungsrechteeinräumung geschul-deten Vergütungsbetrags.

(Die Urhebernennung macht keinen Sinn, wenn ein Werk für ein Markenlogo o.ä. ver-wendet wird. Dann kann diese Regelung komplett aus dem Vertrag gestrichen wer-den.)

6. EIGENTUM, VERSENDUNGSGEFAHR

a) An den Arbeiten des Bildautors werden nur Nutzungsrechte eingeräumt, ein Eigentums-recht wird nicht übertragen.

b) Die Originale sind, sofern nicht ausdrück-lich anders vereinbart, nach angemessener Frist unbeschädigt an den Bildautor zurück-zugeben. Überlassene offene Dateien sind auf Aufforderung des Bildautors durch den Kunden zu löschen.

c) Zusendung und Rücksendung der Arbei-ten erfolgen auf Gefahr und Rechnung des Kunden.

7. KORREKTUR, PRODUKTIONSÜBER-WACHUNG, HAFTUNG

a) Vor Produktionsbeginn sind dem Bildautor Korrekturmuster vorzulegen. Der Bildautor ist zu einer sorgfältigen Überprüfung dieser Muster verpflichtet.

b) Die Produktion wird vom Bildautor nur auf-grund einer besonderen Vereinbarung über-wacht. Besteht eine solche Vereinbarung, so ist der Bildautor ermächtigt, erforderliche Entscheidungen zu treffen und Weisungen zu erteilen, wobei der Kunde den Bildautor von der sich aus diesen Entscheidungen er-gebenden Haftung freistellt.

c) Der Bildautor haftet nicht für die wettbe-werbs- und kennzeichenrechtliche Zulässig-keit sowie für die Eintragungsfähigkeit seiner Entwürfe und sonstigen Arbeiten.

d) Sämtliche dem Bildautor überlassenen Vorlagen, hierzu gehören auch Vorlagen zu Figuren und Storylines, werden unter der Vor-aussetzung verwendet, dass der Kunde zu deren Verwendung berechtigt ist. Der Kunde stellt den Bildautor von etwaigen Ansprüchen Dritter hieraus frei.

e) In jedem Fall unberührt bleibt die unbe-schränkte Haftung für Schäden von Gesund-heit, Leib oder Leben, die auf einer fahrlässi-gen oder grob fahrlässigen Pflichtverletzung des Bildautors oder einer vorsätzlichen oder fahrlässigen Pflichtverletzung eines gesetzlichen Vertreters oder Erfüllungsgehilfen beruhen. Die unbeschränkte Haftung gilt auch bei Verletzung vertraglicher Kardinalspflichten, also solcher Vertragspflichten, auf deren Erfüllung der Kunde vertraut und vertrauen darf. Im Übrigen wird die Haftung auf den typischerweise bei einem Auftrag wie den vorliegenden entstehenden Schaden beschränkt.

8. SCHLUSSBESTIMMUNGEN

a) Soweit dieser Vertrag keine speziellen Regelungen enthält, gelten die allgemeinen gesetzlichen Bestimmungen des Rechts der Bundesrepublik Deutschland. Die Nichtigkeit oder Unwirksamkeit einzelner Bestimmungen dieses Vertrags berührt die Gültigkeit der übrigen Bestimmungen nicht. Die Parteien sind alsdann verpflichtet, die nichtige oder unwirksame Bestimmung durch eine solche zu ersetzen, durch die der mit der ungültigen Bestimmung beabsichtigte wirtschaftliche und juristische Zweck unter Abwägung der beidseitigen Parteiinteressen weitestgehend erreicht wird.

*(Derartige sogenannte salvatorische Klauseln sind mit Vorsicht zu genießen. Standardverträge wie der vorliegende werden von Gerichten bei unveränderter Anwendung – wie auch mehrfacher durch eine Partei – als **AGB** gewertet und es gelten somit strengere Regeln als bei individuell ausgehandelten Verträgen. Die gesetzliche Folge bei Unwirksamkeit einer Klausel ist die Geltung der gesetzlichen Vorschriften. Gibt es keine, ist diese Lücke im Wege einer ergänzenden Vertragsauslegung zu schließen. Daran orientiert sich die hier vorgeschlagene Klausel. Im Zweifel schadet es jedoch nicht, diese Klausel ganz wegzulassen.)*

b) Jede Partei erhält je eine gleich lautende unterschriebene Fassung dieses Vertrages.

c) Nebenabreden und Ergänzungen zu vorliegendem Vertrag bedürfen der Schriftform, wobei ein bestätigender Briefwechsel der Vertrags-Parteien genügt.

*(Hier ergibt sich wiederum die Problematik, dass eine derartige Schriftformklausel in **AGB** wegen des Vorrangs der [formlosen] Individualabrede unwirksam wäre. Hierauf ist vor allem zu achten, wenn ein Standardvertrag mehrfach durch eine Partei verwendet wird.)*

9. ERFÜLLUNGSORT UND GERICHTSSTAND

Sind beide Parteien Kaufleute, ist Erfüllungsort und Gerichtsstand für diesen Vertrag [...]. Hat eine der Parteien keinen allgemeinen Gerichtsstand in Deutschland, wird [...] als Gerichtsstand vereinbart.

(Eine Gerichtsstandvereinbarung ist gemäß § 38 ZPO nur unter Kaufleuten zulässig. Regelmäßig werden der Textautor und der Zeichner als natürliche Personen nicht als e.K., GmbH etc. organisiert sein, so dass sie keine Vereinbarung zu Erfüllungsort und Gerichtsstand treffen können. Es gilt dann der allgemeine Gerichtsstand, im Zweifel also der Sitz des jeweiligen Beklagten. Ausnahme ist nur, wenn eine der Parteien ihren Sitz im Ausland hat, dann kann ein deutsches Gericht als Gerichtsstand bestimmt werden.)

Ort, Datum und Unterschrift

Bildautor

Ort, Datum und Unterschrift

Kunde

2.9 MUSTERVERTRAG FÜR DEN ABSCHLUSS VON KOOPERATIONSVERTRÄGEN

KOOPERATIONSVERTRAG

zwischen   Autor 1
                                                bzw. Autorenteam
_____   einerseits

und   Autor 2
                                                bzw. Zeichnerteam
_____   andererseits

1. VERTRAGSGEGENSTAND UND AUFTEILUNG DER ZUSAMMENARBEIT/PFLICHTEN DER EINZELNEN VERTRAGSPARTEIEN

a) Gegenstand des Vertrags ist die im Folgenden festgelegte Zusammenarbeit der Vertragsparteien bei der gemeinsamen Herstellung und Verwertung des Werkes [...] (im Folgenden „das Werk" genannt).

(Alternativ:) Gegenstand des Vertrags ist die im Folgenden festgelegte Zusammenarbeit der Vertragsparteien zum Zwecke der Verwertung ihrer jeweiligen Werke im Rahmen der Veröffentlichung des Werkes [...] (im Folgenden „das Werk" genannt).

(Hier sollte vorab geklärt werden, ob Miturheberschaft gemäß § 8 UrhG oder eine Werkverbindung gemäß § 9 UrhG – darauf bezieht sich die alternative Formulierung – vorliegt. Dieser Mustervertrag geht grundsätzlich von der Verbindung zweier eigenständiger Werke für ein gemeinsames Projekt aus, enthält aber auch viele Hinweise im Falle der Miturheberschaft. Von einer Miturheberschaft ist in der Regel nur bei einer gemeinsamen Zusammenarbeit innerhalb einer Werkart auszugehen. Miturheber wären hier die Autoren und Zeichner der Teams. Entscheidend ist, ob sich die jeweiligen Werkteile getrennt voneinander verwerten lassen. Das ist bei Illustrationen für ein Buch eher anzunehmen als bei einem Comic, bei dem Text und Bild ineinanderfließen und eine getrennte Verwertung keinen Sinn ergibt. Folge der Miturheberschaft ist eine sogenannte Gesamthandsgemeinschaft, eine Verwertung des Werkes ist dann nur mit Zustimmung aller Urheber möglich. Bei der Werkverbindung bleiben die Werke gesondert voneinander verwertbar. Genaugenommen entsteht kein eigenständiges neues Werk. Autor und Illustrator können hier auch jeweils gesonderte Verträge mit einem Verlag eingehen. Wichtig ist die Unterscheidung Miturheber/Werkverbindung auch für die Schutzdauer. Bei der Miturheberschaft endet die Schutzdauer 70 Jahre nach dem Tod des Längstlebenden, bei Werkverbindungen läuft die Schutzdauer getrennt für das jeweilige Werk. Verstirbt der Autor also kurz nach der Veröffentlichung, kann der Text eher gemeinfrei sein als die Zeichnungen.)

b) Die Zusammenarbeit wird wie folgt unter den Parteien aufgeteilt:

Der Autor/das Autorenteam übernimmt Text- und Recherchearbeiten, liefert Fabel, Charaktere der Figuren, Szenarien und Dialoge für das Werk und sämtliche direkt mit dem Werk in Verbindung stehende Nebenaufträge.

(Als Fabel bezeichnet die Rechtsprechung den hinter einem Sprachwerk stehenden Erzählstrang im Sinne der Phantasiegeschichte, wahlweise kann auch der Begriff Treatment verwendet werden, der bei Filmwerken die schriftliche Fixierung der Handlungsabläufe, der Schauplätze und der Charaktere umfasst. Bloße Ideen oder Anregungen können genausowenig Urheberschutz begründen wie die Wiedergabe tatsächlicher Ereignisse. Haben sich mehrere Autoren/Zeichner als Team für ein Werk zusammengeschlossen, sind diese untereinander Miturheber, was in einer weiteren Vereinbarung geregelt werden sollte.)

(Evtl.:) Außerdem stellt das Autorenteam dokumentarisches Bildmaterial als Vorlage für das Zeichnerteam zur Verfügung.

Das Autorenteam ist allein autorisierter Textautor des Werkes und sämtlicher sich daraus ergebender Zusatzwerke.

Der Zeichner/das Zeichnerteam übernimmt alle mit dem Werk in Zusammenhang stehenden Zeichenarbeiten. Das Zeichnerteam ist allein co-autorisierter Bildautor des Werkes und sämtlicher sich daraus ergebender Zusatzwerke.

c) Die Zustimmung zur Aufnahme weiterer Miturheber/Urheber in die vorliegende Kooperation muss gemeinschaftlich erklärt werden.

d) Die Vertragsparteien sichern sich gegenseitig für die obliegenden Arbeiten uneingeschränkte Gestaltungsfreiheit zu. Sie bemühen sich um eine gemeinsame und einvernehmliche Zusammenarbeit.

e) Die Vertragsparteien verpflichten sich, ihren jeweiligen Teil der Zusammenarbeit umfassend, zuverlässig und pünktlich zum vereinbarten Zeitpunkt (Zeitplan in Anlage) abzuleisten. Erfüllt eine der Parteien ihre Verpflichtungen nicht oder nicht fristgerecht, kann die andere Partei, nachdem Sie innerhalb angemessener Fristsetzung die Möglichkeit zur Abhilfe gegeben hat, den Vertrag kündigen.

(Ist ein einziges Fertigstellungsdatum avisiert, kann dies direkt in den Vertrag aufgenommen werden.)

f) Bei Beendigung des Vertrages infolge der Kündigung einer Partei gemäß **Ziffer 2d)**, bleiben bei jeder Partei die mit ihrer Urheberschaft verbundenen Rechte gemäß **Ziffer 2a)**, über die jede Partei dann wieder frei verfügen darf.

(Daraus ergibt sich für das Zeichnerteam die Möglichkeit, für das Werk entwickelte Figuren oder Schauplätze in ihrer Optik weiterzuverwenden. Dies allerdings keinesfalls im Sinne der vom Autorenteam entwickelten Fabel und der dazugehörigen Charaktere. Denn das wäre eine sogenannte unfreie Bearbeitung, die der Zustimmung des Textautors bedarf. Diese Problemstellung wird sich regelmäßig, vor allem bei Vorliegen einer Miturheberschaft, ergeben, da die jeweiligen Beiträge eng, mitunter thematisch sogar untrennbar, miteinander verbunden sind. Möchte man sich dann jeweils doch die Möglichkeit einer getrennten Verwertung nach der Trennung ermöglichen, kann folgender Zusatz verwendet werden:

„Die Parteien werden gegeneinander keine Ansprüche aus der jeweils gesonderten Verwertung ihrer eigenen Rechte geltend machen."

(Es muss dann aber bewusst sein, dass etwaige urheberrechtliche Ansprüche mit dieser Klausel nach der Trennung tatsächlich ausscheiden. Das sollte also wohlüberlegt sein.)

2. RECHTEEINRÄUMUNG BZW. AUFTEILUNG DER RECHTE

a) Das Autorenteam hat die alleinige Urheberschaft an Fabel, Charakteren der Figuren und textlicher Ausgestaltung des Werkes und sämtlicher sich daraus ergebender Zusatzwerke. Diese dürfen anderweitig nur mit Zustimmung der Autoren verwendet werden. Das Zeichnerteam hat die alleinige Urheberschaft an der zeichnerischen Ausgestaltung, der optischen Darstellung des Werkes und sämtlicher sich daraus ergebender Zusatzwerke. Diese dürfen anderweitig nur mit Zustimmung der Zeichner verwendet werden. Die Originale des zeichnerischen Werkes, wie auch dazugehörige Entwürfe, Skizzen und sonstige Vorstufen, verbleiben bei den Zeichnern.

(Bei dieser Regelung ist aufgrund der klaren Trennung von einer Werkverbindung und keiner Miturheberschaft auszugehen.)

b) Die Einräumung von Nutzungsrechten im Rahmen der Verwertung des Werkes sowie sämtliche Willenserklärungen im Rahmen hierbei notwendig werdender Vertragsbestimmungen an dem Werk oder Teilen davon können durch die Vertragsparteien nur gemeinschaftlich erfolgen. Grundsätzlich ist keine der Parteien ohne gesonderte schriftliche Vollmachtsurkunde zur rechtsgeschäftlichen Vertretung der Urhebergesellschaft gegenüber Dritten befugt. Einzig davon ausgenommen ist, bei Vorliegen eines wichtigen Grundes, das Recht zur fristlosen Kündigung eines Verlags- oder sonstigen Verwertungsvertrags durch eine Partei mit Wirkung für und gegen die andere Partei.

(Durch die Festlegung einer gemeinsamen Verwertung wird bei verbundenen Werken eine Gesellschaft bürgerlichen Rechts [GbR] begründet. Will man dies vermeiden, sollte die Rechteeinräumung gegenüber einem Verlag gesondert erfolgen, durch einen jeweils eigenständigen Autoren- bzw. Illustratorenvertrag. Die Ausnahme der einseitigen fristlosen Kündigung dient der Vermeidung unbilliger Härten. Agiert der Verlag zum klaren Nachteil eines Urhebers, indem er z.b. ohne Ankündigung Passagen oder Zeichnungen herausstreicht, ist dies dem jeweiligen Urheber nicht zumutbar. Es wäre dann unbillig, wenn ihm eine fristlose Kündigung aufgrund der Verweigerung der Einwilligung hierzu durch die andere Partei verwehrt würde. Die gesetzliche Regelung sieht vor, dass eine Kündigung nur mit Einwilligung der anderen Partei erfolgen kann, im Zweifel muss der, der die Kündigung erklären will, auf die Zustimmung des anderen klagen. Bevorzugt man diese Regelung, kann der 3. Satz gestrichen werden.)

c) Die Zustimmung zu einer Neuauflage des Werkes darf nur aus wichtigem Grund verweigert werden. Ein wichtiger Grund ist gegeben, wenn Änderungen vorgenommen werden sollen, die von dem jeweiligen Urheber nach Treu und Glauben nicht hinzunehmen sind. Darunter fallen Kürzungen oder Umschreibungen des Sprachwerks wie auch das Verändern der Zeichnungen, z.B., durch Ausschneiden, Verkleinern oder Hinzufügen von (Teil-)Elementen, deren völliges Entfernen oder ihre Ersetzung durch andere Zeichnungen.

(Oftmals entsteht Streit zwischen den Parteien, und eine möchte dann die andere vor vollendete Tatsachen setzen. Das soll mit dieser Klausel verhindert werden. So ist es z.B. dem Autor verwehrt, ohne Zustimmung des Zeichners eine Neuauflage ganz ohne Zeichnungen oder mit Zeichnungen eines Dritten zu veranlassen.)

d) Beide Parteien sind mit einer Anmeldung des Werkes bei der zuständigen Verwertungsgesellschaft durch die andere Partei einverstanden. Die Parteien haben sich als Miturheber anzugeben.

(Diese Regelung ist für Miturheber einschlägig und wichtig. Da bei ihnen nur eine gemeinsame Verwertung erfolgen darf, ist

eine einseitige Anmeldung durch eine Partei allein bis zur Genehmigung durch den anderen schwebend unwirksam.)

3. NEBENRECHTE

Die Einräumung weiterer Rechte für sich aus dem Werk ergebende Zusatzwerke *(Merchandising, multimediale Umsetzung der Inhalte des Hauptwerkes usw.)* kann nur mit Zustimmung der jeweils anderen Partei erfolgen. Über die jeweilige Aufteilung der infrage stehenden Rechte und anfallenden Erträge sind Zusatzvereinbarungen zu treffen.

4. VORLEISTUNGSVERPFLICHTUNGEN DER VERTRAGSPARTEIEN

(Der Inhalt dieses Paragraphen wird von Fall zu Fall unterschiedlich ausfallen, jeweils individuell formuliert werden müssen oder, falls das Werk schon vorliegt, evtl. auch ganz wegfallen. Der vorliegende Text bezieht sich hier auf ein konkretes Beispiel aus der Praxis und soll nur eine mögliche Richtung für etwaige solche Vereinbarungen weisen.)

a) Zur Präsentation des Werkes bei Verlagen und sonstigen potenziellen Verwertern verpflichten sich beide Parteien, ihren (unter 1 b) festgelegten) jeweiligen Teil zur Erstellung einer [...]-seitigen Pilotstory zu leisten.

(Art und Auftritt dieser Story hängt, so das Werk nicht als gezielte Auftragsarbeit entsteht, nicht von einer evtl. Vorgabe irgendwelcher Verlage ab. Das ist anfangs nur Sache der Autoren selbst. Ohne eine einigermaßen klare Vorstellung von Konzept, Inhalt und Optik des Werkes wird sich kein Verlag zu einer Aussage, geschweige denn einer Vertragsunterzeichnung bringen lassen.

Ob also Farbe oder Schwarzweiß, ob 20, 30 oder auch nur 10 Seiten liegt allein im Ermessen der Vertragsparteien. Aller

Erfahrung nach ist es wichtiger, einen guten Überblick über das Gesamtprojekt zu vermitteln. Also beispielsweise: kurze [textliche] Zusammenfassung der Grundidee, der zu entwickelnden Welt und der groben Richtung, in die sich die Serie bewegen soll. Dazu Exposés zu 1 bis 2 konkreten Storys, Modelsheets und Skizzen verschiedener Figuren und Schauplätze und dann evtl. eine 6- bis 10-seitige Pilotstory.)*

b) [...]
(Hier wird festgelegt, ob die Parteien gemeinsam bzw. welche Partei die Präsentation des Werkes und die Verhandlung mit den Verlagen übernimmt. Hier sollte geklärt werden, ob dabei die eine Partei rechtsgeschäftliche Erklärungen im Namen der anderen Partei abgeben darf, z.B. im Rahmen eines Letter of Intent [unverbindliche Absichtserklärung], wobei grundsätzlich vor der voreiligen Abgabe derartiger Willenserklärungen abzuraten ist.)

c) Die in Ziff. **4 a)** und **b)** geregelten Vorleistungen erfolgen vergütungsfrei.

d) Für die Pilot-Arbeiten, wie für die Zusammenarbeit am gesamten Werk, trägt das Zeichnerteam die Kosten für anfallendes Zeichenmaterial, das Autorenteam trägt die Kosten für Vervielfältigung des Werkes, Dokumentations- und Präsentationsmaterial.

5. AUFTEILUNG ANFALLENDER VERWERTUNGSERTRÄGE

a) Der unter **2)** festgelegten Aufteilung der Rechte entsprechend, werden anfallende Erträge aus der Verwertung des Werkes wie folgt aufgeteilt: Die Vertragsparteien erhalten jeweils [...] % am Gesamtertrag. Dabei ist es gleichgültig, ob es sich bei den Erträgen um einmalige Festbeträge oder um prozentuale Beteiligungen am Verkaufserlös der betreffenden Publikationen handelt.

b) [...]

(Wird das Werk einem Kunden gegenüber nicht auf der Basis eines Festhonorars bzw. einer prozentualen Erlös-Beteiligung, sondern nach Einzel-Arbeitsgängen abgerechnet, so ergibt sich eine Aufteilung der Erlöse je nach gelieferter Leistung. Es bedarf dann einer genauen Regelung, da ansonsten Streit vorhersehbar ist. Werden beispielsweise mehrere Story-Exposés ohne weiteren Skizzen-Aufwand fällig [und auch bezahlt], bis der Kunde zufrieden ist, so erhält den Ertrag in diesem Falle ausschließlich das Autorenteam. Bei erhöhtem Entwurfsaufwand gilt dasselbe umgekehrt.)

c) [...]

(Über die Verteilung anfallender Erträge bei der Verwertung von Nebenrechten bedarf es im Einzelfall gesonderter Vereinbarungen.)

6. LAUFZEIT

a) Diese Vereinbarung ist für die Dauer des Schutzrechts geschlossen.

(Dies wäre die Formulierung bei Miturheberschaft, hier endet die Schutzdauer mit dem Tod des längstüberlebenden Miturhebers; bei verbundenen Werken empfiehlt sich die Festlegung einer Laufzeit für die gemeinsame Verwertung, denn die Schutzdauer der beiden Werke endet voneinander getrennt, es sei denn beide Urheber sterben am gleichen Tag.)

b) Die Parteien tragen Sorge dafür, dass sie bei mehreren Erben einen verfügungsberechtigten Erben bestimmen oder alternativ dazu ein Testamentsvollstrecker eingesetzt wird. Ist dies unterblieben, gilt die eine Partei als von der andern Partei solange bevollmächtigt, bis sich die Erben der anderen Partei auf einen gemeinsamen Vertreter geeinigt haben.

(Da der Tod auch junge Urheber treffen kann, ist es wichtig, dass diese für den Fall der Fälle Dispositionen treffen, damit der verbliebene Vertragspartner handlungsfähig bleibt.)

7. VERFOLGUNG VON RECHTSVERSTÖSSEN

(Miturheber:) Jede der Parteien ist, vorbehaltlich etwaiger Bestimmungen im Verlagsvertrag, berechtigt, im eigenen Namen gegen Verletzungshandlungen Dritter vorzugehen, wobei jedoch Zahlungsansprüche stets nur „zur gesamten Hand", also an die Gesamthandsgemeinschaft, gefordert werden können.

(Verbundene Werke:) Jede der Parteien ist, vorbehaltlich etwaiger Bestimmungen im Verlagsvertrag, berechtigt, gegen Verletzungen ihres Werkes durch Dritte vorzugehen und Schadensersatzansprüche im eigenen Namen und auf eigene Rechnung geltend zu machen. Soweit beide Werke im Rahmen ihrer Verbindung gleichermaßen betroffen sind, werden die Parteien die ihnen zustehenden Ansprüche im Namen und auf Rechnung der Verwertungsgesellschaft geltend machen. **Ziffer 5** gilt für Schadensersatzansprüche gegen Dritte entsprechend.

8. SCHLUSSBESTIMMUNGEN

a) Soweit dieser Vertrag keine speziellen Regelungen enthält, gelten die allgemeinen gesetzlichen Bestimmungen des Rechts der Bundesrepublik Deutschland. Die Nichtigkeit oder Unwirksamkeit einzelner Bestimmungen dieses Vertrags berührt die Gültigkeit der übrigen Bestimmungen nicht. Die Parteien sind alsdann verpflichtet, die nichtige oder unwirksame Bestimmung durch eine solche zu ersetzen, durch die der mit der ungültigen Bestimmung beabsichtigte wirtschaftliche und juristische Zweck unter Abwägung der beidseitigen Parteiinteressen weitestgehend erreicht wird.

*(Derartige sogenannte salvatorische Klauseln sind mit Vorsicht zu genießen. Standardverträge wie der vorliegende werden von Gerichten bei unveränderter Anwendung – wie auch mehrfacher durch eine Partei – als **AGB** gewertet und es gelten somit strengere Regeln als bei individuell ausgehandelten Verträgen. Die gesetzliche Folge bei Unwirksamkeit einer Klausel ist die Geltung der gesetzlichen Vorschriften. Gibt es keine, ist diese Lücke im Wege einer ergänzenden Vertragsauslegung zu schließen. Daran orientiert sich die hier vorgeschlagene Klausel. Im Zweifel schadet es jedoch nicht, diese Klausel ganz wegzulassen.)*

b) Jede Partei erhält je eine gleich lautende unterschriebene Fassung dieses Vertrages.

c) Nebenabreden und Ergänzungen zu vorliegendem Vertrag bedürfen der Schriftform, wobei ein bestätigender Briefwechsel der Vertrags-Parteien genügt.

*(Hier ergibt sich wiederum die Problematik, dass eine derartige Schriftformklausel in **AGB** wegen des Vorrangs der [formlosen] Individualabrede unwirksam wäre. Hierauf ist vor allem zu achten, wenn ein Standardvertrag mehrfach durch eine Partei verwendet wird.)*

9. ERFÜLLUNGSORT UND GERICHTSSTAND

Sind beide Parteien Kaufleute, ist Erfüllungsort und Gerichtsstand für diesen Vertrag [...]. Hat eine der Parteien keinen allgemeinen Gerichtsstand in Deutschland, wird [...] als Gerichtsstand vereinbart.

(Eine Gerichtsstandvereinbarung ist gemäß § 38 ZPO nur unter Kaufleuten zulässig. Regelmäßig werden der Textautor und der Zeichner als natürliche Personen nicht als e.K., GmbH etc. organisiert sein, so dass sie keine Vereinbarung zu Erfüllungsort und Gerichtsstand treffen können. Es

gilt dann der allgemeine Gerichtsstand, im Zweifel also der Sitz des jeweiligen Beklagten. Ausnahme ist nur, wenn eine der Parteien ihren Sitz im Ausland hat, dann kann ein deutsches Gericht als Gerichtsstand bestimmt werden.)

Ort, Datum und Unterschrift

_____

Autor bzw. Autorenteam

Ort, Datum und Unterschrift

_____

Zeichner bzw. Zeichnerteam

2.10 MUSTERVORLAGE FÜR AGB

ALLGEMEINE GESCHÄFTSBEDINGUNGEN (AGB)

1. GELTUNGSBEREICH

1.1. Die nachstehenden allgemeinen Geschäftsbedingungen gelten für alle Rechtsgeschäfte des [...] *(Hier den jeweiligen Namen mit vollständiger Adresse eintragen, diese **AGB** gehen von einem Einzelunternehmer aus)*, nachfolgend in Kurzform „Bildautor" genannt, mit seinen Vertragspartnern, nachstehend in Kurzform „Kunden" genannt. Entgegenstehende oder von diesen allgemeinen Geschäftsbedingungen abweichende Bedingungen des Kunden erkennt der Bildautor nicht an und widerspricht diesen hiermit ausdrücklich. Abweichende allgemeine Geschäftsbedingungen des Kunden, ergänzende Vereinbarungen und/oder Nebenabreden sind nur gültig, wenn der Bildautor diesen ausdrücklich zustimmt.

*(Diese **AGB** dienen als Rahmenregelung. Die Einzelheiten eines Auftrags – was soll bis wann zu welchem Zweck geschaffen werden – müssen noch immer gesondert festgesetzt werden. Wichtig ist, dass die **AGB** immer in den Vertrag mit einbezogen werden müssen. Hierzu genügt ein Hinweis auf dem Angebot „Es gelten unsere umseitigen/in der Anlage beigefügten **AGB**". Bei einer Beauftragung per E-Mail müssen die **AGB** als Anhang [per PDF] mitübersendet werden. Im Zweifel muss der Bildautor als Verwender die Einbeziehung der **AGB** beweisen können.*

*Es ist auch immer zu bedenken, dass diese Muster-**AGB** nur bedingt die tatsächliche Tätigkeit des Einzelnen widerspiegeln können. Vor einer simplen Übernahme dieser **AGB** sollte kritisch hinterfragt werden, ob man in der Praxis genau so handelt. Andernfalls muss man diese **AGB** individuell anpassen.)*

1.2. Diese Geschäftsbedingungen gelten auch für alle künftigen Geschäftsbeziehungen mit dem Kunden, auch wenn sie nicht nochmals ausdrücklich vereinbart werden.

2. VERTRAGSGEGENSTAND UND ZUSTANDEKOMMEN DES VERTRAGS

2.1. Der Bildautor fertigt Zeichnungen und Illustrationen, für Bücher, Printmedien oder auch das Internet.

(Hier sollte eine kurze Beschreibung der eigenen Tätigkeit, wie hier beispielhaft angegeben, erfolgen.)

Ein Vertrag zwischen dem Bildautor und dem Kunden kann daher sowohl eine einmalige Leistung, wie z.B. Illustrationen für einen Werbeflyer oder auch wiederkehrende Leistungen, wie z.B. im Rahmen einer Comic-Serie, zum Gegenstand haben.

2.2. Vertragsgrundlage zwischen den Parteien ist das Angebot des Bildautors, welches dem Kunden anhand eines vorangegangenen mündlichen Briefings erstellt und übersandt wird. Mit Bestätigung dieses Angebots kommt ein wirksamer Vertrag zwischen

127

den Parteien zustande. Es genügt dabei die Textform.

(Textform heißt, dass eine Beauftragung per E-Mail ausreicht. Wer möchte, kann dies abändern und das Erfordernis eines schriftlichen Angebotes und dessen schriftliche Bestätigung einfügen. Schriftform heißt, dass die jeweiligen Dokumente handschriftlich unterschrieben sein müssen.)

3. VERGÜTUNG

3.1. Es gilt die im Vertrag vereinbarte Vergütung.

*(Durch diese offene Formulierung kann im Angebot die Vergütung individuell geregelt werden, z.B. aufgegliedert wie in **Ziffer 3** des Werkvertragsmusters, es kann auch im Angebot bestimmt werden, dass Entwürfe, Reinzeichnungen und die Nutzungsrechte als einheitliche Leistung gelten. Von einer derart starren Lösung in **AGB** ist eher abzuraten. Bei der Vergütung sollte auch darauf geachtet werden, Sonderleistungen wie Produktionsüberwachung o.ä. aufwandbezogen zu berücksichtigen. Alternativ können natürlich Lizenzgebühren umsatz-, [vervielfältigungs]stück- oder wiedergabebezogen – im Internet – vereinbart werden.)*

Zahlungen sind, wenn nicht anders vertraglich geregelt, innerhalb von 30 Tagen nach Rechnungsstellung ohne jeden Abzug fällig.

(Zusatz bei vereinbarten Lizenzgebühren:) Der Kunde wird dem Bildautor für seine Rechnungserstellung monatsweise über erfolgte Nutzungen, chronologisch gegliedert nach Nutzungsart und vereinnahmter Vergütung, unaufgefordert, jeweils bis zum 10. des Folgemonats, Rechnung legen.

(Alternativ einfügbar:) Bei Verträgen über wiederkehrende Leistungen wird die Rechnung, nebst einem Leistungsnachweis, zum 15. eines Monats erstellt und ist bis zum 15. des Folgemonats zu bezahlen.

Bei Überschreitung der Zahlungstermine steht dem Bildautor ohne weitere Mahnung ein Anspruch auf Verzugszinsen in Höhe von 9 % -Punkten über dem Basiszinssatz zu. Das Recht zur Geltendmachung eines darüber hinausgehenden Schadens bleibt von dieser Regelung unberührt.

3.2. Alle in Angeboten und Aufträgen genannten Preise und die daraus resultierend zu zahlenden Beträge verstehen sich zuzüglich der gesetzlich gültigen Umsatzsteuer in der jeweils geltenden Höhe.

3.3. Erstreckt sich die Erarbeitung der vereinbarten Leistungen über einen längeren Zeitraum, vereinbaren der Bildautor und der Kunde Abschlagszahlungen über erbrachte Teilleistungen, die im Angebot als solche definiert sind. Muss der Bildautor im Rahmen der Vertragserfüllung mit finanziellen Aufwendungen in Vorleistung gehen, kann er diese Vorleistungen in voller Höhe als Abschlagszahlung erstattet verlangen.

*(Bei Fremdleistungen ist dies zu vermeiden, siehe unter **Ziffer 8.2.**, wonach diese stets auf Rechnung des Kunden beauftragt werden. Zu denken ist bei dieser Regelung an Materialkosten.)*

3.4. Die Abnahme gilt als erfolgt, wenn der Kunde für die jeweilige vereinbarte Leistung oder Teilleistung die Freigabe erklärt. Ebenso gilt die Abnahme als erfolgt, wenn der Kunde nach Ablauf einer Frist von 14 Tagen nach Anzeige der Abnahmebereitschaft dem Bildautor keine Erklärung abgibt oder er nach Fertigstellung nutzbarer Teilleistungen bzw. nach Fertigstellung der Gesamtleistung die Nutzung aufnimmt.

3.5. Unvorhersehbarer Mehraufwand bedarf der gegenseitigen Absprache. Der Bildautor behält sich vor, Zusatzleistungen, die nicht vom ursprünglichen Angebot umfasst sind, nach Aufwand nachzuberechnen.

128

3.6. Zusatzleistungen gelten auch dann als verbindlich vereinbart, wenn diese mündlich oder fernmündlich durch den Kunden in Auftrag gegeben wurden, ohne schriftlich fixiert worden zu sein.

(Wer schreibt, der bleibt ... Im Zweifel sollte aus Nachweisgründen dennoch immer eine schriftliche Bestätigung von zusätzlichen Beauftragungen, wenigstens per Mail erfolgen. Und es sollte dabei auch der Hinweis enthalten sein, dass es sich um Leistungen handelt, die nicht vom ursprünglichen Angebot umfasst sind.)

3.7. Aufrechnungsrechte oder Zurückbehaltungsrechte stehen dem Kunden nur zu, soweit seine Gegenansprüche unbestritten, rechtskräftig festgestellt oder vom Bildautor anerkannt sind. Dies gilt nicht bei Gegenforderungen aus demselben Vertragsverhältnis.

3.8. Der Kunde ist nicht berechtigt, Ansprüche aus dem Vertrag abzutreten. § 354a HGB bleibt unberührt.

3.9. Der Kunde ist darüber informiert, dass bei der Auftragsvergabe im künstlerischen, konzeptionellen und werbeberatenden Bereich an eine nicht-juristische Person eine Künstlersozialabgabe an die Künstlersozialkasse zu leisten ist. Diese Abgabe darf vom Kunden nicht von der Rechnung des Bildautors in Abzug gebracht werden. Für die Einhaltung der Anmelde- und Abgabepflicht ist der Kunde zuständig und selbst verantwortlich.

3.10. Kauft der Bildautor auftragsgemäß Kreativdienstleistungen von Dritten ein, für die eine Künstlersozialabgabe zu entrichten ist, stellt der Kunde den Bildautor in voller Höhe von den Kosten dieser Abgabe frei.

4. URHEBER- UND NUTZUNGSRECHTE

4.1. Alle im Rahmen eines Auftrages durch den Bildautor erarbeiteten Entwürfe und Leistungen unterliegen, unabhängig von der Schöpfungshöhe des jeweiligen Werkes, den Regelungen des Urheberrechtsgesetzes.

Der Kunde darf in keinem Fall Entwurfs- oder Konzeptionsarbeiten ohne Zustimmung in schriftlicher Form des Bildautors nutzen, d.h. vervielfältigen, verbreiten oder öffentlich zugänglich machen.

(Hier ist zum Schutz des Bildautors Schriftform vorgesehen.)

4.2. Dem Kunden ist jede Änderung und Bearbeitung von Entwürfen oder Reinzeichnungen, sei es bei der Vervielfältigung, der Verbreitung oder der öffentlichen Zugänglichmachung, ohne schriftliche Zustimmung des Bildautors untersagt. Bei Verstößen hat der Bildautor das Recht, eine Vertragsstrafe in Höhe von 100 % der vereinbarten Gesamtvergütung neben der ohnehin zu zahlenden Vergütung geltend zu machen.

(Hier wird klarstellend auf die Gesamtvergütung abgestellt, sofern im Auftrag eine Unterteilung der Vergütung in einzelne Schritte erfolgt ist. Dies ist auch nicht unbillig, da bei einer derartigen Änderung Entwürfe, Reinzeichnungen und Nutzungsrechte gleichermaßen betroffen sind. Es wurde in der Rechtsprechung auch schon der 5-fache Satz des vereinbarten Entgelts für zulässig erachtet.)

4.3. Der Bildautor räumt dem Kunden, soweit im Vertrag nichts anderes vereinbart ist, die einfachen Nutzungsrechte im für den Vertragszweck erforderlichen Umfang ein.

(Den Parteien steht es somit frei, im Rahmen des Auftrags weitergehende Rechteeinräumungen vorzunehmen, vgl. hierzu die Ausführungen im Werkvertrag. Es genügt, dass am Ende des Auftragsformulars die Rechteeinräumung – einfach/ausschließlich/Zeitvorgabe/Örtlichkeiten

zzgl. der geplanten Nutzungsarten – aufgezählt werden.)

4.4. Die Übertragung von Nutzungsrechten oder die Einräumung weiterer Nutzungsrechte im Sinne von Unterlizenzen durch den Kunden an Dritte bedarf der Einwilligung des Bildautors. Der Bildautor ist an den aus der Übertragung oder der Rechteeinräumung resultierenden Einnahmen, d.h. der Pauschalvergütung oder Lizenzgebühr, die der Kunde vom Dritten erhält, mit 50 % zu beteiligen. Einer Zustimmung bedarf es nicht, wenn die Übertragung im Rahmen der Gesamtveräußerung eines Unternehmens oder der Veräußerung von Teilen eines Unternehmens geschieht oder die Einräumung der Nutzungsrechte zur Wahrnehmung der Belange des Urhebers erfolgt ist. Bei der Gesamtveräußerung eines Unternehmens oder dessen Teil steht dem Bildautor ein gesetzliches Rückrufsrecht zu.

(Die Ausnahmen zu der Zustimmungspflicht ergeben sich aus dem Gesetz, §§ 34, 35 UrhG. Ihre Nennung erfolgt hier lediglich zur Klarstellung. Mit einer derartigen Vergütungsregel vermeidet man späteren Streit über die angemessene Vergütung, die ein Urheber gemäß § 32 UrhG bei unzureichender Vergütungs-Vereinbarung nachfordern kann. Alternativ kann auch der Passus zur weiteren Vergütung weggelassen werden und auf die nachfolgenden Auskunftsansprüche abgestellt werden. Ergibt sich aus diesen ein krasses Missverhältnis aus den Erträgen oder Vorteilen des Unterlizenznehmers oder Erwerbers, kann der Urheber von diesem direkt eine angemessene Beteiligung verlangen. Hier wird dann im Nachgang über die Höhe der Angemessenheit zu streiten sein, was bei der vorliegenden Regelung vermieden wird.)

4.5. Der Bildautor hat einen jährlichen Auskunftsanspruch über den Umfang der Nutzung durch den Kunden und die hieraus gezogenen Erträge und Vorteile. Er wird dem Bildautor die Nutzung monatsweise aufgeschlüsselt nach der jeweiligen Maßnahme und Verwendungsart sowie die hieraus erzielten Gewinne mitteilen.

4.6. Nutzungsrechte an Arbeiten, die bei Beendigung des Vertrages noch nicht bezahlt sind, verbleiben vorbehaltlich anderweitig getroffener Abmachungen bei dem Bildautor. Der Bildautor hat das Recht, jedwede Nutzung nicht bezahlter Arbeiten zu verbieten. Für jede trotz eines Verbots erfolgende Nutzung wie auch jede Nutzung über den vereinbarten Umfang hinaus, hat der Bildautor das Recht, eine Vertragsstrafe in Höhe von 100 % der vereinbarten Gesamtvergütung neben der ohnehin zu zahlenden Vergütung geltend zu machen. Der Kunde hat dem Bildautor Auskunft im gemäß **Ziffer 4.5.** festgelegten Umfang über die unberechtigte Nutzung der Werke zu geben.

4.7. Der Kunde darf die Arbeiten nach vollständiger Zahlung veröffentlichen, ohne dass es einer gesonderten Zustimmung des Bildautors bedarf. Bis zur vollständigen Zahlung ist eine Veröffentlichung nur mit Zustimmung des Bildautors, wenigstens in Textform, zulässig.

(Das Veröffentlichungsrecht steht als sogenanntes Urheberpersönlichkeitsrecht dem Urheber allein zu und ist nicht übertragbar. Entsprechend kann hier auch nur eine Gestattung erfolgen.)

4.8. Die mit vollständiger Zahlung erfolgte Einräumung der Nutzungsrechte verpflichtet den Bildautor nicht dazu, jedwede Arbeitsunterlagen herauszugeben, sondern nur das reproduzierbare Endergebnis wie im Vertrag beschrieben (Reinzeichnungen, Dateien, USB-Stick etc.). Der Bildautor schuldet die vereinbarte Leistung, nicht jedoch die zu diesem Ergebnis führenden Zwischenschritte in Form von Skizzen, Entwürfen, Produktionsdaten etc. Alle Arbeitsunterlagen, elektronische Daten und Aufzeichnungen die im Rahmen der Auftragserarbeitung auf Seiten des Bildautors angefertigt werden und die nicht für die Reproduktion oder sonstige Verwertung des Endergebnisses notwendig sind, verbleiben bei ihm. Die Herausgabe dieser Unterlagen und Daten kann vom Kunden nicht gefordert werden.

5. EIGENTUM, VERSENDUNGSGEFAHR

5.1. An den Arbeiten wie auch den zugrunde liegenden Entwürfen und Reinzeichnungen des Bildautors werden nur Nutzungsrechte gemäß **Ziffer 4** eingeräumt, ein Eigentumsrecht wird nicht übertragen.

5.2. Die Originale sind, sofern nicht ausdrücklich und wenigstens in Textform anders vereinbart, nach angemessener Frist unbeschädigt an den Bildautor zurückzugeben. Überlassene offene Dateien sind auf Aufforderung des Bildautors durch den Kunden zu löschen. Eine Weitergabe oder Änderung dieser Dateien wie auch der Originale ist ohne Zustimmung des Bildautors untersagt.

5.3. Zusendung und Rücksendung der Arbeiten erfolgen auf Kosten und Gefahr des Kunden.

6. LIEFER- UND FERTIGSTELLUNGSTERMINE

6.1. Alle im Vertrag genannten Termine verstehen sich als Richtwert und gelten im Sinne von ca.-Fristen als nur annähernd vereinbart.

6.2. Fixgeschäfte bedürfen einer besonderen vertraglichen Vereinbarung und müssen zweifelsfrei als solche benannt werden.

(Sogenannte Fixgeschäfte sind immer bei Nennung eines konkreten Abgabe-/Lieferdatums anzunehmen und wenn der Kunde zu erkennen gibt, dass die Leistung für ihn nach diesem Fixtermin wertlos ist.)

6.3. Von dem Bildautor nicht zu vertretende, unvorhersehbare und/oder unabwendbare Umstände, die die Auftragsbearbeitung verhindern, verzögern oder wesentlich erschweren, befreien den Bildautor für die Dauer ihrer Auswirkung von der Leistungspflicht und verlängern die Fertigstellungszeit entsprechend. Der Bildautor ist jedoch verpflichtet, den Kunden unverzüglich von den eingetretenen oder noch eintretenden Verzögerungen zu unterrichten. Der Bildautor ist sodann berechtigt, eine angemessene Nachfrist in Anspruch zu nehmen. Sollte die Beeinträchtigung nach Ablauf der Nachfrist fortbestehen, können beide Teile vom Vertrag zurücktreten.

7. PFLICHTEN DES KUNDEN

7.1. Der Kunde stellt dem Bildautor alle für die Durchführung des Projekts benötigten Daten und Unterlagen unentgeltlich zur Verfügung. Alle Arbeitsunterlagen werden von dem Bildautor sorgsam behandelt, vor dem Zugriff Dritter geschützt, nur zur Erarbeitung des jeweiligen Auftrages genutzt und werden nach Beendigung des Auftrages an den Kunden zurückgegeben.

7.2. Digitale Arbeitsunterlagen (CD-ROMs, Fotos, Schriftzüge, Logos etc.) werden nicht an den Kunden zurückgegeben. Auf Wunsch des Kunden werden sie vom Bildautor gelöscht.

7.3. Der Kunde trägt Sorge dafür, dass die von ihm überlassenen Arbeitsunterlagen frei von Rechten Dritter sind bzw. die zu deren Bearbeitung notwendigen Rechte von etwaig betroffenen Dritten eingeholt wurden, und stellt den Bildautor von allen diesbezüglichen Ansprüchen Dritter frei.

7.4. Der Kunde wird im Zusammenhang mit einem beauftragten Projekt Auftragsvergaben an andere Bildautoren nur nach Rücksprache und im Einvernehmen mit dem Bildautor erteilen. Das Recht des Kunden zur Kündigung bleibt hiervon unberührt.

8. SONDERLEISTUNGEN, NEBEN- UND REISEKOSTEN

8.1. Vertraglich vereinbarte Werkleistungen beinhalten zwei Korrektur-/Änderungsschleifen. Jede weitere wird nach Aufwand berechnet. Sonderleistungen wie die Umarbeitung oder Änderung von bereits abgelieferten Reinzeichnungen, Manuskriptstudium oder Druck/Produktionsüberwachung werden nach Zeitaufwand gesondert berechnet.

8.2. Fremdleistungen werden stets im Namen und auf Rechnung des Kunden bestellt. Der Bildautor wird jede notwendige Beauftragung von Dritten mit dem Kunden vorab abstimmen. Dieser ist verpflichtet, dem Bildautor eine entsprechende Vollmacht zu erteilen.

8.3. Auslagen für technische Nebenkosten, insbesondere für spezielle Materialien, für die Anfertigung von Modellen, Fotos, Zwischenaufnahmen, Reproduktionen, Satz und Druck etc., sind vom Kunden zu erstatten.

8.4. Reisekosten und Spesen für Reisen, die im Zusammenhang mit dem Auftrag zu unternehmen und mit dem Kunden vorab abgesprochen sind, sind vom Kunden zu erstatten. Fahrten des Bildautors mit dem eigenen PKW werden in Höhe von 0,50 Euro/ Kilometer vergütet.

9. KORREKTUR, PRODUKTIONS-ÜBERWACHUNG, BELEGEXEMPLARE UND REFERENZWERBUNG

9.1. Vor Ausführung der Vervielfältigung der Originale sind dem Bildautor Korrekturmuster vorzulegen.

9.2. Eine Produktionsüberwachung durch den Bildautor erfolgt nur aufgrund besonderer Vereinbarung und gegen gesonderte Vergütung nach Aufwand. Bei Übernahme der Produktionsüberwachung ist der Bildautor berechtigt, nach eigenem Ermessen die notwendigen Entscheidungen zu treffen und entsprechende Anweisungen zu geben.

9.3. Von allen vervielfältigten Arbeiten überlässt der Kunde dem Bildautor unentgeltlich zehn einwandfreie Belegexemplare. Der Bildautor ist berechtigt, diese Muster und sämtliche in Erfüllung des Vertrages entstehenden Arbeiten zum Zwecke der Referenzwerbung in Print- und Online-Medien, wie z.B. in Flyern, Webseiten, Social-Media-Diensten, zu verwenden und hierbei auf das Tätigwerden für den Kunden hinzuweisen.

10. GEWÄHRLEISTUNG UND HAFTUNG DES BILDAUTORS

10.1. Der Bildautor ist verpflichtet, die von ihm entworfenen und erstellten Arbeiten und Werke frei von Sachmängeln zu fertigen. Ein Nichtgefallen eines vom Bildautor gefertigten Entwurfs stellt keinen Mangel dar, wenn der Bildautor im Rahmen seiner künstlerischen Gestaltungsfreiheit gehandelt hat. Offensichtliche Sachmängel hat der Kunde binnen 14 Tagen nach Empfang der jeweiligen Leistung in Textform geltend zu machen.

10.2. Der Bildautor haftet nicht für den kommerziellen Erfolg des Kunden im Rahmen dessen Nutzung seiner Werke.

10.3. Das Risiko der rechtlichen Zulässigkeit der durch den Bildautor erstellten Werke wird vom Kunden getragen. Das gilt insbesondere für den Fall, dass die Arbeiten gegen Vorschriften des Wettbewerbsrechts, des Urheberrechts oder des Kennzeichenrechts verstoßen. Der Bildautor ist jedoch verpflichtet, auf rechtliche Risiken hinzuweisen, sofern ihm diese bei seiner Tätigkeit bekannt werden. Der Kunde stellt den Bildautor von Ansprüchen Dritter frei, wenn der Bildautor auf ausdrücklichen Wunsch des Kunden gehandelt hat, obwohl er dem Kunden Bedenken im Hinblick auf die Zulässigkeit der Ausführung mitgeteilt hat. Die Anmeldung solcher Bedenken durch den Bildautor beim Kunden hat unverzüglich nach Bekanntwerden in Textform zu erfolgen. Erachtet der Bildautor für eine durchzuführende Werkleistung eine rechtliche Prüfung durch eine besonders sachkundige Person oder Institution für erforderlich, so trägt nach Absprache mit dem Bildautor die Kosten hierfür der Kunde.

(Diese Regelung ist bei der kommerziellen Verwertung von Arbeiten sinnvoll, da der Bildautor oft nicht einschätzen können wird, ob ein Kennzeichen zulässig verwendet werden darf. Allerdings sollte bei Bedenken nachweisbar und schriftlich darauf aufmerksam gemacht werden.)

10.4. Der Bildautor haftet nicht für die design-, urheber- oder markenrechtliche Schutz- oder Eintragungsfähigkeit der im Rahmen des Auftrages gelieferten Ideen, Anregungen, Vorschläge, Konzeptionen und Entwürfe.

10.5. In jedem Fall unberührt bleibt die unbeschränkte Haftung für Schäden von Gesundheit, Leib oder Leben, die auf einer fahrlässigen Pflichtverletzung des Bildautors oder einer vorsätzlichen oder fahrlässigen Pflichtverletzung eines gesetzlichen Vertreters oder Erfüllungsgehilfen beruhen. Gleiches gilt für sonstige Schäden bei einer grob fahrlässigen Pflichtverletzung des Bildautors oder vorsätzlichen oder grob fahrlässigen Pflichtverletzung eines gesetzlichen Vertreters oder Erfüllungsgehilfen. Die unbeschränkte Haftung gilt auch bei der Verletzung vertraglicher Kardinalpflichten, also solcher Vertragspflichten, auf deren Erfüllung der Kunde vertraut und vertrauen darf und die für die Erreichung des Vertrags-

zwecks wesentlich sind. Im Übrigen wird die Haftung auf den typischerweise bei den diesen **AGB** zugrunde liegenden Aufträgen entstehenden Schaden beschränkt.

10.6. Der Bildautor haftet als bloßer Vermittler nicht für Pflichtverletzungen von Fremddienstleistern, die er im Namen und im Auftrag des Kunden beauftragt hat.

11. VERTRAGSDAUER, KÜNDIGUNGSFRISTEN, FOLGEN DER KÜNDIGUNG

11.1. Ein Vertrag über eine einmalige Leistung endet mit der Fertigstellung durch den Bildautor. Der Kunde hat das Recht, einen erteilten Auftrag jederzeit zu kündigen. Der Bildautor ist dann berechtigt, bis dahin bereits erbrachte Leistungen vollständig abzurechnen und für nicht erbrachte Leistungen die vereinbarte Vergütung zu fordern, jedoch gemindert um die infolge der Vertragsaufhebung ersparten Aufwendungen. Alternativ kann der Bildautor statt der konkreten Berechnung der Vergütung für noch ausstehende Leistungen eine Pauschale von 15 % der auf den noch ausstehenden Teil des Auftrags entfallenden Vergütung geltend machen. Dem Kunden bleibt dann das Recht vorbehalten, nachzuweisen, dass sich der Bildautor tatsächlich höhere Aufwendungen erspart hat.

11.2. Bei Verträgen über wiederkehrende Leistungen beträgt die Mindestlaufzeit 6 Monate. Sofern keine der Parteien den Vertrag zum 15. des letzten Vertragsmonats kündigt, verlängert sich der Vertrag um jeweils einen Monat und ist bis zum 15. eines Monats kündbar.

(Derartige Regelungen können natürlich je nach eigenem Bedarf angepasst werden, wiederkehrend sind nur solche Leistungen, die auf einem Vertrag mit vorgegebener Laufzeit basieren und turnusmäßig zu erbringen sind, z.B. Jahresvertrag mit festge-

133

legter monatlicher Vergütung für Cartoons in einem monatsweise erscheinenden Magazin, die wiederholte Beauftragung in Form von Einzelaufträgen stellt hingegen keine wiederkehrende Leistung dar. Entsprechend kann diese Regelung gestrichen werden, soweit das eigene Geschäftsmodell Verträge über wiederkehrende Leistungen ausschließt.)

11.3. Das Recht zur fristlosen Kündigung aus wichtigem Grund bleibt von diesen Regelungen unberührt. Eine Kündigung bedarf der Schriftform.

12. ÄNDERUNGEN

Bei Verträgen über wiederkehrende Leistungen *(siehe oben, sonst ersatzlos zu streichen)* werden dem Kunden Änderungen dieser Geschäftsbedingungen 4 Wochen vor dem vorgeschlagenen Zeitpunkt ihres Wirksamwerdens in Textform angeboten. Die Zustimmung des Kunden gilt als erteilt, wenn er nicht bis zu dem angegebenen Zeitpunkt des Wirksamwerdens der Änderung widerspricht. Diese Genehmigungswirkung durch Schweigen tritt nur ein, wenn der Bildautor bei Übermittlung des Angebots auf diese Genehmigungsfiktion hinweist. Widerspricht der Kunde, haben beide Parteien ein Kündigungsrecht gemäß **Ziffer 12.2. S.2**, auch wenn die Mindestlaufzeit von 6 Monaten noch nicht erreicht ist.

13. SCHLUSSBESTIMMUNGEN

13.1. Es gilt das Recht der Bundesrepublik Deutschland. Sind beide Parteien Kaufleute, ist Erfüllungsort und Gerichtsstand für diesen Vertrag [...]. Hat eine der Parteien keinen allgemeinen Gerichtsstand in Deutschland, wird [...] als Gerichtsstand vereinbart.
*(vgl. hierzu die Ausführungen zu **Ziffer 9** des Werkvertrags.)*

13.2. Sollten einzelne Bestimmungen dieses Vertrages ganz oder teilweise nicht rechtswirksam sein oder ihre Rechtswirksamkeit später verlieren, wird die Gültigkeit des Vertrages im Übrigen nicht berührt. An Stelle der unwirksamen Bestimmung tritt die gesetzliche Regelung.
*(**AGB** unterliegen einer strengeren gesetzlichen Kontrolle. Diese Regelung entspricht der gesetzlichen Folge und dient der Klarstellung. Von darüber hinausgehenden Regelungen ist abzuraten, da diese in den meisten Fällen unwirksam sind und damit eher kontraproduktiv sind. Man kann diese Klausel auch ganz weglassen, sie ist im Ergebnis nicht mehr als juristisches Lametta.)*

TEIL 3
STEUERN UND VERSICHERUNGEN

3 STEUERN UND VERSICHERUNGEN

Wer einen kreativen Beruf in den Bereichen Comic, Cartoon oder Trickfilm ergreift, wird sich mit einer gewissen Wahrscheinlichkeit selbstständig machen, denn trotz der möglichen Absicht, zumeist befristete Stellen, z.b. bei Spiel- oder Trickfilmproduktionen, anzunehmen, ist ein gelegentlicher Wechsel zwischen Festanstellung und Selbstständigkeit in der Karriere sehr wahrscheinlich. Wir gehen in diesem Kapitel auf Fragen der Steuern, der Altersversorgung und der Versicherungen – besonders der Künstlersozialversicherung – ein, die beruflich Selbstständige beschäftigen.

Eine feste Stelle mag ihre Vorteile haben. Sie strahlt mehr Sicherheit aus, scheint vielleicht eine Familie besser zu ernähren oder erlaubt eine Karriereplanung in einem Unternehmen. Sie wirkt solide und scheint was für die Fwigkeit zu sein. Doch das täuscht bekannterweise. In Deutschland hat ein durchschnittlicher 35-jähriger Arbeitnehmer z.B. bereits mehrmals den Arbeitgeber gewechselt und ist mit einer gewissen Wahrscheinlichkeit sogar mal für ein paar Monate arbeitslos gewesen. Dennoch liefern die Arbeitsmarktzahlen im Augenblick für die Allgemeinheit der Arbeitnehmerinnen und Arbeitnehmer des deutschsprachigen Raums zufriedenstellende Werte: So beträgt die Erwerbslosenquote im März des Jahres 2019 in Deutschland 3,2 % [23], in Österreich 2016 9,1 % und in der Schweiz 2,4 % (Oktober 2018) [24]. In der kreativen Wirtschaft sieht es allerdings deutlich schlechter als im Gesamtdurchschnitt aus. So weisen die Zahlen des deutschen *Instituts für Arbeitsmarkt- und Berufsforschung* (IAB) eine Arbeitslosenquote von 19,2 % in der Berufsgruppe BG933 „Kunsthandwerk und bildende Kunst" für 2017 auf, zu der wir Comic- und Cartoonschaffende zählen würden, wenn sie angestellt wären. Anmerkung dazu: Es ist klar, dass die Erwerbslosenquote bei einer verschwindend kleinen Berufsgruppe wie der von uns Comic- und Cartoonschaffenden eine recht unpassende Kennziffer darstellt – gerade auch angesichts der bei uns eher in diesem Feld anzutreffenden Selbstständigkeit. Die Zahl ist jedoch für diejenigen Leute interessant, die eine kreative Erwerbstätigkeit im Großen und Ganzen anstreben und Comics nur nebenbei machen, und betrifft eben eine recht große Gruppe von uns. Im Berufsfeld der „Designer/-innen, Fotografen, Fotografinnen, Reklamehersteller/-innen" BF42 liegt die Zahl mit 10,7 % zwar niedriger, aber immer noch weit über dem bundesdeutschen Durchschnitt. [25] Es bieten sich Arbeitgebern somit klare Vorteile in Gehaltsverhandlungen bei Bewerbungsgesprächen, da sich

---

[23] Zahl entnommen der Website des Statistischen Bundesamts: www.destatis.de/DE/Presse/Pressemitteilungen /2019/04/PD19_165_132.html (Zugriff im April 2019)

[24] Zahlen entnommen: de.wikipedia.org/wiki/Arbeitslosenstatistik (Zugriff im November 2018).

[25] Die Zahlen des IAB sind unter bisds.iab.de einzusehen (Zugriff im November 2018).

die meisten Kreativen somit darüber freuen, einfach nur „untergekommen" zu sein, und vermutlich deshalb in den Gehaltswünschen Bescheidenheit zeigen. Der *Honorar- und Gehaltsreport 2014* des BDG[26] (aktuellster Report bis dato) gibt für die Berufe im Kommunikations- und Industriedesign in Deutschland und Österreich ein mittleres Monatsgehalt zwischen 2.400 Euro und 2.800 Euro vor Steuern an (das sind zwischen ca. 29.000 Euro bis ca. 35.000 Euro pro Jahr bei teilweise mehr als zwölf Monatsgehältern) und liegen damit unter dem arithmetischen Mittel des bundesdeutschen Einkommens. Zum Vergleich: Das durchschnittliche Monatseinkommen in Deutschland liegt laut dem Statistischen Bundesamt brutto bei 3.771 Euro[27] (März 2019). Diese Bescheidenheit setzt sich bei den kreativen Freelancern fort. Auch hier liegen die Einnahmen laut dem *Honorar- und Gehaltsreport 2014* mit einem durchschnittlichen Jahreseinkommen von 30.000 bis 40.000 Euro vor Steuern deutlich unter den Erwartungen, die im sonstigen Durchschnitt an ein Freiberufler-Einkommen gestellt werden. So können Freiberufler/-innen in Deutschland im Allgemeinen (z.B. Unternehmensberater/-innen, IT-Experten/-innen, Ingenieure/-innen) mit einem durchschnittlichen Jahreseinkommen von über 100.000 Euro rechnen.[28]

Wer den Berufseinstieg in die Kreativbranche wagt, wird sich zwischen zwei Möglichkeiten entscheiden: Angestellt zu sein oder freiberuflich zu arbeiten. Wie wir schon erläutert haben, gibt es für Comic- und Cartoonschaffende eigentlich nur die Option der Selbstständigkeit, da es so gut wie keine Stellen auf dem deutschsprachigen Markt gibt. Dennoch ist ein Mittelweg denkbar, beispielsweise mit einer teilzeitlichen Angestelltentätigkeit, die noch genügend Zeit für freie Arbeiten lässt. Eine solche Lösung kommt in unseren Bereichen zwar nicht selten vor, bringt allerdings Vor- und Nachteile mit sich. Von Vorteil ist natürlich eine weitgehende Sicherheit in der Deckung des täglichen Bedarfs durch ein festes Gehalt, so weit es dazu ausreicht. Der Nachteil liegt in den hohen zeitlichen und finanziellen Aufwendungen für die Selbstverwaltung, die eine Selbstständigkeit mit sich bringt, um einfach nur ihren Status als solchen aufrechtzuerhalten (Buchhaltung, Vorsteueranmeldung, Steuerberatungs-, Werbungs-, Bürokosten etc.). Schließlich gibt es die Selbstständigkeit in Bezug auf ihren Verwaltungs- und Kostenapparat nicht auf Teilzeitbasis, denn das Finanzamt erwartet von uns den üblichen fiskalischen Komplettservice. Deshalb beleuchten wir in diesem Kapitel die Aufgaben und Pflichten einer freiberuflichen Existenz, die uns unser Steuer- und Versicherungswesen auferlegt hat. **Hinweis:** Die Lektüre dieses Kapitels ersetzt keine gründliche Beratung durch einen Steuerberater, die wir euch auf jeden Fall nahelegen.

FREIER BERUF ODER UNTERNEHMEN?

Bei einer selbstständigen Erwerbstätigkeit ist zwischen einer gewerblichen und einer freiberuflichen zu unterscheiden. Welche für euer Geschäftsmodell infrage kommt, hängt davon ab, woher ihr euer Einkommen generell bezieht. Wenn ihr beispielsweise Selbstverleger/-innen seid, was zunächst einmal nicht gegen die Freiberuflichkeit spricht, aber eure selbst gedruckten Werke und dazu jede Menge Merchandise verkauft, vielleicht sogar den Handel beliefert, um von eurer Arbeit zu leben, dann wird das zuständige Finanzamt eine Freiberuflichkeit nicht unbedingt anerkennen, sondern von einem Gewerbe ausgehen. Wenn ihr daneben noch

---

[26] Einzusehen unter **bdg.de/2015/06/25/designer-sind-erfolgreich-wenn-die-grundlage-stimmt-honorar-und-gehaltsreport-2014-veroeffentlicht** (abgerufen am 18. Oktober 2018).

[27] Zahl entnommen der Website des Statistischen Bundesamts unter: **www.destatis.de/DE/Themen/Arbeit/Verdienste/Verdienste-Verdienstunterschiede/verdienste-branchen.html** (abgerufen am 20. März 2019).

[28] Zahlen laut freelancermap-Marktstudie 2018, zu finden unter: **www.freelancermap.de/marktstudie**.

LIEBER ANGESTELLT ODER SELBSTSTÄNDIG?

	angestellt	freiberuflich
Vorteil	Sicherheit, Aufstiegsmöglichkeit (Karriere).	Ungebundenheit, freie Auswahl des Projekts, relativ freie Bestimmung des eigenen Honorars
Nachteil	eingeschränkte, oft nicht-kreative Tätigkeit, vorgezeichneter Berufsweg	zusätzliche Verwaltungsarbeit (Buchhaltung, Steuern, Versicherungen), ungeregelte Überstunden, zusätzliche zeitliche Belastung durch Selbstvermarktung

Artwork-Produkte von Freunden/-innen oder Geschäftspartnern verlegt oder verkauft, dann liegt garantiert eine gewerbliche Tätigkeit vor. Anderes Beispiel: Bezieht ihr Erlöse aus Nutzungsrechten, die ihr einem Zeitschriftenverlag an euren Zeichnungen eingeräumt habt, der diese in seine aktuellen Ausgaben übernimmt und später dann vielleicht noch Cartoonbücher und Kaffeetassen damit herausbringt, dann ist das eine freiberufliche Tätigkeit.

Vereinfacht gesagt bedeutet das: Verkauft ihr Waren, dann seid ihr eher Gewerbetreibende (etwa Hersteller, Handwerker, Kaufleute …), vermietet ihr eure Arbeitszeit oder vergebt Nutzungsrechte an euren Arbeiten, dann seid ihr eher Freiberufler. Aus dieser Sicht gehören unter anderem Ärztinnen, Anwältinnen, Unternehmensberaterinnen, Lehrkräfte, Journalistinnen, Lektorinnen, Schauspielerinnen, Musikerinnen, Schriftstellerinnen sowie natürlich Künstlerinnen zu den freien Berufen, soweit sie selbstständig sind. Gewerblich unterwegs sind dagegen Verlegerinnen, Händlerinnen, Galeristinnen, Künstler- und Literaturagentinnen etc. (und die männlichen Vertreter dieser Berufe natürlich auch). Selbstverlage fallen dagegen

zumeist erstmal nicht unter das Gewerberecht. Das heißt somit, dass ihr eure Werke als Freiberuflerinnen und Freiberufler selbst verlegen dürft, ohne ein Gewerbe gründen zu müssen. Auch Merchandise-Produkte dürft ihr verkaufen, solange das nicht mehr als 3 % eures Jahresumsatzes[29] ausmacht. Ihr dürft nur eben keine Werke von Freundinnen und Freunden verlegen. Sollte euch das Finanzamt die freiberufliche Erwerbstätigkeit aberkennen, weil ihr beispielsweise zu hohe Merchandise-Einnahmen erzielt habt, dann kann es sogar euren gesamten Jahresumsatz als gewerblich umqualifizieren und euch verpflichten, Gewerbesteuer zu zahlen und eine Bilanzierung vorzunehmen.

Wenn wir davon ausgehen, dass ihr bereits eine Krankenversicherung – gleichgültig ob gesetzlich oder privat – abgeschlossen habt, da sie Voraussetzung für die Aufnahme einer selbstständigen Tätigkeit ist (diese Pflicht gilt natürlich für jegliche Erwerbstätigkeit), sehen eure Pflichten als Freiberufler/-innen gegenüber den Behörden folgendermaßen aus:

---

[29] nach einem Urteil des Bundesfinanzhofs: BFH-Urteil vom 27. August 2014, Az. VIII R 6/12

- beim **Finanzamt** anmelden,
- **Buchhaltung** (als sog. „Einnahmen-Überschuss-Rechnung") erledigen,
- **Umsatzsteuer-Voranmeldung** vornehmen (meist zum Quartal),
- **Einkommensteuervorauszahlungen** leisten,
- **Umsatz-** und **Einkommensteuererklärung** am Jahresabschluss abliefern.

Seid ihr Gewerbetreibende, dann kommen noch folgende hinzu:
- beim **Gewerbeamt** und im **Handelsregister** eintragen,
- in der **Industrie- und Handelskammer** (IHK) und/oder evtl. in der **Handwerkskammer** anmelden,
- **Inventur** jährlich durchführen,
- **Bilanzierung** erstellen (evtl. sogar als sog. „doppelte Buchführung"),
- **Gewerbesteuer** jährlich entrichten.

Außerdem kann es je nach Umsatz dazu kommen, dass ihr eure Umsatzsteuer-Voranmeldung nicht zum Quartal, sondern monatlich erledigen müsst. Freiberufler zu sein hat folglich Vorteile, die sich bis vor einiger Zeit zusätzlich positiv im Finanziellen ausgewirkt hatten, da die Gewerbesteuer immer eine nicht unerhebliche zusätzliche Belastung bedeutet hat. Inzwischen wurden die steuerlichen Auflagen bei Gewerbetreibenden jedoch durch höhere Freibeträge etwas gemildert. Im Folgenden werden wir nur noch auf die **Freiberuflichkeit** eingehen, da ein Gewerbe eher eine ungewöhnliche Form der beruflichen Selbstständigkeit in unserem Sektor darstellt.

3.1 FINANZAMT UND STEUERN

Bevor es das erste Mal daran geht, eure Steuern zu zahlen, meldet ihr dem für euch zuständigen Finanzamt eure neu aufgenommene freiberufliche Tätigkeit und füllt den Fragebogen zur steuerlichen Erfassung aus. Dazu beschreibt ihr dem Finanzamt die Tätigkeit, wählt eine Berufsgruppe aus und nennt eine Schätzung für die Einkommenserwartung des laufenden Jahres. Dabei solltet ihr euch gleich eine **Umsatzsteueridentifikationsnummer** geben lassen. Diese gehört auf euren Briefbogen sowie eure Website und kennzeichnet euch als Selbstständige.

Eine **nebenberufliche** Selbstständigkeit erspart euch keinesfalls eure Verpflichtung gegenüber dem Finanzamt, denn der Fiskus erwartet auch bei geringeren Umsätzen eine pünktliche und umfassende Meldung der Umsatzsteuer und die korrekte Überweisung der entsprechenden Vorauszahlungen und Abschläge. Bei Umsätzen von unter 17.500 Euro im Vorjahr sowie von geschätzten unter 50.000 Euro im laufenden Jahr könnt ihr allerdings eine **Kleinunternehmerregelung** in Anspruch nehmen, die euren steuerlichen Aufwand reduziert (Näheres dazu auf Seite 142). Bei der Existenzgründung schätzt das Finanzamt aufgrund der von euch gemachten Angaben euren Jahresumsatz und teilt euch danach das Verfahren mit, gemäß dem ihr eure Steuern zu entrichten habt.

Buchhaltung. Als Freiberufler/-innen gebt ihr dem Finanzamt Rechenschaft über eure Einnahmen, indem ihr periodisch (meistens vierteljährlich) eine **Einnahmen-Über-schuss-Rechnung** (EÜR) einreicht und die Vorsteuer anmeldet (siehe **weiter unten**). Dazu stellt ihr alle eure eingenommenen Geldbeträge zusammen und zieht davon die Ausgaben ab. Die Differenz ist dann entweder ein Gewinn (Plus-Betrag) oder Verlust (Minus-Betrag). Aus dieser Kalkulation lassen sich Vorsteuer und Einkommensteuer berechnen.

Denjenigen, die sich auf lange Sicht der Obhut eines spezialisierten Steuerberaters anvertrauen, empfehlen wir, sich zumindest anfangs selbst bis zu einem gewissen Grad in die Materie einzuarbeiten. Es hilft enorm, die eigene wirtschaftliche Situation zu verstehen und somit bei der Preisfindung mit größerer Sicherheit agieren zu können (siehe hierzu **Teil 4: Betriebskosten**). Anzumerken sind hier aber doch einige wichtige und allgemein gültige Grundlagen.

UMSATZSTEUER

Mit den Begriffen „Umsatzsteuer", „Mehrwertsteuer" und „Vorsteuer" scheinen sich gleich drei Begriffe im Finanzwesen um das gleiche Phänomen gebildet zu haben. Es gibt jedoch gewisse Unterschiede:

- Die *Umsatzsteuer* wird generell auf euren Umsatz erhoben und ist im Grunde eine Verbrauchssteuer, denn die Verbraucher haben ihre Last am Ende zu tragen.
- Nehmt ihr die Umsatzsteuer ein, muss sie auf eurer Rechnung als sogenannte *Mehrwertsteuer* ausgewiesen werden.

- Die an den Staat zu entrichtende *Vorsteuer* ergibt sich erst nach Abzug der von euch in euren Betriebsausgaben **gezahlten** Mehrwertsteuer, denn ihr seid ebenfalls Verbraucher und schafft euch beispielsweise Gerätschaften an oder benutzt Verbrauchsmaterial für eure Arbeit.

Die Höhe der Vorsteuer resultiert somit aus der eingenommenen abzüglich der gezahlten Mehrwertsteuer. Sie umfasst aus Sicht des Staats eure eigentliche Wertschöpfung und muss von euch fristgerecht ans Finanzamt überwiesen werden. Kurz gesagt ist die Mehrwertsteuer die durch euch (von den Kunden) eingenommene Umsatzsteuer, und die Vorsteuer die von euch (ans Finanzamt) zu zahlende Umsatzsteuer.

Die Umsatzsteuer ist für den Staat von großer Bedeutung, denn sie lässt sich schnell und relativ preiswert erheben, da sie wenig Bürokratie verlangt. Als Geschäftsleute werdet ihr zu staatlichen Steuereintreibern gemacht und beschert dem Staat damit eine seiner wichtigsten Einnahmequellen. Von Nachteil an ihr ist, dass sie keine gerechte Belastung des Verbrauchers darstellt, denn Menschen mit kleinen Einkommen und solche mit besseren Einkommen zahlen den gleichen Betrag. Die Einkommensteuer ist an dieser Stelle gerechter, denn sie richtet sich nach der Höhe der Einkünfte.

In **Teil 5: Honorar** haben wir sämtliche Euro-Angaben als Nettobeträge dargestellt, der gesetzlich vorgeschriebene Mehrwertsteuersatz muss noch hinzugefügt werden. Dieser liegt in Deutschland zur Zeit bei 19 % bzw. bei einem ermäßigten Mehrwertsteuersatz von 7 %.

Zusammenfassend gesagt ist die Mehrwertsteuer (abgekürzt „MwSt.") aus der Sicht der Selbstständigen das gleiche wie die Umsatzsteuer. Die Umsatzsteuerzahllast (Vorsteuer) wird aus der ausgegebenen Mehrwertsteuer errechnet, die von der eingenommenen Mehrwertsteuer abgezogen wird. Ist der Betrag größer als Null, wird er dem Finanzamt geschuldet und zu entsprechenden Fristen (meist zum Quartal) eingezogen. Liegt er unter Null, ist ein Verlust zu verzeichnen. Das Finanzamt erstattet euch als Selbstständigen dann den Minusbetrag. Im Übrigen ist jedoch zu beachten, dass euch jeder Ausweis der Mehrwertsteuer in einer Rechnung dazu verpflichtet, die Mehrwertsteuer abzuführen, und zwar sogar dann, wenn ihr als Rechnungssteller eigentlich nicht mehrwertsteuerpflichtig seid.

Im **Abschnitt Bittsteller und Schnorrer in Kapitel 2.5: Weitere Rechtsfragen** haben wir darauf hingewiesen, dass ihr, wenn ihr für eine gemeinnützige Organisation auf Spendenbasis arbeitet, euch eine sogenannte *Zuwendungsbestätigung* (d.h. die „Spendenbescheinigung") sichern könnt, deren Betrag ihr dann bei eurer Steuererklärung geltend macht. Zusammengefasst weisen wir nochmals darauf hin, dass für diese eine sogenannte Scheinrechnung ausgestellt werden muss, in der Rechnungsbetrag sowie Mehrwertsteuer ausgewiesen sind. Obwohl es nicht zur Bezahlung dieser Rechnung kommen wird, ist diese Mehrwertsteuer von euch in jedem Fall zu entrichten. Somit kostet euch die Arbeit auf Spendenbasis zunächst einmal Geld. Erst bei der Einkommensteuererklärung wird euch dann der Rechnungsbetrag angerechnet. Nach unserer Auffassung dürfte dies aber kaum die Kosten der abgeführten Mehrwertsteuer wieder einspielen. Aus diesem Grunde ist es meistens einfacher, auf die Zuwendungsbestätigung einfach zu verzichten.

Ganz besonders wichtig und doch vielen Profis nicht so richtig bewusst ist die Bedeutung des Unterschieds zwischen ermäßigtem und ganzem Mehrwertsteuersatz: Laut **§12, Absatz 7c** des bundesdeutschen Umsatzsteuergesetzes (UStG) ist für sämtliche Umsätze aus der Einräumung von Rechten, welche sich aus dem Urheberrecht ergeben, nur der ermäßigte Steuersatz (= 7 %) zu entrichten. In konsequenter Umkehrung bedeutet dies, dass auf Leistungen, für die

19 % Umsatzsteuer eingezogen werden, kein Anspruch auf Behandlung nach dem Urheberrecht erhoben werden kann. Der Kunde könnte dann die Zeichnungen als „lizenzfrei" verstehen, derer er sich nach Belieben unbegrenzt bedienen darf. Die Wahl des korrekten Mehrwertsteuersatzes entpuppt sich somit als ungemein wichtig.

Fazit: Der berechnete Mehrwertsteuersatz ist gleichzeitig Definition des geschäftlichen Status sowie Ausdruck des künstlerischen Selbstverständnisses. Die Verwendung des ermäßigten Mehrwertsteuersatzes signalisiert klar: Hier geht es um die Übertragung von Nutzungsrechten und **nicht** um sonstige freiberufliche Dienstleistungen. Alle Arbeiten der freischaffenden Kreativen, für die Anspruch auf urheberrechtlichen Schutz besteht, werden mit 7 % MwSt. abgerechnet. Selbst eine rein illustrative Routinearbeit, wenn sie im Zuge eines Kreativservices im Zusammenhang mit einer Karikatur, einer Comicseite etc. geleistet wird, kann mit 7 % abgerechnet werden. Alle weiteren Kosten, die im Zusammenhang mit diesen Arbeiten stehen (Material-, Fahrtkosten, Reinzeichnungen etc.) fallen **nicht** unter diese Regelung und sind mit einem Mehrwertsteuersatz von 19 % abzurechnen.

Ihr solltet euch in keinem Fall bei der Preisgestaltung dadurch irritieren lassen, dass der Rechnungsbetrag durch Hinzufügen einer Mehrwertsteuer ja noch erhöht wird. Für den meist ebenfalls professionell arbeitenden bzw. kommerziell nutzenden Kunden ist diese Steuer (wie für die Gestalterinnen und Gestalter, Autorinnen und Autoren selbst) lediglich ein Durchlaufposten und belastet nicht wirklich sein Geschäftsergebnis. Anders verhält sich die Situation natürlich, wenn ihr eure Arbeit unmittelbar an die Verbraucher verkauft. Da diese ihrerseits keine Umsatzsteuer einzuziehen haben, können sie die an euch Künstlerinnen und Künstler bezahlte Mehrwertsteuer mit nichts verrechnen. Sie sind diejenigen, die das Prinzip Umsatzsteuer wirklich finanziell zu tragen

haben. Sie können die zusätzlichen 7 % bzw. 19 % schon schmerzen. Trotzdem solltet ihr in solchen Fällen den Ausgangspreis nicht gleich generell nach unten korrigieren, denn eure Preisgestaltung sollte sich nach der Nachfrage richten und nicht (immer) nach der finanziellen Ausstattung der Auftraggeber.

KLEINUNTERNEHMERREGELUNG

Die Kleinunternehmerregelung erleichtert euch nicht nur die buchhalterische Arbeit, sondern spart euch Honorarzahlungen an eure Steuerberater ein, soweit ihr diese bisher beauftragt habt. Im Endeffekt müsst ihr zwar keine Mehrwertsteuer auf euren Rechnungen ausweisen und dann als Umsatzsteuer an den Staat abführen, dürft sie aber folglich auch nicht von der von euch gezahlten Mehrwertsteuer in euren Betriebsausgaben abziehen.

Die Kleinunternehmerregelung greift in Deutschland dann, wenn ihr im Vorjahr nur einen Umsatz von 17.500 Euro hattet und im aktuellen Jahr weiterhin unter 50.000 Euro bleibt. Erkundigt euch bei euren Steuerberatern und prüft, ob weitere Möglichkeiten steuerbegünstigter Modelle evtl. auf euch zutreffen. In der Textbox **rechts** weisen wir auf die Bedingungen für die Umsatzsteuer-Voranmeldung (Vorsteuer) in Deutschland und Österreich hin.

Wenn ihr als anerkannte Kleinunternehmer keine Umsatzsteuer zahlt, dann dürft ihr diese in eurer Rechnung natürlich nicht ausweisen. Das kann dann bei manchen Kunden zu Verwunderung und Rückfragen führen, da sie vermuten, dass die Rechnung etwa nicht korrekt ausgestellt worden ist. Das könnt ihr vermeiden, wenn ihr auf der Rechnung vermerkt, dass ihr laut Finanzamt unter die Kleinunternehmerregelung fallt und nicht zum Abführen der Mehrwertsteuer verpflichtet seid. Natürlich könnt ihr bereits in eurem Angebot darauf hinweisen. Außerdem steht es euch freilich offen, auf die Option der Kleinunternehmerregelung zu verzichten, auch wenn ihr dazu berechtigt wäret, und freiwillig weiter die Mehrwertsteuer auf euren Rechnungen auszuweisen sowie an den Fiskus abzuführen, da das einen eher professionellen Eindruck auf eure Kunden macht. Eine weitere Möglichkeit, Arbeit und Bankzinsen sowie Kosten der Steuerberatung zu vermeiden, habt ihr in Deutschland, wenn ihr mit der von euch gezahlten Umsatzsteuer des Vorjahres unter 1.000 Euro geblieben seid. Ihr seid dann lediglich einmal jährlich zur Vorsteueranmeldung verpflichtet und nicht monatlich oder vierteljährlich.

EINKOMMENSTEUER UND SONSTIGE STEUERN
Hier sei vorab nochmals darauf hingewiesen, dass die Angaben in diesem Ratgeber keinesfalls die Konsultation einer Steuerberaterin bzw. eines Steuerberaters oder der entsprechenden Lektüre aktueller Informationsblätter und Gesetzestexte ersetzen können. Auf alle Fälle sollte zur Bestimmung der eigenen wirtschaftlichen Situation sowie der Definition stimmiger Honorarkalkulationsregeln die Existenz der Einkommensteuer generell als ein die Betriebskostenrechnung der Kreativen belastender Faktor in alle Überlegungen miteinbezogen werden. Dasselbe gilt natürlich für sämtliche weiteren, die Kreativen nur eventuell betreffende Steuern und Abgaben wie Gewerbe-, Grundbesitzsteuer etc. (siehe **Teil 4: Betriebskosten**).

Die Einkommensteuer hat jede/-r professionell tätige Freiberufler/-in – äquivalent zur Lohnsteuer bei Angestellten – zu entrichten. Ihre Höhe richtet sich nach den erzielten Einkünften, den ggf. damit zu verrechnenden Freibeträgen sowie sonst evtl. anwendbaren Steuer senkenden Faktoren. Ob ihr zur Abgabe der Gewerbesteuer (Einzug durch die Kommunen), Grundsteuer oder sonstiger möglicher Steuern verpflichtet seid, ist pauschal nicht zu beantworten und muss von euch jeweils für eure individuelle Situation geklärt werden.

Wichtig für Einsteiger: Vor der entsprechenden Steuerpflicht schützt weder Unwissenheit noch die Tatsache, dass die entsprechenden Steuerbehörden keine Kenntnis von der steuerpflichtigen Aktivität haben. Die Aufschluss- und Erklärungspflicht liegt hier eindeutig bei den Steuerpflichtigen. Es ist deshalb auf alle Fälle ratsam, eine längerfristige professionelle Tätigkeit von vornherein auf stabile Beine zu stellen und als freischaffende künstlerische Tätigkeit anzumelden. Als Grundlage für die Abrechnung der Einkommensteuer dient wieder die Einnahmen-Überschuss-Rechnung, diesmal auf das komplette Geschäftsjahr bezogen, das in Deutschland für Freiberuflerinnen und Freiberufler immer mit dem 1. Januar beginnt, nicht mit dem Datum der Geschäftsgründung.

HÄUFIGKEIT DER UMSATZSTEUER-VORANMELDUNG

- **Keine** – bei Zutreffen der *Kleinunternehmerregelung* (Deutschland: Umsatz des Vorjahres bei 17.500 Euro und des laufenden Jahres bei unter 50.000 Euro).
- **Jährlich** – bei einer Umsatzsteuerzahllast von bis zu 1.000 Euro jährlich. Wird mit der Einkommensteuer abgerechnet (Österreich: bis zu 30.000 Euro Umsatz jährlich).
- **Zum Quartal** – bei mehr als 1.000 Euro bis zu 7.500 Euro Umsatzsteuer jährlich (Österreich: bei mehr als 30.000 Euro bis zu 100.000 Euro Umsatz jährlich).
- **Monatlich** – bei mehr als 7.500 Euro Umsatzsteuer jährlich (Österreich: bei mehr als 100.000 Euro Umsatz jährlich).

3.2 VORSORGE UND VERSICHERUNGEN

Jede Versicherung folgt dem Solidaritätsprinzip: Ihr zahlt in einer Art Abonnement regelmäßig einen Beitrag und habt dadurch einen rechtlichen Anspruch auf eine Schutz- oder Versorgungsleistung, die ihr möglicherweise jedoch nicht in Anspruch nehmen werdet oder müsst. Stattdessen senkt es für andere, die ebenfalls Beträge in dieselbe Versicherung einzahlen, die Kosten für eben diese Leistung, falls sie sie im Bedarfsfall beziehen müssen. Die Beitragskosten für diese teilweise enorm teuren Leistungen fallen deswegen niedrig aus, weil die Leistungen nur von wenigen in Anspruch genommen werden. Beispiel Rente: Natürlich denkt niemand daran, dass sie oder er unter bestimmten Umständen einmal nicht in den vollständigen Genuss der eingezahlten Rentenbeiträge kommen wird – und zahlt. Oder Krankenversicherung: Eine schwere Erkrankung kann Behandlungen erforderlich machen, deren Kosten weit über die Höhe der selbst eingezahlten Beiträge hinausgehen. Das Solidaritätsprinzip ermöglicht es einer oder einem Erkrankten, in einem schweren Krankheitsfall trotzdem die vollen und notwendigen medizinischen Leistungen in Anspruch nehmen zu können. Der Rest freut sich darüber, dass ihnen ein schlimmeres Schicksal erspart bleibt – und zahlt.

Der Gesetzgeber hat vier Versicherungen zur allgemeinen Pflicht gemacht, damit die gröbsten Versorgungsleistungen in der Gesellschaft erfüllt werden können: *Kranken-*, *Renten-* und *Pflegeversicherung*; Angestellte müssen zudem in die *Arbeitslosenversicherung* einzahlen, die es für Freiberufler und Selbstständige jedoch so nicht gibt (es gibt sie dennoch als freiwillige Versicherung, Näheres siehe **Seite 150**). Die **Künstlersozialversicherung** fasst die drei erstgenannten zusammen (Kranken-, Renten- und Pflegeversicherung). Da sie auch als Kulturförderung gedacht ist, wird sie vom Staat bezuschusst. Daneben gibt es versicherungsartige Gesellschaften, die für selbstständig künstlerisch oder publizistisch tätige Berufsgruppen zuständig sind: das **Versorgungswerk der Presse** und die **BG ETEM** („Berufsgenossenschaft Energie Textil Elektro Medienerzeugnisse"). Weitere Versicherungen, über die wir Freiberuflerinnen und Freiberufler manchmal froh sind, könnten z.B. sein: die **Haftpflicht-**, die **Lebens-**, die freiwillige **Arbeitslosen-**, die **Rechtsschutzversicherung**, sowie die **Riester-Rente** als Altersvorsorge, die aber genaugenommen keine Versicherung ist.

KÜNSTLERSOZIALVERSICHERUNG

Alle Publizierenden und/oder kreativ Schaffenden, die ihr Einkommen in der Hauptsache aus dieser Tätigkeit beziehen, erfüllen die Grundvoraussetzungen, um nach o.g. Gesetz versicherungspflichtig zu sein. D.h. anstatt einzelne Kranken-, Pflege- und Rentenversicherungen einzugehen, können sich selbstständige Kreative und Publizisten über die *Künstlersozialkasse* (KSK) versichern. Dabei wird üblicherweise die bis dahin genutzte Krankenkasse für die Kranken- und

Pflegeversicherung beibehalten. Zur Altersvorsorge wird die Deutsche Rentenversicherung herangezogen.

Die *Künstlersozialversicherung* (KSV) wurde als staatliche Einrichtung im Jahre 1983 mit dem Zweck gegründet, die oft schwierige existenzielle Lage freischaffender Künstlerinnen, Künstler und Publizierender zu lindern. Die erschreckend häufig vorkommenden prekären Lebenslagen haben sich seit der Einführung der Künstlersozialversicherung bei vielen von uns Kreativen gegenüber dem durchschnittlichen Erwerbstätigen in Deutschland eigentlich nicht wesentlich gebessert und sprechen für die Beibehaltung der Einrichtung, die dennoch immer wieder von verschiedenen Seiten infrage gestellt wird. So meldet die KSK in ihrer hauseigenen Statistik, dass das Jahresarbeitseinkommen (d.h. das Einkommen pro anno abzüglich aller beruflicher Ausgaben) bei ihren Mitgliedern zum 1. Januar 2018 lediglich bei 17.130 Euro [30] lag (zu unserer Ehrenrettung: dieser extrem niedrige Wert ist u.a. darauf zurückzuführen, dass viele Kreative und Publizisten ihre Erwerbstätigkeit nur teilzeitlich, wenn auch hauptberuflich betreiben).

Die Künstlersozialversicherung ist eine Institution des Bundes, die es Menschen in künstlerischen oder publizistischen freien Berufen ermöglicht, Sozialversicherungen wie eine gesetzliche Kranken-, Pflege- und eine staatliche Rentenversicherung abzuschließen, wobei die Arbeitslosenversicherung davon ausgenommen ist. Im Gegensatz zu freiwillig versicherten Selbstständigen zahlen sie dort nur einen dem Arbeitnehmeranteil entsprechenden Beitrag. Sie wurde ins Leben gerufen, als sich viele Kolleginnen und Kollegen in den freischaffenden Disziplinen der Kunst, der Musik, der Literatur, des Designs etc. kaum eine entsprechende

Versorgung leisten konnten und zwang diese außerdem dazu, ihren gewohnheitsmäßig eher lässigen Umgang mit ihrer Versorgung auf eine sichere Basis zu stellen, denn die Mitgliedschaft in der KSK ist für diese Berufe sogar verpflichtend.

Für die Versicherungsveranlagung und die Beitragserhebung ist die Künstlersozialkasse zuständig. Sie ist eine unselbstständige, jedoch haushalts- und vermögensmäßig gesonderte Abteilung der Unfallversicherung Bund und Bahn. Sitz beider Kassen ist Wilhelmshaven. Seit Mitte 2007 ist auch die Deutsche Rentenversicherung für die Prüfung der rechtzeitigen und vollständigen Entrichtung der Künstlersozialabgabe zuständig.

Die Künstlersozialversicherung funktioniert ähnlich wie eine Sozialversicherung für Angestellte und beruht ebenfalls auf dem Solidaritätsprinzip. Somit sorgen die Besserverdienenden dafür, dass Schlechtergestellte sich nicht mit minderwertigen Versorgungsleistungen begnügen müssen. Dabei ist immer zu berücksichtigen, dass künstlerische Berufe trotz ihrer Selbstständigkeit zumeist in einem eher abhängigen Arbeitsverhältnis zu einem einzigen oder nur wenigen Auftraggebern bzw. Verwertern stehen. Diese Schieflage in der Versorgung gegenüber angestellt Beschäftigten überbrückt die KSV. Denn die Beitragszahler müssen nur die Hälfte der Versicherungskosten bezahlen – das ist ein ähnliches Prinzip wie bei einer festangestellten Beschäftigung, bei der die Angestellten ebenfalls nur die Hälfte der Versicherungen zu bezahlen haben, während die andere Hälfte der Arbeitgeber zahlt. Für die KSK resultiert daraus allerdings eine Finanzierungslücke: Wer soll bei ihr die andere Hälfte der Versicherungskosten tragen (ca. 200 Mio Euro pro Jahr), da Freiberufler/-innen einen Arbeitgeber im Sinne des Wortes nicht kennen? Diese Frage hat die deutsche Bundesregierung folgendermaßen gelöst: Die zweite Hälfte der Beiträge erhält die KSK zum einen Teil aus Mitteln des Bundes

---

[30] Laut **www.kuenstlersozialkasse.de/service/ksk-in-zahlen.html** *(abgerufen im Dezember 2018) erzielten Männer zu Beginn des Jahres 2018 nur ein Einkommen von 19.514 Euro und Frauen sogar nur von 14.540 Euro.*

145

und zum anderen Teil treibt sie Abgaben bei Verwertern von künstlerischen und publizistischen Werken ein, somit bei denjenigen, die künstlerische Arbeiten in Auftrag gegeben haben und sie nutzen. Hier fangen die Schwierigkeiten an. Wegen der mangelnden Bereitschaft der Verwerter, ihre Abgaben zu entrichten, hat die KSK Probleme, sich zu finanzieren.

Von der Anwaltskanzlei, die eine Sympathiefigur für ihre Visitenkarten bestellt, bis hin zu den mittelständischen Betrieben, die sich einen animierten Imagefilm über ihre Produktion leisten, müssen Auftraggeber einen zusätzlichen Betrag auf die Rechnungen ihrer künstlerischen oder publizistischen Auftragnehmer an die KSK entrichten: die sogenannte *Künstlersozialabgabe*. Dafür, dass sie das als gesetzliche Pflicht eingeführt hat, wird die KSV scharf kritisiert, denn sie erhöht damit indirekt die Kosten für künstlerische Aufträge. Ihre fördernden finanziellen Leistungen für kreative Selbstständige werden als ungerecht empfunden, da andere kleine Selbstständige in nicht-kreativen Berufen nicht von einer staatlichen Unterstützung bei ihrer Absicherung profitieren. Außerdem ist für Verwerter oft schwer verständlich, dass sie die Künstlersozialabgabe sogar dann bezahlen müssen, wenn die beauftragten Kreativen gar nicht Mitglieder in der KSK sind.

Sogar etliche KSV-Versicherte sind unzufrieden. Insbesondere einige Designerinnen und Designer unter den Kreativen fühlen sich gegängelt, da sie der Meinung sind, für ihre Versicherungen durchaus selbst aufkommen zu können, und befürchten, dass es ihre Auftragslage verschlechtern könnte, wenn Kunden sie nach ihrer KSK-Mitgliedschaft fragten und dann aus Angst vor unerwarteten Zusatzkosten eventuell von einem Auftrag zurücktreten würden.

Von der Seite der KSK selbst wurde kritisiert, dass es für die personell knapp ausgestattete KSK äußerst schwierig und organisatorisch aufwendig sei, die korrekte Entrichtung der Künstlersozialabgabe durch die Verwerter zu überprüfen, die für die Finanzierung der Künstlersozialkasse unerlässlich ist. Seit 2013 werden die Kontrollen der Verwerter deshalb von Seiten der mit Personal deutlich besser versorgten *Deutschen Rentenversicherung* (DRV) vorgenommen, deren Aufwand dabei angeblich jedoch in keinem Verhältnis zu den eingenommenen Beträgen stehen soll, da die verstärkten Prüfungen bei Verwertern durch die DRV neben dem erhöhten personellen zudem einen höheren finanziellen Aufwand mit sich bringen würden. Die niedrigen Einkommen der Kreativen sprechen allerdings dafür, dass die KSV nach wie vor extrem wichtig ist und sich darum alle Kreativen um die vorgeschriebene Mitgliedschaft bemühen sollten.

DIE KÜNSTLERSOZIALABGABE

Unwissenheit schützt nicht vor Rechtsverstößen. Das gilt ebenso für die Beitragspflicht der Verwerter, der sie unaufgefordert nachzukommen haben. Viele Auftraggeber künstlerischer Leistungen haben aber noch nie etwas von der Künstlersozialabgabe gehört und fühlen sich teilweise sogar hintergangen, wenn sie erfahren, dass deren Kosten auf die Honorare des Auftrags obendrauf gesattelt werden. Aus diesem Grund ist es generell angebracht, eure Kunden auf die KSK und die mit ihr verbundenen Gebühren hinzuweisen, obwohl ihr eigentlich gesetzlich dazu nicht verpflichtet seid. Es ist ein Entgegenkommen euren Kunden gegenüber, wenn ihr sie darüber informiert, auch wenn sie das erst mal erschrecken könnte. Eine deutliche

---

KÜNSTLERSOZIALABGABE

Im Jahr 2019 liegt die Künstlersozialabgabe wie bereits in 2018 bei **4,2 Prozent** der von Auftraggebern an selbstständige Kreative bezahlten Honorare. Sie war schon mal deutlich höher. In den Jahren 2014 bis 2016 betrug sie 5,2 Prozent.

Erhöhung der Kosten ist bei einem einzelnen Auftrag jedoch nicht wirklich zu befürchten. Manche werden nur deswegen unangenehm überrascht, wenn sie bereits seit Jahren Aufträge an freiberufliche Kreative vergeben, ohne Bescheid gewusst zu haben, und nun zu Recht befürchten, plötzlich eine größere Summe an die KSK abführen zu müssen. Die DRV führt im Auftrag der KSK Betriebsprüfungen durch und kann dann einen entsprechenden Betrag für nicht abgeführte Künstlersozialabgaben für einige Jahre rückwirkend einfordern, denn die Nachweise über die Beitragspflicht sind bis zu fünf Jahre aufzubewahren. Zwar verjähren die Ansprüche der KSK an die Beitragszahler nach vier Jahren, dennoch kann ein empfindliches Bußgeld über das in seiner Abgabepflicht säumige Unternehmen verhängt werden.

In unseren Musterverträgen sowie in den Muster-**AGB** wird auf die Existenz der Beitragspflicht des Auftraggebers zur Künstlersozialabgabe explizit hingewiesen. Wenn ihr die Muster verwendet, habt ihr somit Klarheit bei euren Kunden hergestellt. Wenn sie noch nie etwas von der Künstlersozialversicherung gehört haben, empfiehlt es sich, ihnen einen schriftlichen Hinweis mit einem Link, beispielsweise auf die Website der KSK, zu geben und sie zu bitten, sich dort genau zu informieren. Es ist schon vorgekommen, dass sich Kunden entweder nicht zur Künstlersozialabgabe verpflichtet fühlten, wenn die beauftragten Kreativen gar nicht in der KSK waren, oder die Künstlersozialabgabe vom Honorar abziehen wollten. Dies ist in jedem Fall ungesetzlich. Der Auftraggeber muss nur dann **keine** Künstlersozialabgabe entrichten, wenn er statt einer oder einem Freischaffenden eine Körperschaft beauftragt, wie beispielsweise ein Comicstudio, das sich die Rechtsform beispielsweise einer GbR oder GmbH gegeben hat – auch wenn sie vielleicht nur aus zwei Leuten besteht.

Im Übrigen seid ihr selbst ebenfalls zur Künstlersozialabgabe verpflichtet, wenn ihr anderen freiberuflichen Kreativen Aufträge erteilt. Das kann beispielsweise bei einem Comicprojekt der Fall sein, in dem z.B. eine Autorin als Initiatorin eines Buchprojekts auftritt und eine Zeichnerin sowie eine Koloristin mit der Umsetzung ihres Stoffs beauftragt. Wenn sie jedoch wiederum im Auftrag eines Auftraggebers handelt, haben wir in unseren Musterverträgen und **AGB** eine Klausel eingefügt, in denen der Auftraggeber und nicht wie in diesem Fall die Autorin zur Künstlersozialabgabe gegenüber den beauftragten Miturheberinnen verpflichtet wird.

VORAUSSETZUNGEN UND PFLICHT ZUR MITGLIEDSCHAFT

Grundsätzlich sind alle, die für die Mitgliedschaft in der KSK infrage kommen, **verpflichtet** in die KSK einzutreten. Die KSV ist somit eine Pflichtversicherung für die betroffenen Berufsgruppen. Um in die KSK aufgenommen zu werden, ladet ihr einen Anmeldebogen[31] auf der Website der KSK herunter, füllt ihn aus und schickt ihn ab. Als soziale Einrichtung verlangt die KSK Nachweise über die künstlerische oder publizistische Tätigkeit, auch eine Mitgliedschaft in einer Krankenkasse muss bereits vorliegen (wir hatten diese Pflicht gegenüber dem Finanzamt bereits bei der Existenzgründung). Die Voraussetzungen für die Aufnahme in die KSK sind Folgende:

- Euer Jahresarbeitseinkommen aus künstlerischer oder journalistischer Tätigkeit liegt über 3.900 Euro.
- Euer Beruf steht auf einer Liste von Tätigkeiten, die im Anmeldebogen vermerkt ist. Comiczeichnerinnen und -zeichner sind hier zwar nicht ausdrücklich erwähnt, aber im Bereich „Bildende Kunst" kann eine entsprechende Berufsbezeichnung unter Punkt „B19" eingetragen werden. Für Co-

---

[31] Link abgerufen am 20. März 2019: *www.kuenstlersozialkasse.de/fileadmin/Dokumente/Mediencenter_ Künstler_Publizisten/Allg._Infos_u._Anmeldeunterlagen/Fragebogen.pdf*

micwriter/Szenaristen gilt das gleiche im Bereich „Wort".

- Eine künstlerische/publizistische Tätigkeit muss die Haupterwerbsquelle sein.
- Ihr seid ein/-e Freiberufler/-in und habt maximal eine Person eingestellt.

VERSORGUNGSWERK DER PRESSE

Für alle Leute, die in der Presse- und Medienbranche beschäftigt sind, gibt es eine eigene Versicherungseinrichtung: das **Versorgungswerk der Presse**, kurz **Presse-Versorgung** genannt. Es besteht nach Vorläufer-Institutionen vor dem Ersten und Zweiten Weltkrieg in seiner modernen Form seit 1949 und gehört den Gesellschaftern *Bundesverband Deutscher Zeitungsverleger*, *Verband Deutscher Zeitschriftenverleger*, *Deutscher Journalisten-Verband* sowie der *Deutschen Journalistenunion* in der Dienstleistungsgewerkschaft **ver.di**.

Die Gesellschafter ziehen einen Teil der Gehälter der angestellten Zeitungsjournalistinnen und -journalisten sowie Beiträge von freiwillig Versicherten ein (wie beispielsweise von Selbstständigen im Bereich Comic, Cartoon und Karikatur) und bilden daraus eine Deckungssumme für die Versicherungsleistungen der Presse-Versorgung. Bei einer aktuellen Verzinsung von 4 % der Überschussbeteiligung werden Gewinne erwirtschaftet, die durch den vollständigen Verzicht der Gesellschafter auf ihre Dividenden ausschließlich ihren Versicherten zugutekommen. Dabei gelten für die Versicherten der Presse-Versorgung keine Einschränkungen, die andere Versicherungsunternehmen ihren Kunden üblicherweise auferlegen wie beispielsweise bei Schäden durch Kriegseinwirkungen, mit denen es Korrespondenten/-innen in Krisengebieten und kriegführenden Ländern u.U. zu tun bekommen können.

Die Leistungen der Presse-Versorgung bestehen in allen Produkten aus dem Bereich der Lebensversicherung: Altersvorsorge, Berufsunfähigkeit, Hinterbliebenenversorgung etc. Dabei sind diese Versicherungen nicht nur für Journalistinnen und Journalisten, sondern ebenfalls für den erweiterten Personenkreis aller in der Medienwirtschaft Beschäftigten gedacht. Unter diese Kategorie fallen somit Grafiker/-innen, Karikaturist/-innen und Illustrator/-innen, auch wenn sie selbstständig sind. Die Presseversorgung bietet dieser Zielgruppe ihre Versicherungen zu vorwiegend günstigeren Konditionen an als gängige Versicherungsanbieter.

Die Lebensversicherungen der Presse-Versorgung werden in Hinsicht auf ihre Renditen auf dem Lebensversicherungsmarkt als attraktiv bewertet und können zusätzlich neben der Künstlersozialversicherung abgeschlossen werden. Wer deshalb gerne eine Lebensversicherung abschließen möchte und beruflich dafür infrage kommt, sollte die Presse-Versorgung in die Überlegungen mit einbeziehen. Die eigene Familie kann hier beispielsweise noch mitversichert werden.

BERUFSGENOSSENSCHAFT ENERGIE TEXTIL ELEKTRO MEDIENERZEUGNISSE

Die frühere „Berufsgenossenschaft Druck und Papier" wurde 2010 mit anderen Berufsgenossenschaften zur „Berufsgenossenschaft Energie Textil Elektro Medienerzeugnisse" (BG ETEM) zusammengeschlossen und ist eine Pflichtversicherung, in der neben Unternehmen der Branchen Energie, Textil, Elektro und Medien auch freiberufliche Fotografen/-innen, Grafiker/-innen und Illustratoren/-innen versichert sein müssen. Als Sozialversicherung gehört sie der gesetzlichen **Unfallversicherung** an, die Berufsunfälle und -krankheiten verhüten und bei Eintritt des Versicherungsfalls die gesundheitliche Wiederherstellung ihrer Mitglieder finanzieren soll.

Eine Mitgliedschaft ist für alle betroffenen Freiberufler/-innen **verpflichtend**, soweit sie ihre Tätigkeit über mehr als 800 Arbeitsstunden pro Jahr betreiben. Unter 800 Arbeitsstunden entfällt diese Pflicht.

Die Unternehmen versichern ihre Angestellten in den für die jeweilige Branche gültigen Gefahrentarifen. Da die BG ETEM z.B. u.a. für Druckereien zuständig ist, gilt in diesen Betrieben aufgrund der Arbeit an den Druckmaschinen eine relativ hohe Gefahrenklasse, die bei den in Büros arbeitenden künstlerischen Mitarbeiterinnen und Mitarbeitern dagegen nicht gegeben ist. Für Büroarbeit gilt die niedrigste Gefahrenklasse und damit eine entsprechend niedrige Beitragshöhe. Derzeit (November 2018) beträgt der Jahresbeitrag für freiberufliche Mitglieder (Gefahrenklasse 1: Büroarbeit) in der niedrigsten Versicherungssumme (26.400 Euro) 80 Euro. Die Leistungen der BG ETEM werden ausschließlich bei Betriebsunfällen und Berufskrankheiten gezahlt. Dazu gehören Autounfälle beispielsweise bei Kundenbesuchen, die mit dem eigenen Pkw durchgeführt werden. Ebenso sind Unfälle bei betriebsbedingten Einkaufstouren dazuzurechnen.

WEITERE VERSICHERUNGEN

Als selbstständigen Profis drohen euch neben Erkrankungen und dem Rentenalter weitere Missgeschicke, die ihr mit Versicherungen abfedern könnt, wie Klagen, Berufsunfähigkeit, Auftragsflaute und etliche weitere Risiken. Generell raten wir davon ab, euch mit einem Haufen weiterer Versicherungspolicen einzudecken, denn die damit verbundene finanzielle Belastung kann vor allem in den Anfangsjahren und in Zeiten schwächerer Umsätze ganz schön aufs Budget drücken. Pflichtversicherungen sind sinnvoll und kosten bereits einen beträchtlichen Teil eurer Einnahmen. Damit könnt ihr es zunächst bewenden lassen. Dennoch wollen wir ein paar weitere Versicherungen vorstellen, über die ihr vielleicht bereits nachgedacht habt.

HAFTPFLICHTVERSICHERUNG

Die Haftpflicht, genauer gesagt die **Betriebshaftpflichtversicherung**, greift bei Sachschäden, die durch die Versicherten bei ihren Kunden verursacht werden. Hier ein Beispiel: Durch von euch fehlerhaft erstellte Druckdaten muss eine Auflage eines Kundenmagazins mit eurem Comic neu gedruckt werden

und wird außerdem dadurch noch verspätet ausgeliefert. Euer Kunde wird davon ausgehen, dass ihm ein nicht unerheblicher Schaden durch euer Verschulden entstanden ist, und euch eine berechtigte Schadensersatzforderung stellen. Solche Forderungen können in ihrer Höhe existenzbedrohlich sein, schließlich kommen eventuell nicht nur die erhöhten Herstellungskosten auf die Rechnung, sondern auch entgangene Marktvorteile wie beispielsweise ein terminierter Messeauftritt, auf dem die Verteilung des Comics geplant war. Ganz davon abgesehen, dass sich hierfür ein realistisch entstandener Schaden nur schwer berechnen lässt, sind dem Kunden dennoch Nachteile entstanden, für die ihr nun die Kosten übernehmen sollt. Ohne eine entsprechende Haftpflichtversicherung müsst ihr das aus eurer eigenen Tasche zahlen.

Obwohl es sich um eine Haft**pflicht**versicherung handelt, ist sie dennoch für unsere Berufsgruppe keine „Pflichtversicherung" in dem Sinne, dass wir verpflichtet sind eine abzuschließen. Wir raten sogar davon ab, sich die relativ teuren Versicherungspolicen zu leisten, da ihr Versicherungsschutz erlischt, wenn die Raten nicht regelmäßig bezahlt werden. Kosten für Drucke steigen heutzutage nicht mehr in astronomische Höhen und lassen sich zur Not noch aus dem Ersparten bestreiten, auch werden technische Fehler dank der fortschreitenden Intelligenz in der Produktion immer seltener. Betriebshaftpflichtversicherungen gehen mit der Zeit dagegen ganz schön ins Geld und belasten euer Konto dauerhaft. Eigentlich sind sie eher für Handwerker und Ingenieure interessant, da sich hier Schadenssummen in besonders großer Höhe ergeben können, wenn ihr mal an handwerkliche Fehler bei Bauwerken denkt.

Eine private Haftpflicht oder Kfz-Haftpflicht, die ihr vielleicht schon habt, ist im Übrigen mit einer Betriebshaftpflicht nicht vergleichbar und schützt zumeist nicht vor beruflichen Schadensfällen. Und noch eins:

Haftpflichtversicherungen schützen außerdem in der Regel nicht in Fällen, bei denen der Schaden bereits angerichtet worden ist, sie müssen deshalb deutlich vorher abgeschlossen worden sein. Das gilt nebenbei bemerkt im Allgemeinen für die meisten Arten von Versicherungen.

RECHTSSCHUTZVERSICHERUNG

Die meisten Freiberufler/-innen kommen irgendwann in ihrem Berufsleben an den Punkt, an dem ihnen einmal ein (Ex-)Kunde seine Rechnung unberechtigterweise kürzt oder gleich gar nicht zahlt. Das kommt leider nicht selten vor, und erfahrene Kolleginnen und Kollegen können ein Lied davon singen. Nach dem ersten Ärger wird dann oft der Schritt zu einer gerichtlichen Klage unternommen. Das vorgeschaltete Mahnverfahren haben wir schon im vorigen Kapitel behandelt. Wenn der Kunde dagegen Widerspruch einlegt und sich weiterhin weigert zu zahlen, geht eine Durchsetzung eures Rechtsanspruchs nur noch über den Klageweg. Dabei solltet ihr euch natürlich fragen, ob der Betrag auf der Rechnung die Auseinandersetzung wert ist. Einige Anwälte behaupten, dass erst ein Streitwert ab etwa 4.000 Euro für einen Prozess Sinn macht. Darunter ist das Risiko zu hoch, bei relativ hohen Verfahrenskosten leer auszugehen, evtl. bei einem Vergleich noch zusätzlich Gerichts und Anwaltskosten am Hals zu haben und dazu die eigenen Nerven zu ruinieren.

Abhilfe schafft eine **Rechtsschutzversicherung** (RV). Sie übernimmt sämtliche Kosten des Falls, auch wenn die Sache nicht gut für euch ausgehen sollte. Der Preis einer Versicherungspolice für uns Freiberufler ist allerdings hoch, denn unsere Berufsgruppe ist besonders anfällig dafür, Prozesse führen zu müssen. Die hohe Wahrscheinlichkeit eines eintretenden Versicherungsfalles treibt die Beitragskosten in die Höhe. Wer schwierige Kunden hat und alle halblang mit Streitfällen konfrontiert wird, sollte die Kosten abwägen und sich eine zulegen. Ebenso

wie die Haftpflicht schützt eine RV nur bei Streitfällen, die bei Abschluss noch nicht entstanden sind. Die Kosten für laufende Verfahren übernimmt sie in der Regel nicht. Viele Versicherungen haben außerdem eine Sperrfrist/Wartezeit (meistens drei bis vier Monate) festgelegt, in der man die Versicherung nur bedingt oder gar nicht in Anspruch nehmen kann. Es ist deshalb angebracht, sich bezüglich dieser Konditionen genau zu informieren. Im Übrigen könnt ihr über eine Mitgliedschaft in der **IO** den Schutz einer RV beziehen.

ARBEITSLOSENVERSICHERUNG

Für Selbstständige gehört die Arbeitslosenversicherung als einzige Sozialversicherung nicht zu den Pflichtversicherungen. Dennoch könnt ihr euch als Freiberufler auf freiwilliger Basis gegen Arbeitslosigkeit versichern. Dazu müsst ihr bis spätestens drei Monate nach der Anmeldung eurer Selbstständigkeit bei der örtlichen Agentur für Arbeit einen entsprechenden Antrag stellen. Nach diesem Zeitraum ist ein Abschluss einer Arbeitslosenversicherung nicht mehr möglich. Bevor ihr den Antrag stellt, müsst ihr bereits eine Phase der Versicherungspflicht beispielsweise als Angestellte über mindestens zwölf akkumulierte Monate der letzten zwei Jahre vorweisen können, die Grundvoraussetzung für einen Anspruch auf das Arbeitslosengeld I ist. Außerdem solltet ihr mehr als 15 Stunden in der Woche in eurem Beruf tätig sein.

Die monatlichen Beiträge liegen 2019 bei einem Betrag von 77,88 Euro in den alten und von 71,75 Euro in den neuen Bundesländern. Als Existenzgründer müsstet ihr in den ersten beiden Jahren dabei nur 50 % der Beitragskosten bestreiten.

Die Arbeitslosenversicherung hilft, wenn euch die Aufträge wegbrechen. Dabei habt ihr Anspruch auf ein Entgelt, sobald eure beruflichen Beschäftigungszeiten unter 15 Stunden die Woche fallen. Dann könnt ihr beispielsweise als Steuerzahler der Steuerklasse III mit einem monatlichen Arbeitslosenentgelt von 897,00 Euro rechnen, falls ihr ohne Berufsausbildung seid, und mit 1.585,80 Euro, falls ihr einen Hochschulabschluss habt (das Berechnungsbeispiel wird ausführlich in der Textbox auf dieser **Seite unten** dargestellt). Ob sich für euch eine Arbeitslosenversicherung angesichts der nicht gerade geringen monatlichen Beiträgen lohnt, lassen wir offen stehen, denn das Arbeitslosengeld II („Hartz IV"), auf das ihr unter Umständen schon ohne Arbeitslosenversicherung Anspruch hättet, liegt möglicherweise nicht sehr weit unter den euch aus der Versicherung zustehenden monatlichen Leistungen. Am besten erkundigt ihr euch bei der für euch zuständigen Arbeitsagentur nach den Möglichkeiten.

Die nur bei der Arbeitsagentur verfügbare freiwillige Arbeitslosenversicherung solltet ihr nicht verwechseln mit der Option einer *privaten Arbeitslosigkeitsversicherung* (oft *Arbeitslosenschutzversicherung* genannt), die von privaten Versicherungsträgern angeboten wird und ausschließlich angestellt Beschäftigten zugute kommen soll. Sie dient vornehmlich zur Absicherung von privaten Krediten sowie Schuldendiensten oder soll eine Einkommenslücke ausgleichen, die auf die Versicherungsnehmer im Fall der Arbeitslosigkeit zukommen wird, denn das Arbeitslosengeld I liegt nur bei 60 % des akkumulierten Nettoverdiensts und bedeutet für die meisten dann eine extreme Einschränkung ihres Konsums und Lebensstandards.

LEBENSVERSICHERUNG

Lebensversicherungen (LV) gehören zu den geläufigsten Versicherungsprodukten und sichern eure Angehörigen im Falle eures Todes oder euch bei einer Erwerbsminderung durch gesundheitliche Gründe ab oder können eine Altersversorgung darstellen.

Die **Kapital-LV** ist eine Option, wenn die Altersvorsorge abgesichert werden soll. Obwohl in unseren Berufsgruppen bereits die Notwendigkeit der Anmeldung bei der Künstlersozialversicherung gegeben ist, welche die Altersvorsorge über die gesetzliche Rentenversicherung mit abdeckt, ist dennoch zu erwarten, dass eine Versorgungslücke entsteht, denn die staatlich garantierte Rente dürfte für die meisten eher knapp ausfallen und möglicherweise das Risiko der Altersarmut hervorrufen. Eine Maßnahme zur Absicherung des gewohnten Lebensstandards wurde lange Zeit durch kapitalbildende LVs abgedeckt, die jedoch dank der Finanzkrise inzwischen nur noch recht geringe Renditen abwerfen.

ARBEITSLOSENGELD IN DER FREIWILLIGEN ARBEITSLOSENVERSICHERUNG[32]

Laut dem aktuellen Hinweisblatt der Arbeitsagentur wird die Höhe des monatlichen Arbeitslosengeldes in der Steuerklasse III/60 Prozent (ohne Kind) für das Jahr 2019 in Abhängigkeit von vier Qualifikationsgruppen berechnet:

- Hoch-/Fachhochschule (Q-Gruppe 1)   1.585,80 €
- Fachschule/Meister (Q-Gruppe 2)   1.371,90 €
- Abgeschlossener Ausbildungsberuf (Q-Gruppe 3)   1.151,10 €
- Keine Ausbildung (Q-Gruppe 4)   897,00 €

---

[32] *Quelle: Agentur für Arbeit. Link abgerufen am 12. Februar 2019: con.arbeitsagentur.de/prod/apok/ct/dam/download/documents/Hinweis-ALV_ba013509.pdf*

Die **Risiko-LV** ist vor allen Dingen zur Absicherung der Hinterbliebenen vorgesehen, allerdings gibt es die **Berufsunfähigkeitsversicherung** (BU), die ebenfalls eine Risiko-LV und für unsere Belange im Erlebensfall von einer gewissen Bedeutung ist. Als Risiko-LV zahlt die BU im Todesfall den Begünstigten, Erben oder Angehörigen der oder des Versicherten eine vertraglich festgelegte Summe aus. Ihr eigentlicher Zweck besteht jedoch darin, der oder dem Versicherten im Fall einer Erwerbsminderung eine Rente während des vertraglich vereinbarten Leistungszeitraums auszuzahlen. Die BU deckt dann u.a. euren Lebensunterhalt bei einer *Erwerbsminderung* ab. Mit Erwerbsminderung ist eine aus gesundheitlichen Gründen bestehende teilweise oder vollständige, vorübergehende oder andauernde Unfähigkeit gemeint, der Erwerbstätigkeit nachzugehen. Da die staatliche Unterstützung bei Erwerbsminderung relativ niedrig ausfällt, soll die Berufsunfähigkeitsrente ein Abrutschen in die soziale Hilfsbedürftigkeit ausschließen.

Wenn ihr aufgrund einer Erwerbsminderung kein Einkommen erzielen könnt, bezieht ihr normalerweise eine staatliche Rente in Höhe eurer aktuellen Rentenansprüche. Das kann unter Umständen bedeuten, dass ihr das Existenzminimum davon nicht bestreiten könnt und eine Grundsicherung beantragen müsst. Unserer Ansicht nach sollte eine BU dennoch nur dann abgeschlossen werden, wenn die Notwendigkeit besteht, relativ hohe Lebensunterhaltskosten ohne Risiko bestreiten zu können und ein entsprechend gutes Einkommen im Versicherungsfall zu ersetzen. In einem solchen Fall kann eine BU durchaus sinnvoll sein.

Für das Risiko einer Erwerbsminderung ist im übrigen die Berufsgenossenschaft BG ETEM (siehe **Seite 148**) ebenfalls zuständig. Allerdings werden Rente und Reha-Maßnahmen durch die Berufsgenossenschaft nur dann gewährt, wenn der gesundheitliche Schaden, der zur Erwerbsminderung geführt hat, in der beruflichen Ausübung entstanden ist. Wer eine BU eingehen will, muss eine wahrheitsgemäße und genaue Auskunft über den eigenen gesundheitlichen Zustand abgeben. Denn danach und nach dem Lebensalter richtet sich die Höhe der Versicherungsbeiträge. Je nach Versicherungsunternehmen kann euer individuelles Krankheitsbild bewirken, dass ihr u.U. gar keine BU erhaltet.

Wer grundsätzlich an einer Lebensversicherung interessiert ist, sollte prüfen, ob für sie oder ihn die Produkte der Presse-Versorgung (siehe **oben**) geeignet sind. Sie sind auf den Bedarf der Medienschaffenden optimiert und liegen in ihren Renditen eigenen Angaben zufolge über dem Durchschnitt herkömmlicher Lebensversicherungen.

RIESTER-RENTE

Die Riester-Rente ist im Jahr 2002 in Deutschland eingeführt worden, weil die Höhe der gesetzlichen Rente bei den meisten Angestellten im Alter nicht mehr als ausreichend garantiert werden konnte. Deshalb wurde mit der Riester-Rente eine private Möglichkeit des Vermögensaufbaus mit staatlicher Förderung eingerichtet. In den Paketen der Riester-Rente befinden sich Anlageprodukte, die eine Prüfung und Zertifizierung als Altersvorsorgeverträge durch die BaFin (Bundesanstalt für Finanzdienstleistungsaufsicht) durchlaufen haben. Der Staat fördert diese Anlageprodukte durch einen monatlichen Zuschuss. Ihr könnt euch auf der Homepage des Bundesministeriums für Arbeit und Soziales eine Broschüre[33] downloaden, die euch über weitere Details der Riester-Rente informiert. Für uns Kreative im Bereich Comic, Cartoon und Animation ist wichtig zu wissen, dass wir als Mitglieder der Künstlersozialkasse in jedem Fall Anspruch auf die Riester-Förderungen des Bundes haben, obwohl Selbstständige ansonsten nicht zu ihrer Zielgruppe gehören.

---

[33] *Link abgerufen am 12. März 2019: www.bmas.de/DE/ Themen/Rente/Zusaetzliche-Altersvorsorge/zusaetz liche-altersvorsorge.html*

TEIL 4
BETRIEBSKOSTEN

4 BETRIEBSKOSTEN

In diesem Kapitel nennen wir konkrete Zahlen. Uns ist bewusst, dass es ein fehlgeleiteter Ansatz wäre, allgemeingültige Richtlinien für die Bepreisung von Aufträgen in der Kreativ-Branche festlegen zu wollen. Wir möchten stattdessen das Augenmerk auf eigene Berechnungen lenken und raten zur Ermittlung eines Stundensatzes.

Wir stellen keine bereits eingespielten Geschäftsverhältnisse infrage und empfehlen allen, nicht der Versuchung zu verfallen, die unter **Teil 5: Honorar** dargestellten Listen unüberlegt in alle möglichen Geschäfte zu übernehmen. Wir wollen vielmehr anregen, dass sich alle selbst genau durchrechnen, was im Rahmen des Möglichen liegt und wo sich die eigenen Grenzen befinden. Der Markt ist in Bewegung, und die meisten Projekte können ein durchaus gutes Einkommen bescheren. Den Anfang bildet der eigene Kostenapparat. Ihr solltet damit beginnen, das persönliche finanzielle Budget zu ermitteln, das regelmäßig aufzubringen ist, um eure eigene Existenz und vielleicht die weiterer Familienmitglieder sichern zu können.

In den vorangegangenen Kapiteln haben wir wiederholt darauf hingewiesen, dass für die Preisfindung im Einzelfall – neben zahlreichen anderen Kriterien – stets die vorherige Ermittlung des sogenannten „Eigenwerts" bzw. des Standard-Stundensatzes, welchen ihr für euch und eure Leistung als Berechnungsgrundlage verwendet, eine fundamentale Rolle spielt.

Dieser Eigenwert basiert zum einen auf eurer Erfahrung, dem Grad eurer Spezialisierung und eurer ganz persönlichen Selbsteinschätzung. Ihr solltet euch bei dieser Selbsteinschätzung jedoch nicht nur von Wünschen und individuellen Vorstellungen leiten lassen, sondern euch zuvorderst an zwei grundlegenden Aspekten orientieren: am Vergleich mit ähnlich qualifizierten Kollegen sowie an der eigenen Betriebsausgabenrechnung.

BETRIEBSAUSGABENRECHNUNG

Mit dem Begriff **Betriebsausgaben** bezeichnen wir die Aufstellung sämtlicher mit der Person des Kreativen und seiner kreativen Leistung in Zusammenhang stehenden Investitionen und Kosten. Nur eine solche umfassende Auflistung macht es uns möglich, eine realistische Vorstellung unserer tatsächlichen wirtschaftlichen Situation als freischaffende Kreative zu erlangen. Bevor ihr euch daran macht, einen Stunden- oder Tagessatz als Grundlage für eure Honorararbeitsrechnungen festzulegen, solltet ihr auf alle Fälle anhand einer solchen Betriebsausgabenrechnung klären, wie hoch die Ausgabenbelastung bei der Ausübung eures Berufs liegt.

Natürlich fällt diese Rechnung für jeden Kreativen unterschiedlich aus, und so können hier keine verbindlichen Standards aufgestellt oder gar allgemeingültige Stunden- oder Tagessätze festgelegt werden. Zu viele Variablen sind dabei im Spiel. Trotzdem aber wollen wir versuchen, zumindest eine Liste all der Aspekte zur Verfügung zu stellen, die bei einer solchen Betriebsausgabenrechnung miteinbezogen werden sollten.

I. AUSGABEN, DIE NICHT DIREKT IN RECHNUNG ZU STELLEN SIND:

- **Arbeitsmaterial**: hier vor allem allgemeine Materialkosten wie Büromaterial, Reinigungsmittel oder Instandhaltungsmaterial (also kein Material, welches ihr evtl. über den einzelnen Job explizit mit abrechnen könnt)
- **Werbungskosten**: selbst genutztes Material und Kosten für die Akquisetätigkeit (Visitenkarten, Flyer, Hostingkosten, Fahrtkosten, Ausdrucke für die Arbeitsmappe etc.) sind unter diesem Posten zu verbuchen
- **Buchhaltungs- und Beratungskosten**: Steuerberatung, evtl. in Anspruch genommener Buchhaltungsservice etc.
- **Büro-/Atelierkosten**: Miete oder Amortisation bei Eigentum, Heizung, Strom, Wasser, Reinigung, sonstige Nebenkosten
- Amortisation des **technischen Equipments**: Hardware, Software, Kameras etc.
- technische **Wartungskosten** für Computer, Netzwerk etc.
- **Kommunikationskosten**: Telefon-/Internet-Anschlüsse, Porto- und Kurierkosten
- **Beiträge zu Kranken- und Sozialversicherungen** (ggf. Künstlersozialkasse o.ä.)
- **weitere Versicherungskosten**: Rechtsschutzversicherung, Berufsunfähigkeitsversicherung etc.

II. WEITERE AUSGABEN NACH INDIVIDUELLEM ERMESSEN:

- angemessener **Beitrag zur privaten Altersvorsorge**
- **Amortisation** evtl. aufgewendeter **Ausbildungskosten** nach Ermessen
- **Amortisation für Kfz** bzw. regelmäßig entstehende **Beförderungskosten**
- **Weiterbildungskosten** wie Kurse, Fernkurse, Bücher und Lehrmaterial

III. ZEITAUFWAND, DER NICHT IN RECHNUNG GESTELLT WERDEN KANN:

Hierfür schätzen wir, dass ein regulär ausgelasteter Freischaffender ca. 30 %[34] der Gesamtarbeitszeit auf die genannten Positionen verbuchen muss.

- **Akquise** (und damit verbundene **Reisekosten**)
- **Weiterbildung**
- **Buchführung**
- **Materialeinkaufsfahrten**
- **Allgemeine Recherchen**

Um auf Basis all dieser Faktoren zu einer durchschaubaren Kalkulation zu gelangen, bietet es sich an, alle unter I. und II. genannten Ausgaben des vergangenen Jahres zusammenzurechnen und ein monatliches Mittel festzulegen. Wenn ihr noch nicht auf ein volles Jahr Geschäftstätigkeit zurückblicken könnt, könnt ihr immerhin davon ausgehen, dass fast alle dort aufgeführten Faktoren im Allgemeinen ohnehin auf monatlich zu leistenden Beiträgen und Zahlungen basieren. Deshalb sollte diese Berechnung für euch kein Problem sein. Bei flexiblen Faktoren wie Kommunikationskosten, Weiterbildung etc. solltet ihr versuchen, einen realitätsnahen Mittelwert zugrunde zu legen. Der sich aus dieser Kalkulation ergebende Gesamtbetrag bezeichnet die durchschnittlichen monatlichen Betriebsausgaben (= **Faktor A** – heißt auch Sockelbetrag der sogenannten *Fixkosten*).

Dieser wird nun zusammen mit der durchschnittlich zu erwartenden Steuerlast von den Einnahmen abgezogen, die durchschnittlich in einem Monat erzielt werden: **Faktor B** – Einkommensteuer, Gewerbesteuer, evtl. fällige Grund- oder sonstige Besitzsteuern, Kirchensteuer, Solidaritätsabgaben etc. Hier sind etliche Beträge wie Studiomiete, Material- und Fahrtkosten etc. steuerlich abzugsfähig. Der Einfachheit halber lassen wir das

---

[34] *Designerverbände wie die **AGD** und der **BDG** legen sogar mehr als 40 % der täglichen Arbeitszeit für nicht abrechnungsfähige Arbeiten nahe.*

155

bei unseren beispielhaften Berechnungen jedoch außen vor. Der Besuch bei einem Steuerberater ist an dieser Stelle unumgänglich. Wir ermitteln zunächst unser Netto-Einkommen, welches dem Netto-Lohn einer/eines Angestellten entspricht.

Als Freischaffende werdet ihr euch verdutzt die Augen reiben, wenn ihr tatsächlich einmal vorgenannte Rechnung konsequent durchspielt und feststellt, dass ihr in manchen Monaten kaum die Summe der Faktoren A und B erwirtschaften konntet, euch de facto kaum ein nennenswerter Nettoertrag übrig bleibt. Solltet ihr demgegenüber jedoch eine konkrete Zielvorstellung bezüglich eures gewünschten Nettoeinkommens

haben (die z.B. auf einem Vergleich mit im grafischen und Verlagsgewerbe tätigen Angestellten ähnlicher Qualifikation beruhen kann), so gilt es nun, auf Basis der Faktoren A und B (letzterer ist natürlich von der Höhe des generierten Einkommens abhängig und somit ein etwas schwierig zu berechnender Faktor) und unter Berücksichtigung des Prozent-Faktors aus III. einen Mindeststunden- bzw. Tagessatz zu ermitteln.

Als zusätzliche Position in dieser Kalkulation empfehlen wir, einen stabilen Vermögensaufbau als finanzielles Polster einzuplanen. Diese Sicherheit solltet ihr euch als Kreative unbedingt zulegen, denn in unseren Berufen war und ist immer wieder mit Zeiten

---

(STARK VEREINFACHTE) BEISPIELRECHNUNG

Nehmen wir einmal an, wir möchten (ausgehend vom Vergleich mit angestellten Kolleginnen und Kollegen sowie auf der Basis einer fundierten Ausbildung) ein monatliches **Nettoeinkommen** von **2.500 Euro** erreichen, unsere individuelle auf den Monat heruntergebrochene Betriebsausgabenrechnung hat für den **Faktor A** (Summe aus I. und II.) ebenfalls einen Betrag von durchschnittlich **2.500 Euro** ergeben und wir gehen — aufgrund unserer individuellen steuerrechtlichen Situation — von einer **Steuerlast** von etwa **25 Prozent** aus, so ergibt sich folgende Rechnung:

gewünschtes Nettoeinkommen	2.500 €
+ Betriebsausgaben Faktor A	2.500 €
+ Rücklage	500 €
= gewünschter Betriebsertrag	5.500 €
Zzgl. 25 % erwartete Einkommensteuerlast des Betriebserfolgs (= Gesamtertrag ohne die Betriebsausgaben)	1.000 €
Ergibt einen zu erzielenden monatlichen Gesamtertrag von gerundet	6.500 €

Gehen wir nun monatlich von **22 Arbeitstagen** mit **8 Arbeitsstunden** aus (= 176 Stunden/Monat), wovon wir zwei monatliche Urlaubstage (16 Stunden) und den monatlich anfallenden halben Feiertag (4 Stunden) abziehen, bedenken den unter III. (Zeitaufwand, der nicht in Rechnung gestellt werden kann) erwähnten Faktor von ca. 30 Prozent, so bleiben uns 109 Stunden, um den gewünschten Betriebsertrag zu erwirtschaften.

6.500 €:109 Stunden = **59,63 €/Stunde**
Es ergibt sich also ein Stundensatz von **60 €** und ein Tagessatz von **480 €**.

zu rechnen, in denen wir wenig bis gar keine Aufträge generieren können. Die letzten Krisenjahre (Dotcom-Blase 2000/01, Finanzkrise 2007/08, Eurokrise seit 2010) haben gezeigt, dass es innerhalb relativ kurzer Zeitspannen immer wieder zu wirtschaftlichen Einbrüchen kommen kann, die vor allem in der Kreativbranche einschlagen, denn die Investition in künstlerische Arbeit gilt bei Unternehmen wie Privatleuten immer als entbehrlich, solange andere überlebenswichtige finanzielle Verpflichtungen anstehen. Aus diesem Grund und mangels einer für Freiberufler verfügbaren Arbeitslosenversicherung ist es zwingend erforderlich, eine **Rücklage** zu bilden, die in finanziellen Engpässen die Überbrückung sichern kann.

Wer nun in dem Ausgangsbetrag eines Nettoeinkommens von ca. 2.500 Euro, der dieser Beispielrechnung zugrunde gelegt ist, einen willkürlich und möglicherweise zu hoch angesetzten Wert erkennen mag, dem sei zum einen der rein fiktive Beispielcharakter dieser Rechnung in Erinnerung gerufen und zum zweiten versichert, dass dieser Wert ziemlich genau dem aktuellen durchschnittlichen Nettoeinkommen qualifizierter angestellter Fachkräfte in der Kreativ-Branche entspricht ... und dabei ist noch nicht berücksichtigt, dass diese Angestellten Anspruch auf Urlaub ohne Verdienstausfall, auf das sogenannte Weihnachtsgeld und auf vermögenswirksame Leistungen seitens des Arbeitgebers haben sowie – nicht zu vergessen – eine Arbeitslosenversicherung im Fall der Fälle in Anspruch nehmen können – alles Sicherheiten, auf die Freischaffende keinen Anspruch haben![35]

Wir empfehlen unseren Mitgliedern, bei einer Auslastung von etwa 60 % bis 70 % der Arbeitszeit (= rund 110 Stunden pro Monat) als grundlegenden Stundensatz mindestens

157

einen Betrag von 60 Euro zu kalkulieren. Dieser Stundensatz ist vergleichbar mit einem durchschnittlichen Monatsbruttogehalt von ca. 3.500 Euro bis 4.500 Euro eines angestellten Kommunikationsdesigners. Dieser Basisstundensatz sollte auf den eigenen Bedarf angepasst werden. Wir legen unseren Mitgliedern nahe, mit ihrem Stundensatz auf jeden Fall nicht unter diesen Wert zu gehen.

RESERVEN ANLEGEN

Ein weiterer Gesichtspunkt, der für ein gutes Einkommen spricht: Als Geschäftsleute solltet ihr euer Angebot stetig weiterentwickeln, damit euch Trends nicht davonlaufen und ihr euren Marktwert erhalten könnt. Dazu stehen euch verschiedenen Wege offen: Ihr könnt Kooperationen mit modernen Spezialisten eingehen, mit deren Leistungen ihr euer Angebot erweitern könnt. Oder für euch selbst stehen vielleicht einige Veränderungen an, für die ihr euch einen neuen grafischen Stil oder neue künstlerische Techniken experimentell oder per Ausbildung aneignen möchtet. Vielleicht plant ihr ein Comicalbum oder investiert Zeit in ein anderes sehr langfristig angelegtes Projekt ohne die Möglichkeit einer kurzfristigen Monetarisierung. Solche Möglichkeiten einzuplanen ist überlebenswichtig, da sich die Gewohnheiten der Konsumenten deiner Arbeit zunehmend ebenso grundlegend wie häufig ändern. Die Zeit und das Geld für solche Investitionen stehen euch nur dann zur Verfügung, wenn ihr in euer Einkommen ausreichend hohe Gewinne einplant, damit ihr in diese Entwicklungen investieren könnt. Es hat sich gezeigt, dass nicht nur Finanz- und Wirtschaftskrisen, sondern auch technische und soziale Entwicklungen für Umwälzungen sorgen können, die im Handumdrehen ein ehemals tragfähiges Geschäftsmodell umkrempeln.

Trotzdem kann die vorstehende Beispielrechnung nun selbstverständlich **nicht** als allgemein gültige Standardrichtlinie für alle freischaffenden Kreativen verstanden werden. Ihr solltet anhand euer Betriebsausga-

benrechnung, eures beruflichen und Ausbildungsbackgrounds, eurer Erfahrung in der Branche, eurer steuerlichen und privaten Situation für euch selbst eigene Berechnungen anstellen.

Ein online verfügbare Möglichkeit, euren Stundensatz auszurechnen, bietet der **BDG** (Bund Deutscher Gebrauchsgrafiker) unter dem Link **www.bdg-kalkulator.de** an. Hier könnt ihr verschiedene Modelle durchspielen, je nachdem wie die Lage in besseren oder in schwierigeren Zeiten ist.

Und wie bereits mehrfach in den vorangegangenen Kapiteln bemerkt: Nicht immer ist die Honorarberechnung auf Stundenbasis das beste Verfahren, um im kreativen Prozess entstandene Werke adäquat zu bewerten. Und abermals sei darauf hingewiesen, dass ihr selbstverständlich immer wieder für euch selbst entscheiden solltet, ob und wo ihr von Fall zu Fall evtl. von dem hier ermittelten Satz nach unten abweicht – aus Spaß an der Sache, um einen entsprechenden Zweck zu unterstützen, oder aus individuellen betriebswirtschaftlichen Überlegungen. Ihr könnt einen Job beispielsweise in Teilen als Akquise-Aufwendung verstehen, wenn ein entsprechender Multiplikationseffekt abzusehen ist. Ebenfalls vorstellbar ist eine Situation, in der ihr gemeinsam mit eurem Kunden in die Vorleistung geht, um dann hinterher weiter prozentual am generierten Ertrag des Projekts teilzuhaben.

---

[35] Wenn ihr von der freiwilligen Arbeitslosenversicherung einmal abseht.

TEIL 5
HONORAR

5 HONORAR

Die letzten Kapitel des Ratgebers widmen wir den Preisen. Laut unserer Honorar-Umfrage sind die von **ICOM**-Mitgliedern auf dem Markt erzielbaren Honorare sehr unterschiedlich ausgeprägt und unterscheiden sich im weiteren von den Empfehlungen anderer Kreativen-Verbände, die wir hier zum Vergleich heranziehen. Zu erwarten sind in diesem Kapitel deshalb keine gebrauchsfertigen Preislisten, sondern differenzierte Empfehlungen dieses Ratgebers, das eigene Honorar persönlich festzulegen.

Für unsere Honorarempfehlungen recherchierten wir in verschiedenen Quellen. Die noch immer laufende **ICOM**-Honorarumfrage ist eine davon, die anderen sind offizielle Tarifwerke wie „Bildhonorare" der *Mittelstandsgemeinschaft Fotomarketing*, „Vergütungstarifvertrag für Designleistungen" („VTV-Design") der *Alliance of German Designers* (**AGD**) und das kürzlich erschienene „Honorarwerk Illustration" der *Illustratoren Organisation* (**IO**).

Dass eine gerechte Honorierung vor allem von der Dimension der Nutzung einer kreativen Arbeit abhängig ist, wird vor allem in „VTV-Design" betont und ist z.B. relevant bei der Vergütung von Auftragscomics, die häufig über Pauschalhonorare abgewickelt werden. Im Bereich Comic (Graphic Novel), Manga, Cartoon, Karikatur und Animationsfilm sind Medienunternehmen die üblichen Kooperationspartner, weshalb das Angebotswerk das typische Geschäftsmodell (siehe **1.2: Der Auftrag**) in unseren Branchen darstellt. Anders funktionieren Aufträge, in denen beispielsweise Livezeichnerinnen und Livezeichner für Messen und Events gebucht werden.

5.1 KLEINES GLOSSAR DER HONORARBEGRIFFE

Wer den Ratgeber bis hierher gelesen hat, wird die meisten Begriffe kennen, die wir in diesem Kapitel verwenden und mit denen Honorarfragen verbunden sind. Sie tauchen im Alltag dann und wann auf und stiften dabei die eine oder andere Verwirrung. Am besten nutzt ihr das Glossar nur zum Nachschlagen und springt gleich zu den Leistungskategorien auf Seite 166 weiter.

Es gibt eine große Vielfalt von Honorarbezeichnungen, die in unseren Branchen verwendet werden. Ein paar davon haben wir in alphabetischer Reihenfolge zusammengetragen und erläutern sie an dieser Stelle zusammenfassend.

Absatzhonorar. Nach den Verkaufszahlen (d.h. nach dem Absatz von Waren – z.B. von Graphic Novels) richtet sich das *Absatzhonorar* und ist im Mediengeschäft vorherrschend. Ein Anteil am Nettoladenpreis geht an die Kreativen bzw. an alle, die am Umsatz prozentual beteiligt sind. Dabei besteht nur Anspruch auf die Erlöse durch tatsächlich verkaufte Exemplare. Bleibt die Ware im Geschäftsregal unverkauft liegen und wird nach einer angemessenen Lagerzeit eingestampft, dann besteht kein Anspruch auf Honorierung, da das Absatzhonorar eben mit dem Erlös gekoppelt ist und ein Honorar durch keine entsprechenden Einnahmen abgedeckt wäre. Ausführlich gehen wir auf Seite 19 auf das Absatzhonorar ein.

Abschlagshonorar. Abschläge sind Zahlungen, die noch vor Abschluss des Auftrags und der Lieferung fällig werden. Im Idealfall werden sie zeitlich regelmäßig oder zu jeweils abgegrenzten Projektphasen in Rechnung gestellt. Sie schützen vor kompletten Zahlungsausfällen während länger dauernder Projekte, in deren Verlauf ein Auftraggeber möglicherweise insolvent geworden ist oder vielleicht das Interesse verloren hat. Z.B. können nach folgenden Phasen im Projekt Abschlagshonorare verlangt werden: bei Fertigstellung des Storykonzepts und der Dialoge, nach der Vorzeichnung, nach der Reinzeichnung etc. Springt der Auftraggeber eines Werks im Anschluss an die Fertigstellung ab und erklärt, dass er keine Nutzung mehr beabsichtigt (was sein gutes Recht ist), dann hat er zumindest für die abgeschlossenen Projektphasen Bezahlung geleistet. Abschlagszahlungen sind als Teilzahlungen auf das Gesamthonorar anzusehen. Bei größeren Aufträgen empfiehlt es sich, die erste Teilzahlung als sofort mit der Vertragsunterzeichnung fällig zu vereinbaren (womit sie dann zur „Anzahlung" geworden ist). Die Berechtigung zum Berechnen eines Abschlagshonorars solltet ihr euch unbedingt vertraglich zusichern lassen, da dieses nicht automatisch fällig wird. In den im **ICOM**-Ratgeber abgedruckten Muster-**AGB** haben wir unter **3.3** einen entsprechenden Passus eingefügt (siehe Seite 128).

Ausfallhonorar. Nehmen wir an, ein Auftraggeber bucht euch als Livezeichner/-innen für ein Event, das dann aus irgendwelchen Gründen an diesem Tag ins Wasser fällt. Ihr habt den Tag jedoch bereits in eurem Terminkalender freigehalten, seid vielleicht sogar schon angereist. Das *Ausfallhonorar* sollte dann einen Teil (ca.ein Drittel bis die Hälfte) oder unter Umständen sogar das gesamte Honorar abdecken, das durch den Ausfall der Buchung weggefallen ist. Sind bereits Reisekosten angefallen, sind diese natürlich mit in Rechnung zu stellen. Bezieht sich die Buchung auf eine mehrtägige oder sogar mehrwöchige Auftragszeit, dann solltet ihr abwägen, wieviel Ausfallhonorar ihr berechnen wollt. Konntet ihr die ausgefallene Zeit mit anderen Aufträgen füllen, dann könnt ihr dem Auftraggeber natürlich entgegenkommen. Eine Klausel für das Ausfallhonorar solltet ihr in euer Angebot einschließen, damit euer Auftraggeber informiert ist und keine Möglichkeit hat, eure Ansprüche später vom Tisch zu wischen. Sie könnte etwa folgenden Wortlaut haben:

Eine Kündigung des Auftrags ist bis [X] Tage vor [dem Termin/der Veranstaltung etc.] ohne Kosten möglich. Danach wird ein Ausfallhonorar in der Höhe von [*einem Drittel/der Hälfte etc.*] des im Angebot genannten Honorars erhoben. Weitere im Zusammenhang mit dem Auftrag stehende Kosten wie Fahrtkosten, Spesen, Übernachtungskosten etc., die bereits angefallen sind, werden zudem in Rechnung gestellt.

Lizenzhandel. Erfolgreich publizierte Werke werden manchmal von Interessenten aus dem Ausland nachgefragt. Da das Urheberrecht EU-weit gilt, sind Unternehmen in der EU genausowie einheimische verpflichtet, Nutzungsrechte am Werk zu erwerben. Wir sprechen dann von einer „Lizenz". Für Lizenzen ins Ausland werden in der Regel Gebühren in der Höhe von 8–10 % des Nettoladenpreises aufgerufen (im Prinzip der gleiche Betrag, der ansonsten für Autorentantiemen anfällt). Die Einnahmen aus der Lizenzgebühr erhaltet entweder ihr, wenn ihr selbst die Lizenzgeber seid, oder der Verlag, in dem der Comic erschienen ist, sofern ihr ihm diese Nutzungsrechte eingeräumt habt. In letzterem Fall ist im Vertrag geregelt, wie diese Einnahmen prozentual aufzuteilen sind (in der Regel hälftig oder besser 60 % für den/die Autor/-in und 40 % für den Verlag). Hat der Verlag aber nur das einfache Nutzungsrecht von euch bekommen, darf er keine Lizenzen verkaufen, solange das im Vertrag nicht ausdrücklich erlaubt wird. In unserem Verlagsvertrag-Muster ist eine Klausel dazu unter **Punkt 4.b)** enthalten (siehe **Seite 109**). Zusätzlich wird üblicherweise eine Pauschale für die Druckdaten erhoben. Die bewegt sich etwa bei 500 Euro. Da das kaum mit Kosten verbunden ist (vielleicht 1 Euro für eine leere CD-ROM oder sogar ein kostenfreier Upload), könnt ihr dem Lizenznehmer großzügig entgegenkommen. Die Daten sollten allerdings soweit aufbereitet sein, dass er damit arbeiten kann. Wenn der Verlag über die Daten verfügt, muss geklärt werden, wie die Einnahmen daran aufzuteilen sind.

Die **Nutzungsfaktoren** spielen eine wichtige Rolle bei der Ermittlung des Nutzungshonorars. Sie werden in den Empfehlungen der **AGD** und der **IO** als Multiplikatoren gehandhabt, um die Vergütung der Nutzungsrechte für einen Auftrag (das Nutzungshonorar) auszurechnen. Nutzungsfaktoren haben somit in der Regel keinen Einfluss auf das Absatzhonorar beispielsweise bei Verlagsprojekten, sie werden aber für Kunden aus Industrie und Marketing wichtig. Der Nutzungsfaktor multipliziert mit der Entwurfsvergütung hat das Nutzungshonorar zum Ergebnis. Oder in einer Formel ausgedrückt:

[Nutzungsfaktor] × *[Entwurfsvergütung]*
= *[Nutzungshonorar]*

AGD und **IO** handhaben Nutzungsfaktoren dabei unterschiedlich. Das Urheberrechtsgesetz benennt von sich aus einige Aspekte einer „angemessenen Vergütung", nämlich „Dauer, Häufigkeit, Ausmaß und Zeitpunkt der Nutzung" (**UrhG § 32 Abs. 2**). Daraus bildet die **AGD** beispielsweise vier Faktoren ab, indem sie Nutzungsart (**einfach** oder **exklusiv**), Nutzungsdauer (**1 Jahr, 5 Jahre, 10 Jahre** und **unbegrenzt**) Nutzungsgebiet (**regional, national** — also deutschsprachige Länder, **europaweit** und **weltweit**) und Nutzungsumfang (**Intensität der Nutzung** wie Höhe der Auflage, Vielzahl der medialen Kanäle etc.) benennt. Die einzelnen anhand des Auftrags ermittelten Faktoren ergeben summiert den Nutzungsfaktor für ein Werk, aus dem dann das Nutzungshonorar berechnet wird. Beispielsweise gilt ein Nutzungsfaktor von 0,5 für eine geringe Nutzung eines Werks, 1,5 bedeutet eine mittlere Nutzung und ab 3,5 beginnen die umfangreichen Nutzungen, die bis zu einem Faktor von 6,0 gehen können.

Die **IO** hat neben den gleichlautenden Faktoren der **AGD** noch weitere Faktoren hinzugefügt wie Nutzungszweck (Anzahl der Printauflagen bzw. Art des medialen Kanals), Pauschalen (z.B. Buy-out) und Sonderfaktor (Bearbeitungsrecht). Somit ergeben sich Nutzungsfaktoren von 0,5 für eine geringe, 2,5 für eine mittlere und 4,0 für eine umfangreiche Nutzung, die dann bis zu einem Faktor von max. 18,0 gehen kann — vor allem das Bearbeitungsrecht erhöht den Faktor deutlich.

Nutzungshonorar. Die Einräumung von Nutzungsrechten und damit natürlich deren Vergütung als Nutzungshonorar gestattet Verwertern erst die Veröffentlichung, Vervielfältigung oder Aufführung eines Werks. Die Nutzung richtet sich nach Umfang und Wert der Verbreitung und wird von den Kreativen-Verbänden **AGD** und **IO** als Multiplikator auf das Werkhonorar gehandhabt. Dabei gilt für die **AGD** nur die eigentliche Entwurfsarbeit (= „Gestaltungshonorar") als Berechnungsgrundlage für das Nutzungshonorar, während die **IO** das gesamte Werkhonorar zum Berechnen heranzieht, welches eigentlich noch Reinzeichnungsarbeiten (= „Werkzeichnungshonorar") und weitere exekutive Arbeiten (= „Ausführungshonorar") umfasst. Der Aufwand für die Reinzeichnung ist nach Auffassung der **AGD nicht** ausschlaggebend für die Berechnung der Vergütung von Nutzungsrechten. So wäre laut **AGD** beispielsweise bei einem Auftragscomic der zeitliche Aufwand für das Texten und die Bleistiftzeichnungen relevant, allenfalls noch das Kolorieren, jedoch nicht das Tuschen (= Reinzeichnen) oder Lettern der Panels (= Satzarbeiten). Um es nicht unnötig kompliziert zu machen: Gibt es mehrere Beteiligte beim Erstellen eines Werks, dann wäre es sinnvoll, das Nutzungshonorar nach **AGD** abzurechnen. Unterscheidet dabei zwischen Entwurfs- (Kreation) und Exekutivleistungen (Artwork)!

Die Dauer aller Entwurfsphasen hat Einfluss auf die Vergütung der Nutzungsrechte, die der Exekutivphasen nicht. Gehen alle Arbeiten am Auftragscomic jedoch beispielsweise aus künstlerischen oder organisatorischen Gründen ineinander über und bleiben in einer einzigen Hand, dann könnt ihr nach den Regeln der **IO** vorgehen. Rechnet sämtliche Arbeitsstunden zusammen und multipliziert das Ganze mit dem entsprechenden von der **IO** vorgeschlagenen Nutzungsfaktor. Bitte lest die Nutzungsfaktoren der **IO** oder der **AGD** in ihrem „Honorarwerk" selbst nach.

Wenn ein Verwerter seine Option zur Nutzung nicht wahrnimmt, indem er beispielsweise das Nutzungshonorar nicht bezahlt, darf er die Arbeit somit nicht veröffentlichen. Dann spricht im Übrigen nichts dagegen, eine solche Arbeit anderen Verwertern anzubieten (als klassisches Angebotswerk), falls das vertraglich nicht ausgeschlossen wurde. Für den durchaus häufigen Fall, dass das Auftragswerk ohne reguläre Vertragsvorlage von Seiten des Auftraggebers, oder lediglich auf Basis einer oft knapp formulierten Auftragsbeschreibung abgewickelt werden soll, solltet ihr als Kreative gleich eingangs beispielsweise in seinem Angebotsschreiben oder im Bestätigungsschreiben zur Annahme des Auftrags von eurer Seite aus auf zwei Punkte verweisen (eine ähnlich lautende Formulierung findet ihr beispielsweise im Muster-Werkvertrag unter **Punkt 3.**b auf **Seite 118**):

• Im Falle der Nichtveröffentlichung wird das Werk- oder Erstellungshonorar weiterhin in vollem Umfang fällig — lediglich das Nutzungshonorar wird dann obsolet.
• Angesichts der Nicht-Nutzung (und der somit nicht bezahlten Rechte) bleiben die Nutzungsrechte für die erstellten Werke in vollem Umfang beim Kreativen.

Eine Ausnahme bilden hierbei stets die „Intellectual Properties" (auch „IP" genannt), das sind die geistigen Besitzrechte des Auftraggebers, deren grundlegendes Bild- und Markenrecht entweder dem Auftraggeber selbst oder Dritten (Lizenzgebern) gehört. Beispielsweise bilden die Rechte des Auftraggebers an Charakteren und Comicfiguren, mit denen eine Arbeit erstellt wurde, solche Properties. In einem solchen Falle verfällt das Nutzungsrecht an den erstellten Werken komplett, denn der Kunde darf es nicht nutzen, da er die Rechte nicht bezahlt hat, und der Kreative darf es ebenfalls nicht anderweitig nutzen, da er an der Markengrundlage keine Rechte hat. Das Arbeiten mit Lizenz-Properties ist einer der wenigen Bereiche, in welchem sich regelmäßige kommerziell rentable Comicproduktionen in nennenswerter Größenordnung ergeben. Aus diesem Grund werden wir als Autoren des **ICOM**-Ratgebers diesen Punkt noch weiter im Blick behalten.

Pauschalhonorar. Wie der Name schon sagt, umfasst ein Pauschalhonorar das komplette von Verwertern den Urheberinnen und Urhebern geschuldete Honorar für ein Werk. Mit dessen Bezahlung sind alle Verbindlichkeiten der Erstellung **und** Nutzung zwischen beiden Parteien abgegolten. Das Pauschalhonorar birgt für beide Parteien Risiken und Chancen. Wir gehen auf **Seite 86** näher darauf ein.

Tagessatz. Eigentlich ist es nur ein Rechenmodell: Der Tagessatz entspricht bei dem üblichen 8-Stunden-Arbeitstag eben acht Mal dem Stundensatz. Bei unserem empfohlenen minimalen Stundensatz von 60 Euro wären das dann 480 Euro. Manche geben auf den Tagessatz, soweit er sich anders als hier im eher höheren Preissegment befindet, kulanterweise einen Rabatt auf den Stundensatz, der bei etwa 10 % liegt. Tagessätze kommen vor allem bei Live-Veranstaltungen ins Spiel. Bei Aufträgen, in denen eine Anfahrt zum Arbeitsort verbunden mit ganz- oder mehrtägiger Projektarbeit verbunden ist, ist die Berechnung in Tagessätzen ebenso üblich. Hinzu kommen weitere Kosten wie Anfahrt, Verbrauchsmaterial, evtl. Lieferung, Reisespesen etc.

Tantiemen. Sind alle Vorschüsse (siehe **rechts unten**) irgendwann in ihrer Höhe von den Einnahmen durch die Buchverkäufe eingespielt worden, werden alle weiteren Einkommensansprüche aus den Nutzungsrechten künftig als *Tantiemen* ausgezahlt, die man international „Royalties" nennt. Dabei können Royalties auch fixe Einmalzahlungen beinhalten, während die Tantieme umsatzabhängig ist. Tantiemen liegen in der Höhe der vertraglich vereinbarten prozentualen Erlöse am Warenabsatz und werden vom Verlag ein- oder zweimal im Jahr mit den Urhebern abgerechnet. Verwertungsgesellschaften zahlen für die ihnen überlassenen Zweitverwertungsrechte ebenfalls Tantiemen an ihre Mitglieder.

Verkauf (der Originale). Honorare beziehen sich, wenn nicht anders angegeben, auf eine vertraglich entsprechend fixierte Nutzung, wobei das Original-Artwork üblicherweise im Besitz der Künstlerinnen und Künstler verbleibt. Sollte der Erwerb von Originalzeichnungen erwünscht sein, so sind 40–100 % der Entwurfsvergütung üblich. Der Besitz der Originale berechtigt jedoch nicht zur weiteren, unvergüteten Vervielfältigung. Eine Ausnahme von dieser Üblichkeit bildet der Markt der Lizenzcomics. Bei reiner Artwork-Erstellung zu „fremden" Lizenzthemen (d.h. Themen, deren Urheberschaft meist beim Auftraggeber oder dem mit dem Auftraggeber kooperierenden Lizenzgeber liegen) ist der schöpferische Anteil des serviceleistenden Kreativen nur schwer zu klären. Gängige Praxis ist dabei bisher immer noch die – leider unentgeltliche – Übernahme der erstellten Originale in den Fundus des Auftraggebers oder gar des Lizenzgebers, solange noch mit analogem Artwork gearbeitet wird. Kampflos sollte diese Üblichkeit bei Antritt eines neuen Jobs allerdings nicht hingenommen werden. Hier müssen wir auf Kundenseite Bewusstsein schaffen! Viele Artists arbeiten zumindest bis zum Pencil oder manchmal sogar noch bis zum Inking weiterhin analog und gehen erst zum Kolorieren dann über ins Digitale. Dadurch wird es durchaus noch für lange Zeit hochwertige Pencil- oder Ink-Seiten zu entsprechenden Lizenz-Themen als „Originale" geben, die auf das Interesse der Sammler-Szene stoßen können. Vor diesem Hintergrund, dass das farbige Endprodukt schließlich oft nur noch digital existiert, verbleiben Pencil- und Ink-Originale meistens bei den Urhebern der Artworks. Dennoch stehen sie oft vor dem Dilemma der Androhung von Sanktionen seitens der Rechteinhaber, sollten sie diese Originale veräußern. Die Rechtslage ist hier leider kompliziert, da hier oft internationale bzw. ausländische Rechtsprechungen mit einzubeziehen sind, je nachdem, wo der Rechteinhaber zu verorten ist.

Vorschuss. Um den Urhebern während der unter Umständen langfristigen Arbeit an einem umfangreichen Projekt (Angebotswerk) wie beispielsweise einem Comicalbum eine finanzielle Unterstützung zu ermöglichen, zahlt ihnen ein Verlag einen sogenannten *Vorschuss*, der als Vorauszahlung auf die Einnahmen durch das spätere Produkt zu verstehen ist (darum manchmal „Vorkasse"

genannt). Anders als die eingangs erwähnte Abschlagszahlung wird er für die **noch erfolgende** Wertschöpfung gezahlt, welches in dem Fall die prozentualen Einnahmen durch die Umsatzbeteiligung am später erscheinenden Werk sind. Ein Vorschuss sollte **garantiert** und **nicht rückzahlbar** sein (achtet darauf!), denn falls die Verkaufserlöse nicht in der Höhe des Vorschusses stattfinden würden, wird der Verlag sonst eine Rückzahlung verlangen. Wenn der Vorschuss sicher vor Rückzahlung ist, nennt sich das „Garantiehonorar". Der Vorschuss ist in seiner Höhe meist abhängig von der Popularität der Urheber, die für den Verlag wiederum einen Garant für den Absatz bilden, und liegt ansonsten in der Höhe von der Hälfte oder einem Drittel der bei einem vollständigen Verkauf der Erstauflage zu erwartenden Vergütung. Er ist vor dem Entwurf und vor der Ablieferung reproduktionsfertiger Daten fällig, somit lange vor dem Absatz der Waren. Dabei kann er auf den Zeitpunkt Entwurf und die Datenablieferung hälftig aufgeteilt werden (Zahlungseingang jeweils vorher).

Werkhonorar. Kommt es nach der Anfrage-Angebot-Phase zu einem Auftrag, dann wird die Zeit, die zum Entwurf und zur Erstellung des Werks aufgewendet wird, in Stundensätzen abgerechnet. Wenn beispielsweise das Skizzieren, Tuschen, Kolorieren und Lettern eines ganzseitigen Comics zwölf Stunden gedauert hat, dann entspricht das Werkhonorar zwölf mal dem Stundensatz. Das Werkhonorar wird auch „Erstellungshonorar" genannt. Unter diese Position fallen neben Skizzen und Entwürfen ebenso Kundenbesuche, Recherchen, Materialeinkäufe, Reinzeichnungen oder Druckabnahmen und sonstige exekutive Tätigkeiten, die um einen Auftrag herum anfallen können („Ausführungshonorar"). Das Werk- oder Erstellungshonorar beinhaltet **nicht** das Nutzungshonorar, und damit die Erlaubnis, das Werk zu nutzen.

5.2 LEISTUNGEN UND PREISE

Im Folgenden finden sich Honorarangaben und Empfehlungen für die Medienbranchen Comic- und Buchmarkt, Presse, Film und Fernsehen sowie Games. Lukrative Auftraggeber für Comicschaffende und Kreative gibt es zudem in Industrie, Merchandise, Werbung und Marketing, worauf wir ebenfalls eingehen.

Die Angaben differenzieren nicht zwischen Arbeiten mit quantitativ geringerem oder höherem Zeitaufwand. Es versteht sich, dass der Aufwand für eine Arbeit wesentlich größer werden kann, je nachdem, welche Technik oder Komplexität für die Ausführung angestrebt wird. Wir überlassen es euch, hier für euch selbst einen Faktor ins Spiel zu bringen, der euren erhöhten Aufwand widerspiegelt.

Zunächst nennen wir die von uns in unserer **Umfrage** ermittelten Werte, soweit wir dazu Ergebnisse erfragen konnten. Wir zeigen dabei den errechneten Durchschnittswert in den Kategorien Honorar, Arbeitszeit, Stundensatz und Auflage an, der ein ungefähres Bild der Einkünfte der **ICOM**-Mitglieder wiedergibt. Danach gehen wir auf die Honorarempfehlungen der Kreativen-Verbände **IO**, **AGD** und **MFM** ein. Schließlich geben wir noch eigene Empfehlungen zur Honorarberechnung.

Die **IO** (Illustratoren Organisation e.V.) ist ein Verband der Illustratorinnen und Illustratoren, der im Jahre 2002 gegründet wurde und inzwischen die Interessen von über 1.800 Mitglieder vertritt. Im September 2018 hat die **IO** ihr „Honorarwerk Illustration" veröffentlicht, aus dem wir für uns relevante Honorarinformationen zitieren. Das Honorarwerk basiert auf einer Mitgliederbefragung und gibt Durchschnitts-, Maximal- und Minimalwerte zu typischen Illustrationsaufträgen an, u.a. auch zu Aufträgen in Comic, Cartoon und Animation. Der Erwerb des Honorarwerks der **IO** wird von uns empfohlen, da sehr viele Arten von Aufträgen abgehandelt werden, die durchaus im Comic- und Cartoonmarkt anfallen und uns generell als Kreative betreffen können. Es kostet **29,00 Euro** plus Versandkosten (120 Seiten, 16 X 23 cm) und ist nur direkt beim Verband zu bestellen.

Die 1976 gegründete **AGD** (Allianz deutscher Designer e.V.) ist mit ca. 2.600 Mitgliedern der größte deutsche Verband von Kreativen und gibt in unregelmäßigen Abständen „VTV-Design" heraus („Vergütungstarifvertrag für Designleistungen"). Die aktuelle Ausgabe datiert von 2015 und enthält die zwischen der **AGD** und dem **SDSt** (Selbstständige Designstudios e.V.) ausgehandelten Tariflisten. Neben vielem anderen enthält „VTV-Design" u.a. einen kleinen Bereich mit Honorarangaben zu Comic, Cartoon und Animation. Auch dieser Honorarleitfaden wird zur Anschaffung empfohlen.

Die **MFM** (Mittelstandsgemeinschaft Foto-Marketing) ist eine Arbeitsgruppe der **BVPA** (Bundesverband der Pressebild-Agenturen und Bildarchive e.V.) und erhebt jährlich die aktuellen Marktpreise von Nutzungsrechten für Fotografien in diversen Medien. Diese werden dann in ihrem seit 1982 erscheinenden Katalog „Bildhonorare" veröffentlicht. Aufgrund ihrer Verwendung nicht nur durch die der BVPA angeschlossenen Bildagenturen, sondern auch durch fast alle hierzulande erscheinende Medien sind sie für Cartoon- und Comicschaffende relevant, denn die meisten Bildredakteure unterscheiden preislich nicht zwischen einem genutzten Foto und einer Illustration. Ein **wichtiger Hinweis:** Die von der **MFM** genannten Bildhonorare sind anders als die Honorarempfehlungen der **IO** und der **AGD**, die Vergütungen für Entwurf, Umsetzung und Nutzung umfassen, reine Nutzungshonorare. Aus diesem Grund liegen sie in ihrem Preisgefüge deutlich unter den Werten der anderen beiden Verbände und sind nicht in jeder Hinsicht vergleichbar.

CARTOON/KARIKATUR
Durchschnittswerte[36] der ICOM-Umfrage

Nutzungshonorar	116 €
Arbeitszeit	2,7 h
Stundensatz	51 €
Auflage (Zeitung)	225.000 Expl.
Auflage (Zeitschrift)	30.000 Expl.

Honorare für Karikaturen und Cartoons sind abhängig von der Art und Verbreitung des nutzenden Mediums. Hauptabnehmerinnen sind Tageszeitungen und Zeitschriften (die Presse), somit ist beispielsweise die Auflagenhöhe mitbestimmend für die Höhe der Honorierung. Es werden einfache Nutzungsrechte erworben. Tageszeitungen haben mit einem einzelnen Tag die kürzeste Nutzungsdauer, wobei sie sich oft noch die Rechte für die Unterbringung des Werks im E-Paper oder auf der Website gegen einen Aufpreis sichern. Publikumszeitschriften haben eher längere Nutzungszeiträume für Werke, weil sie beispielsweise wöchentlich oder monatlich erscheinen, zahlen aber keine in unserer Umfrage erkennbar besseren Honorare.

Die **IO** hat in ihrem „Honorarwerk Illustration" bei ihren Mitgliedern für einen Cartoon in einer Zeitschrift oder einem Magazin durchschnittlich **433 Euro** (Viertelseite), bzw. **510 Euro** (halbe Seite) und **910 Euro** (ganze Seite) als Pauschalhonorar ermittelt. Der durchschnittliche Stundensatz liegt bei **94 Euro**.

Um auf die Honorar-Empfehlungen der **AGD** zu schließen, ist etwas Rechenarbeit nötig. Die Entwurfsleistung muss laut der aktuellen Ausgabe (2015) des *Vergütungstarifvertrags Design* („VTV-Design") mit dem davon abhängigen Nutzungshonorar zu einem Gesamthonorar zusammengerechnet werden. Gehen wir bei einem Cartoon von einem geringen bis durchschnittlichen Aufwand aus,

---

[36] *Alle Werte wurden als einzelne Angaben erhoben und beziehen sich deshalb nicht unbedingt aufeinander. Somit lässt sich ein angegebenes Honorar nicht aus einer einfachen Multiplikation von Stundensatz und Arbeitszeit ermitteln.*

erhalten wir Arbeitszeiten von **1 bis 2 Stunden**. Hoher und noch höherer Aufwand wird mit bis zu **5 Stunden pro Werk** veranschlagt (siehe **weiter hinten: Comicstrip**). Der empfohlene Stundensatz der **AGD** liegt bei **90 Euro**, so dass wir Grundbeträge zwischen **90 (1 h)** und **180 Euro (2 h)** erhalten. Das Nutzungshonorar berechnet die **AGD** nach Nutzungsfaktoren, die auf den Grundbetrag hinzugerechnet werden. Bei einer Tageszeitung (einfache, nationale Nutzung, ein Jahr Nutzungsdauer, mittlerer Nutzungsumfang) kommen wir auf den **Faktor 0,9**. Ergebnis: **81 Euro** bzw. **162 Euro**. Weitere Kosten kommen durch Recherche, Artwork (d.h. Erstellung der Reinzeichnung und Druckdaten) etc. zusammen, für die wir noch weitere Stundenhonorare in Rechnung stellen könnten. Lassen wir die der Einfachheit halber weg, erhalten wir Gesamthonorare von **171 Euro (1 h)** bis hin zu **342 Euro (2 h)** für einen einzelnen Cartoon.

Etwas anders geht die **MFM** (Mittelstandsgemeinschaft Foto-Marketing) an die Sache heran. In der uns vorliegenden Ausgabe von 2017 ihrer „Bildhonorare" listet der Verband der Bildagenturen Honorare nach Tageszeitungen, Wochenzeitungen und Zeitschriften sowie nach Auflagen und trennt zwischen Nutzung im Innenteil und auf dem Titel. Dadurch ergeben sich recht fein abgestimmte Listen, die sich bei Bildagenturen und im Pressegeschäft zu einem — allerdings recht niedrigen — Standard entwickelt haben. Bei einer Tageszeitung mit einer Auflage von etwa 200.000 Stück sind Nutzungshonorare von **57 Euro** (max. zweispaltig) oder **72 Euro** (max. vierspaltig) im Innenteil und **146 Euro** auf dem Titel fällig. Wollen die Pressemedien wie heutzutage üblich weitere Rechte erwerben, welche die Nutzung in Print, E-Papers, PDFs, Apps, CD-ROMs sowie die Ablage in Langzeitarchiven beinhalten, dann können „Pakethonorare" von **180 Euro** (Platzierung im Innenteil) und **360 Euro** (auf dem Titel) bei einer Zeitung mit einer Auflage von 250.000 Stück verlangt werden. Eine Verwendung in Social-Media-Kanälen muss gesondert vereinbart werden. Zeitschriften bieten trotz der längeren Nutzungsdauer nicht unbedingt bessere Honorare. Ein Magazin mit einer Auflage von 50.000 Exemplaren zahlt für eine Achtelseite nur **65 Euro**, für eine Viertelseite **85 Euro**. Titelseiten bringen **475 Euro**. Pakethonorare für Magazine in dieser Größenordnung liegen bei **234 Euro** (Innenteil) oder **900 Euro** (Titel).

RAT DES ICOM

Die von den Verbänden **IO** und **AGD** vorgesehenen Honorare für Cartoons und Karikaturen sind zwar leistungsgerecht, lassen sich unserer Meinung nach in der Wirklichkeit des Pressemarkts jedoch leider eher selten erzielen, da Nutzungshonorare aufgrund feststehender Preislisten der Medien oft nicht verhandelt werden können. Wegen der auf dem Pressemarkt vorliegenden großflächigen Anwendung der „Bildhonorare" der **MFM** legen wir allen Cartoonistinnen und Cartoonisten nahe, sich diese zu beschaffen, um sich einen Überblick darüber zu verschaffen, wie das Preisgefüge des Markts beschaffen ist. Die richten sich nach den fast als prekär einzustufenden Bezahlungsgepflogenheiten der Pressemedien, was viele Bildlieferanten — folglich auch Cartoon- und Comicschaffende — zu Recht beklagen. Die in der Wirklichkeit vorzufindenden Preise sind skandalos niedrig, beziehen sich jedoch **nicht** auf ein Werkhonorar, sondern sind reine Nutzungshonorare (einfache Nutzung). Es liegt somit nahe, eine mehrfache Verwertung des Materials anzustreben, da eine gerechte Honorierung bei diesen niedrigen Tarifen kaum mit einer einzigen Auswertung zu erreichen ist. Für eure Verhandlung mit der Presse könnt ihr ein weiteres Argument für eine bessere Honorierung ins Feld führen: Ihr seid keine Agentur! Die Bestellung einer Zeichnung bei euch sollte als Maßanfertigung verstanden werden und nicht als Bezug eines beliebigen Stockmaterials quasi von der Stange. Soll der Cartoon außerdem auf der Titelseite erscheinen, so ist eine deutliche Anhebung des Honorars gegenüber einer Darstellung im Innenteil angesagt. Wir empfehlen mindestens eine Verdopplung.

Die Erstellung einer Schwarzweiß-Zeichnung ist zudem weniger zeitaufwändig als die einer farbigen. Obwohl das keinen Maßstab für die Vergütung der eigentlichen Bildidee darstellt, könnt ihr den Bildredaktionen dennoch die Schwarzweiß-Ausführung zum Standardpreis anbieten und für farbige Zeichnungen den Preis erhöhen. Wir empfehlen einen Aufschlag für Farb-Zeichnungen von **25 % bis 40 %.**

Der Abdruck mehrerer Cartoons und Karikaturen in **Cartoonbüchern** findet zumeist Im Rahmen einer Mehrfachverwertung statt, da die Arbeiten oft bereits über die Presse und/oder das Internet ihren Weg an die Öffentlichkeit gefunden haben. Unter den Cartoonbüchern gibt es thematisch oder chronologisch sortierte Bände, die entweder die Werke eines einzigen Bildurhebers oder einer Gruppe präsentieren. Hier wird nach den verlagsüblichen Prozenten (zwischen **5 bis 10 %** des Nettoladenpreises) abgerechnet. Vorschüsse und Tantiemen sollten wie bereits zuvor beschrieben in den bekannten Größenordnungen und Modalitäten gezahlt werden. Mehrere Bildurheberinnen und -urheber teilen die Prozente unter sich auf.

Handelt es sich bei dem Cartoon um eine Auftragsarbeit für werbliche Zwecke oder für Unternehmenskommunikation (z.B. Corporate Publishing), dann empfehlen wir euch, nach dem Abrechnungssystem der **IO** oder **AGD** zu verfahren, obwohl die **MFM** hier Preislisten anbietet. „VTV-Design" der **AGD** berücksichtigt die Honorierung der Arbeitszeiten gleichermaßen wie eine genau skalierbare Vergütung der Nutzungsrechte. Zieht außerdem die an euch gerichtete Nachfrage nach eurer Leistung in Betracht: Kreative mit ausgefüllten Auftragsbüchern sollten ihre Honorare selbstbewusst hochverhandeln.

COMICSTRIP
Durchschnittswerte der ICOM-Umfrage

Nutzungshonorar	197 €
Arbeitszeit	4,9 h
Stundensatz	47 €
Zeitung (Auflage)	225.000 Expl.
Zeitschrift (Auflage)	30.000 Expl.

Comicstrips gehören in der Regel ebenso wie Cartoons zum Pressegeschäft. Statt aus einem einzigen Panel bestehen sie jedoch aus mindestens zwei, klassischerweise aus drei, was den künstlerisch-handwerklichen Aufwand erhöht, darum sollten sie besser bezahlt werden als klassische „Bilderwitze". In unserer Erhebung ist zu erkennen, dass **ICOM**-Mitgliedern Comicstrips durchschnittlich in etwa doppelt so viel einbringen wie Cartoons und in etwa den doppelten Aufwand mit sich bringen. Comicstrips können bis zu einer ganzen Seite gehen (ca. A4 bis hin zum Format der Zeitungs-/Zeitschriftenseite), farbig oder schwarzweiß sein. Durch diese Variabilität entziehen sie sich einer einfachen Preisberechnung. Ähnlich wie bei Karikaturen und Cartoons setzen die Preislisten der Pressemedien oft enge Grenzen in der Ausgestaltung der Honorare. Trotzdem solltet ihr hier bereit sein zu verhandeln. Ein anderes Thema sind Comicstrips in Produkten der Unternehmenskommunikation (Corporate Publishing) wie u.a. Kundenzeitschriften, Mitarbeitermagazine, Jahresberichte, Bücher etc. Hier war in unserer Umfrage zu erkennen, dass die Honorare deutlich höher liegen als in der Presse.

Die **IO** hat keine Honorare zu Comicstrips ermittelt, so dass stattdessen die Angaben für Cartoons nach den Größenordnungen „Viertelseite" (**433 Euro**) „Halbe Seite" (**510 Euro**) oder „Ganze Seite" (**910 Euro**) verwendet werden können.

Die Empfehlungen der **AGD** in „VTV-Design" sehen eine Kategorie „Comicstory auf Basis eines 2×3 Rasters (3–6 Bilder)" und eine „Comicstory auf Basis eines 2×4 Rasters (6–9 Bilder)" vor, welches wir hier einfach mal gleichsetzen mit 1- bis 3-streifigen Comicstrips (… was auch immer die Rasterangabe mit der „Bilder"-Anzahl bedeuten soll). Hier werden 3–5 Stunden für den Entwurf veranschlagt. Folglich erhalten wir bei einem mit 90 Euro angesetzten Stundensatz und bei einem für Presseveröffentlichungen passenden Nutzungsfaktor von 0,9 Gesamthonorare über 513 Euro (3 h), 684 Euro (4 h) sowie 855 Euro (5 h). Aufwendungen für nicht-kreative, ausführende Tätigkeiten wie Recherche, Reinzeichnung, Druckdaten etc. werden wie beim Cartoon in Stundensätzen zum Honorar noch hinzugefügt.

Wie bereits in der Kategorie Cartoon/Karikatur aufgezeigt, gehen die „Bildhonorare" der MFM differenziert nach Verwerter vor. Separiert nach Auflage, Medientyp, Platzierung und Darstellungsgröße lassen sich hier konkrete Preisangaben finden. So bringt ein Bild in der Größe unterhalb von vier Spalten in einem Blatt mit 200.000er Auflage gerade mal 72 Euro, bei mehr als vier Spalten läppische 94 Euro. So ein niedriges Honorar wird dem Wert eines Comicstrips mit beispielsweise drei Panels selbstredend überhaupt nicht gerecht. Sogar in einem Magazin mit 50.000er Auflage liegen die Bildhonorare für viertel- bis halbseitige Formate laut MFM nur bei 85 oder 135 Euro.

RAT DES ICOM

Bei Comicstrips müssen wir uns der unter Cartoon/Karikatur bereits geäußerten Auffassung anschließen, dass die Bildhonorare der MFM den Pressemarkt prägen. Allerdings solltet ihr hier bei der Abrechnung von der üblichen Honorierung nach Größenformaten abweichen und dahingehend verhandeln, dass euer Werk in einzelnen Panels abgerechnet wird und nicht nach der Gesamtgröße der Arbeit. Bei einem Streifen von drei Bildern in der klassischen Aufteilung solltet ihr euren persönlichen Preis für ein einzelnes Panel somit verdreifachen.

Als Grund für eure Argumentation gegenüber der Bildredaktion könnt ihr einwenden, dass einer Fotografin oder einem Fotografen jedes einzelne Motiv honoriert werden würde und nicht nur die Gesamtfläche, die sie oder er mit mehreren Bildern füllt. Wenn ihr nach der Anzahl der Panels abrechnet, erhaltet ihr bei Zeitungen mit 250.000er Auflage für einen Strip mit drei Panels laut MFM ein Nutzungshonorar von 171 Euro. Bei einem Magazin mit 50.000er Auflage 195 Euro. Über die Nutzung in Print hinausgehende Rechte (E-Paper, online-Verwertung etc.) sind extra zu vergüten (siehe Pakethonorare der MFM). Trotzdem sind solche minimalen Honorare bei nur einer Auswertung weder auskömmlich noch lohnenswert. Wenn ihr Zeitungsstrips als Geschäftsmodell anstrebt oder beibehalten wollt, solltet ihr deshalb entweder versuchen ein besseres Honorar auszuhandeln (Argumente siehe oben unter Cartoon) und stets eine Mehrfachauswertung durch weitere Medien im Sinn haben (Stichwort „Syndikation"). Mit der Herausgabe eurer gesammelten Strips in einem Comicband könnt ihr dann eine möglichst ausführliche Auswertungsphase abschließen.

Die „Bildhonorare" der MFM enthalten u.a. zwar Preislisten für Verwertungen durch Werbung, Corporate Publishing und ähnliche Produkte der Unternehmenskommunikation, die dort augenscheinlich deutlich höhere Preise als in Pressemedien erzielen. Dennoch halten wir es für besser, wenn Kalkulationen von Auftragsarbeiten für Unternehmen und Werbung nach den Methoden der IO oder AGD erfolgen. Die Gründe dafür sind die gleichen wie unter Cartoon/Karikatur geschildert: Ihr bekommt eure Arbeitszeit ebenso wie die Nutzungsrechte vergütet und könnt zudem exakt auf den Nutzungsbedarf des Auftraggebers hin lizenzieren.

COMIC-EINZELSEITE
Durchschnittswerte der ICOM-Umfrage

Pauschalhonorar	216 €
Arbeitszeit	8,5 h
Stundensatz	54 €

Die Comicseite betrachten wir in zwei Erscheinungsformen: als größtmögliche Version des inhaltlich abgeschlossenen Comicstrips, der beispielsweise in einem Pressemedium erscheint, oder als grundsätzlich verrechenbare Einheit für längere Comics und Storys (in Heften und Alben). In beiden Fällen ist der Aufwand gleichermaßen hoch, denn eine ganze Seite (wenn wir von A4 ausgehen) künstlerisch mit einer Szene auszufüllen, ist in etwa ein Tagwerk, wie man an der von uns bei den **ICOM**-Mitgliedern ermittelten durchschnittlichen Arbeitszeit für Skizze, Lineart und Kolorierung erkennen kann. Das Ausdenken und Schreiben der Story ist hier gar nicht berücksichtigt. In der deutschen Comicbranche werden teilweise Seitenpreise (als Vorschüsse – siehe oben) gehandelt, die mit ca. **100 Euro** deutlich niedriger liegen als die von uns ermittelten Seitenpauschalen und angesichts des zu erwartenden Umsatzes möglicherweise kaum besser ausfallen können. Bessere Preise erzielen wie immer Lizenzierungen für Medien der Unternehmenskommunikation.

Die **IO** vermerkt unter „Cartoon – ganze Seite" wie vier Seiten zuvor erwähnt einen Preis von pauschal **910 Euro**, der sowohl die Honorare für Erstellung, Umsetzung als auch das Nutzungshonorar umfasst. Ob diese Kategorie mit einer Comicseite vergleichbar ist, lassen wir erst mal dahingestellt.

Die **AGD** nennt die Einzelseite ebenfalls als Kategorie und meint damit die Umsetzung eines Autorencomics pro Seite. Dafür werden zwischen **4 bis 12 Stunden (= 360 bis 1.080 Euro)** veranschlagt. Gehen wir die Nutzungsrechte durch und vergeben wieder den relativ niedrigen Nutzungsfaktor von 0,9, dann erhalten wir Seitenpauschalen von **684**

Euro (für 4 Stunden), **1.368 Euro (8 Stunden)** und **2.052 Euro (12 Stunden)**.

In „Bildhonorare" der **MFM** gibt es bei Magazinen die Kategorie „1/1-Seite", die wir als mögliche Entsprechung für die Lizenzierung von einzelnen Comicseiten betrachten. Natürlich müssen wir zwischen der Arbeit von Fotografen/-innen und Comicschaffenden unterscheiden, denn die **MFM** meint ein einzelnes Foto, eine Comicseite besteht jedoch in der Regel aus vielen Panels. Wir sollten hier Initiative zum Verhandeln zeigen. Für die redaktionelle Nutzung einer ganzen Seite werden je nach Publikation und Auflage unterschiedliche Honorare genannt: Magazinauflagen um 500 bis 1.000 Stück liefern Honorare zwischen **100 und 110 Euro** für eine einfache Nutzung. Bei Periodika (50.000 bis 100.000 Stück) können **175 bis 240 Euro** erzielt werden. Hochauflagige Magazine über 500.000er Auflage zahlen zwischen **284 und 389 Euro** für einzelne Seiten (alles einfache Nutzungsrechte!). Für die Verwendung in Werbung/PR/Corporate Publishing schraubt die **MFM** die Honorare deutlich nach oben und verlangt bei Periodika zwischen 50.000 bis 100.000 Stück Auflage für die einfache Nutzung einer ganzseitigen Abbildung **360 bis 390 Euro**. Bei über 500.000 Stück können dann bis zu **640 Euro** rausspringen.

RAT DES ICOM

Wie wir es bereits angedeutet haben, bilden die Preise der **MFM** auf dem Pressemarkt eine fast unumstößliche Richtlinie. Wer hier publiziert, kommt an ihnen kaum vorbei. Wie bei den Comicstrips könnt ihr dennoch versuchen darauf zu bestehen, nicht nach Seitenpauschale, sondern pro Panel eines von euch erstellten ganzseitigen Comics bezahlt zu werden. Für Auftragscomics im Bereich Werbung und Marketing sind die Honorarvorschläge der **IO** und der **AGD** wiederum deutlich besser geeignet und sollten als Berechnungsgrundlage für eure Angebote verwendet werden.

CHARACTER-DESIGN
Durchschnittswerte der ICOM-Umfrage

Pauschalhonorar	2.033 €
(ohne Recht zur Bearbeitung)	
Arbeitszeit	17,4 h
Stundensatz	68 €

Character-Design gehört neben der Concept-Art zum Motion Design und wird in den Bereichen Film, Games und außerdem in größeren Comic-Produktionen eingesetzt. Fertige Designs werden neben dem ursprünglichen Projekt oft für nachfolgende Produktionen verwendet. Deshalb sind die Nutzungsrechte der interessante Teil am Honorar. Die meisten Character-Designs werden allerdings mit einem Total-Buyout von den Auftraggebern eingekauft, damit sie alle Rechte in der Hand haben und Nachforderungen aus dem Weg gehen können. Die von uns ermittelten Werte zum Character-Design beziehen sich auf eine Figur, die als einer der Hauptcharaktere oder als wichtiger Gegenspieler im Projekt eingesetzt wird.

Die **IO** sieht keine Kategorie Character-Design in ihrem Honorarwerk vor (gleichwohl wird ein Character-Design unter „Sympathiefigur" aufgeführt, worauf wir in der Spalte rechts eingehen). In „VTV-Design" der **AGD** findet sich unter dem Stichwort „Charakter Design" eine Zeitangabe von **4 bis 32 Stunden** (Mittelwert 18 Stunden). Nehmen wir einen eher geringen Bedarf in der Einräumung der Nutzungsrechte an (Faktor 0,9), so erhalten wir Beträge von **684 Euro** bis **5.472 Euro**, oder einen Mittelwert von **3.079 Euro**.

RAT DES ICOM
Der **Total-Buyout** ist trotz seiner hohen Verbreitung in der Beauftragung und Rechteeinräumung eines Character-Designs durch diverse Auftraggeber eine problematische Sache. Wir empfehlen maximal ein *exklusives* Nutzungsrecht einzuräumen, das zeitlich und räumlich beschränkt ist, so dass Verhand-

lungsspielräume und weitere Einkommensmöglichkeiten gewahrt bleiben, sind uns aber klar darüber, dass das in Branchen wie Games oder Film kaum üblich und sicherlich nur schwer durchsetzbar ist. Für die Erlaubnis der Bearbeitung durch Dritte ist dann ein Recht zur Bearbeitung gesondert einzuräumen und zu vergüten, damit eben diese Dritte das Design weiterverwenden dürfen. Das Nutzungshonorar dafür sollte dem Umfang der erneuten Nutzung angepasst werden. In der Kategorien *Animation* und *Gamedesign* gehen wir noch einmal branchenbezogen auf das Character-Design ein.

SYMPATHIEFIGUR

Eine Sympathiefigur wird für die Repräsentation eines Unternehmens oder einer Institution, evtl. für eine Werbekampagne etc. geschaffen und unterscheidet sich in ihrer Funktion somit von dem für Medienproduktionen vorgesehenen Character-Design. Die Figur soll mit ihren Eigenschaften als Sympathieträger für die Qualitäten der dahinterstehenden Produkte, Körperschaften, Dienstleistungen etc. stehen. Eine Sympathiefigur kann selbstverständlich auch als handelnder Charakter in Comics oder Filmen auftreten oder einfach nur als Symbolbild auf einer Visitenkarte. Die in unserer Umfrage unter **ICOM**-Mitgliedern ermittelten Werte sind leider nicht belastbar, so dass wir sie hier nicht darstellen können. Die Spannweite des Honorars lag zumindest bei Beträgen von **800 bis 5.000 Euro**, was teils als Pauschale, teils als reines Nutzungshonorar gezahlt worden ist.

Die **IO** sieht für die Kategorie „Sympathiefigur" eine durchschnittliche Pauschale von **2.650 Euro** in ihrem „Honorarwerk" vor. Pro Pose werden dann nochmals **562 Euro** fällig. Es wird zu Recht darauf hingewiesen, dass ein Nutzungsrecht für die Bearbeitung eingeholt werden muss, damit die Sympathiefigur später von anderen Kreativen verwendet werden kann.

Die **AGD** nennt in „VTV-Design" den Begriff „Sympathiefigur" und legt die Honorierung für ein Design folgenderweise fest: **4–12 Stunden** für eine Figur in drei Posen liegen somit bei einem Werkhonorar zwischen **360 und 1.080 Euro**. Bei einem für Sympathiefiguren eher geringen Nutzungsfaktor von 1,3 (exklusiv, regional, für ein Jahr) ergeben sich Nutzungshonorare zwischen **468 Euro** und **1.404 Euro**. Ist jedoch eine breitgestreute (weltweit) und langlebige Nutzung (zeitlich unbegrenzt) gewünscht, können laut **AGD** Nutzungshonorare bis zu **6.480 Euro** verlangt werden.

RAT DES ICOM

Auch bei Sympathiefiguren gilt: Die Nutzungsrechte sind das Interessante an der Sache. Da der Auftraggeber diese Figur alleine nutzen wird, sind sie immer als exklusiv einzustufen. Mit einem schlecht bezahlten Total-Buyout abgespeist zu werden, ist unbefriedigend. Wir empfehlen die Vorgehensweise der **IO** für die Kalkulation eines Angebots zur Entwicklung einer Sympathiefigur.

COMICHEFT

Obwohl wir einige Angaben zu ganzen Comichreften in der **ICOM**-Honorarumfrage erhalten haben, waren die Ergebnisse leider nicht aussagekräftig genug und für eine Darstellung an dieser Stelle ungeeignet. Es wurden Beträge zwischen **1.000 Euro** (Auflage 20.000 Stück) und **4.200 Euro** (20 Seiten und Titel, Reinzeichnung und Kolorierung) für Nutzungshonorare genannt, aber leider keine weiteren wichtigen Details zum Arbeitsaufwand.

Comicmagazine enthalten zumeist Storys unterschiedlicher Länge von diversen Comickünstlerinnen und -künstlern. Die auf **Seite 171** näher beschriebene Comic-Einzelseite kann als Recheneinheit für längere Comics zugrunde gelegt werden, die beispielsweise für Magazine produziert werden. Im Verlagsgeschäft ist die Seite eine gängige Berechnungsgröße. In diesem Fall ist dabei eher von einem Werk auszugehen, das eine komplette Geschichte oder Episode einer Storyline enthält. Ein komplettes Comicheft, wie es in der Form des Comicbooks beispielsweise auf dem amerikanischen Markt erscheint, enthält klassischerweise 36 Seiten (manchmal nur 28) inklusive etwas Werbung und vielleicht ein kurzes Editorial, so dass am Ende insgesamt vielleicht 22–24 reine Comicseiten erstellt werden. Einige deutsche Comicschaffende arbeiten für amerikanische Verlage und bekommen ihre Arbeit dann pauschal vergütet, wobei sie alle Copyrights an den Lizenzverlag übertragen. Der (deutsche) Weißblech-Verlag nutzt ebenfalls das Comicheft als Standardformat für seine Veröffentlichungen. Die Arbeit wird oft zwischen unterschiedlichen Spezialisten/-innen aufgeteilt und bezieht sich auf einen Teilaspekt der Kreation wie Pencils, Ink, Colour etc.

Da die **IO** in ihrem „Honorarwerk" keine Angaben dazu macht, überspringen wir sie und gehen zur **AGD** weiter. In der Kategorie „Autorencomic" geht „VTV-Design" von einer Menge von **8 bis 16 Stunden** für ein Storykonzept, Character-Design und das Texten aus. Das erscheint etwas knapp, wenn wirklich ein komplettes Album oder ein Autorencomic konzipiert und getextet werden soll, greift jedoch mit Sicherheit bei Kurzgeschichten und vielleicht sogar bei ganzen Comichreften. Das Honorar fürs Konzept liegt inklusive Nutzungsrechten (Nutzungsfaktor: 0,9) bereits zwischen **1.368 Euro** (**8 Stunden**) und **2.736 Euro** (**16 Stunden**). Zählen wir dann noch 24 Seitenpauschalen (à **1.368 Euro** – siehe **oben** unter **Comic-Einzelseite**) hinzu, wobei wir von **8 Stunden pro Seite** ausgehen, dann erhalten wir nochmals **32.832 Euro**. Alles in Allem kommen wir pauschal auf unglaubliche **34.200 bis 35.568 Euro**.

Die **MFM** macht zu ganzen Comichreften keine Angaben, da es in ihrem Geschäftsmodell in erster Linie um einzelne Fotografien geht. Stattdessen verwenden wir den Seitenpreis (siehe **oben**) als Berechnungsgrundlage. Allerdings kennt die **MFM** Honorare für Doppelseiten („2/1-Seite"), bei denen der Preis für zwei Einzelseiten dann um ca. 20 % gesenkt wird. Für einen 24-seitigen Comic in einem Comicheft/Magazin für den Pressegrosshandel mit der relativ hohen Auflage von 50.000 Stück dürfen wir laut **MFM** ein Nutzungshonorar von **3.900 Euro** erwarten (**325 Euro** pro Doppelseite). Die Titelseite kommt dann mit einem Honorar von **475 Euro** noch extra dazu. Bei einer deutlich niedrigeren Auflage von beispielsweise 5.000 Stück liegen die entsprechenden Vergütungen für Nutzungsrechte dann inklusive Titelbild bei **2.996 Euro** (**222 Euro** pro Doppelseite plus **332 Euro** für das Titelbild).

RAT DES ICOM

Viele Auftraggeber für komplette Comic books kommen aus den USA. Wer es schafft, Aufträge von Übersee an Land zu ziehen, übernimmt die Geschäftsgepflogenheiten der amerikanischen Unternehmen. Hier gibt es Pauschalen, die von dort aus vorgeschrieben werden. Wer sie nicht akzeptiert, wird einen solchen Vertrag kaum unterzeichnen können. Die amerikanische Website **Creator Resource**[37], deren Angaben zum Jahr 2017 wir in der Textbox auf **Seite 183** kurz zusammenfassen, stellt die sogenannten „Page-Rates" dar, die Seitenpauschalen, nach denen amerikanische Comicverlage ihre Kreativen bezahlen. Diese sind nach Verlagen gestaffelt und können als Informationsquelle bei Verhandlungen dienen. Wer für deutschsprachige Verlage arbeitet, sollte hingegen einen moderaten Preis pro Comicseite (siehe **Seite 171**) verfolgen, soweit er nicht bereits vom Verlag vorgegeben wird. Ihr solltet grundsätzlich nur einfache Nutzungsrechte einräumen.

Ob ganze Comichefte, die für Werbung und Marketing in Auftrag gegeben werden, Pauschalhonorare in der stattlichen Höhe ab-

werfen, wie sie die **AGD** aufzeigt, könnte im Einzelfall zwar möglich sein, darf ansonsten aber bezweifelt werden. Realistische Preise nennen vielleicht eher die **MFM**-„Bildhonorare" der Kategorie „Werbung/PR/Corporate Publishing", deren Verwendung wir euch in diesem Fall natürlich zusammen mit eurem errechneten Werkhonorar nahelegen, da „Bildhonorare", das Tarifwerk der **MFM**, wie bereits gesagt nur Nutzungshonorare darstellen. Zum obigen Beispiel: Für das Kundenmagazin eines Auftraggebers, das dieser etwa für sein jugendgerechtes Marketing nutzen möchte, berechnen wir nach den **MFM**-Bildhonoraren bei einer Auflage von 5.000 Stück und 24 Comicseiten plus Titelbild ein Nutzungshonorar von **5.700 Euro**, bei 50.000er Auflage sogar insgesamt von **7.680 Euro**. Rechnet ihr dann noch euer Werkhonorar hinzu (sagen wir **8 Stunden à 60 Euro** pro Seite – macht bei 24 Comicseiten plus Titelseite **12.000 Euro**), dann landet ihr bei einem Gesamthonorar von **17.700** bzw. **19.680 Euro**.

Und um es nur nochmals zu erwähnen: Aufträge aus dem Marketing werden oft von Agentinnen und Agenten vermittelt, selten werden die Kreativen direkt von den Unternehmen angefragt. Diese Agenten/-innen verlangen eine Vermittlungsprovision von etwa **15 bis hin zu 30 %** am Gesamthonorar, die ihr dann selbstverständlich von eurem Honorar abziehen müsst.

COMICALBUM

Zu den Preisen und Stundenmengen bei der Arbeit an Comicalben konnten wir keine Umfragewerte unter den **ICOM**-Mitgliedern ermitteln. Wir verweisen stattdessen auf die **Comic-Einzelseite** als Grundlage für eine Kalkulation von mehrseitigen Comic-Werken. Hinzu kommt noch eine ausführliche Konzept-Phase sowie das eigentliche Texten des Albums. Wir müssten hier eigentlich die Arbeiten aufsplitten und machen des-

[37] www.creatorresource.com

halb auf die weiter hinten unter Artservice für Comic- und Buchverlage ermittelten Aufwands- und Honorarempfehlungen aufmerksam. Zur Form: Comicalben enthalten eine zusammenhängende Geschichte, erscheinen zumeist im A4- oder einem ähnlichen Format und haben einen Umfang von 48 bis 64 Seiten.

Die IO sieht keine Kategorie für Comicalben vor. Der AGD-Vorschlag für einen „Autorencomic" wurde von uns bereits weiter vorne unter Comicheft abgehandelt. Dem ist nur hinzuzufügen, dass ein Comicalbum von 48 bis 64 Seiten angesichts der berechneten Seitenpauschale der AGD dann sogar eine Gesamtsumme von über 67.000 Euro bis knapp 90.000 Euro inklusive Konzept erzielen müsste (bei 8 Stunden Arbeitszeit pro Seite und dem geringstmöglichen Nutzungsfaktor von 0,9).

RAT DES ICOM

Die Einkünfte durch Comicalben gehorchen in der Regel dem Geschäftsmodell des auf einem Verlagsvertrag beruhenden Absatzhonorars des Buchmarkts. Bei einer Auflage von 5.000 Stück, die wir für den Comicmarkt derzeit für optimal halten, wäre folgender Erlös aus der Umsatzbeteiligung an einem Album denkbar (siehe Textbox auf dieser Seite): Entwickelt sich das Comicalbum zu einem Erfolg mit mehr als 10.000 Stück Gesamtauflage, steigen die Einkünfte natürlich mit. Es ist ebenfalls denkbar, dass neben einem Verlag auch Kunden aus der Industrie oder Institutionen und Behörden ein Comicalbum in Auftrag geben, um für ihre Ziele zu werben oder Aufklärung zu betreiben. Ob die hohen Preise der AGD (s.o.) hier dann jedoch gezahlt werden, entzieht sich unserer Kenntnis, wir wollen es jedoch nicht grundsätzlich in Zweifel ziehen.

Albumpreis	16,00 €
10-prozentige Umsatzbeteiligung (pro Stück)	ca. 1,50 €
Garantiehonorar (Vorschuss) auf die Hälfte der Auflage	3.750,00 €
Tantiemen (auf den mögl. Umsatz der restlichen Auflage)	3.750,00 €
möglicher Gesamterlös aus der verkauften Auflage	**7.500,00 €**

Hier eine Beispielrechnung für ein 48-seitiges Album in einer Auflage von 5.000 Stück, berechnet mit einem Nutzungshonorar (einfaches Nutzungsrecht) nach „Bildhonorare" der MFM im Bereich Werbung/PR/Corporate Publishing:

Nutzungshonorar für 48 Seiten plus Titelbild	10.860,00 €

Rechnen wir ein einfaches Werkhonorar für die ganze Arbeit aus und ignorieren die Vergütung der Nutzungsrechte, ohne deren Einräumung eine Verwertung eigentlich nicht möglich ist, dann erhalten wir bei unserem minimalen Stundensatz von 60 Euro folgende beispielhafte Summe:

künstlerische Konzeptphase	20 h	1.200,00 €
Arbeitszeit bei 48 Seiten à 8 Stunden	384 h	23.040,00 €
Arbeitszeit am Cover	8 h	480,00 €
Summe (Werkhonorar)	**412 h**	**24.720,00 €**

Ein Werkhonorar für ein Comicalbum in der dargestellten Höhe von **24.720 Euro** durchzusetzen, dürfte nach unserer Kenntnis sogar auf dem Markt der Auftragscomics derzeit Schwierigkeiten machen. Wenn das für euch in Ordnung geht, könnt ihr selbstverständlich Rabatte auf den Tagessatz (**max. 30 %**) geben und euren Kunden entgegenkommen, wenn ihr an langfristigen Projekten arbeitet. Zudem könnt ihr die Abgeltung der Nutzungsrechte in die Tagessätze einschließen. Wir kommen in unserem Beispiel auf eine Gesamtarbeitszeit von 52 Arbeitstagen (= ca. 2,5 Monate), was viele Comicschaffende für sportlich halten werden, aber wir gehen mal von einem Routinefall aus, der zügig abgearbeitet werden kann. Da ganze Comicalben jedoch vermutlich wegen der Kosten äußerst rar im Marketing oder in der Unternehmenskommunikation eingesetzt werden, ist wohl eher selten mit einer Anfrage zu rechnen. Im Übrigen sind hier nur die Honorare für die künstlerische Erstellung enthalten, nicht die fürs Schreiben der Story. Fürs Autorenhonorar kann unsere Kategorie *Artservice für Comic- und Buchverlage* herangezogen werden.

GRAPHIC NOVEL

Für die Graphic Novel haben wir ebenfalls keine Umfragewerte ermittelt. Es gibt unter **ICOM**-Mitgliedern jedoch Erfahrungen mit desillusionierend niedrig ausgefallenen Einnahmen. Auch Verlage verhehlen nicht ihre Enttäuschung: Der Comicverlag Egmont hat sich beispielsweise vor einigen Jahren von der Graphic Novel wieder abgewandt und seinen Imprint „Egmont Graphic Novel" eingestellt. Doch die einst sehr niedrigen Absatzzahlen, die für die auf dem deutschsprachigen Buchmarkt früher nicht besonders populären Graphic Novels galten, scheinen sich in letzter Zeit etwas verbessert zu haben und machen vorsichtig Hoffnung für die Zukunft. Im „Honorarwerk" der **IO** existiert eine Kategorie „Graphic Novel" und gibt einen Durch-

schnittswert von **6.908 Euro** als Garantiehonorar an. Das wird von der **IO** zu Recht als „relativ gering" angesehen. Da solche Werke aber der Initiative von Künstlerinnen und Künstlern entspringen, wird die absatzabhängige Umsatzbeteiligung von der **IO** akzeptiert.

RAT DES ICOM

Da Graphic Novels dem wenig vorsehbaren Marktgeschehen der Belletristik gehorchen, sind zu erwartende pauschale Einnahmen aus der Verwertung schwer mit allgemeingültigen Zahlen zu belegen. Obwohl Graphic Novels eine Zeitlang sehr umstritten waren und erst relativ langsam eine gewisse Akzeptanz in der lesenden Öffentlichkeit erlangten, entwickelten sie sich zuletzt in der arrivierten Verlagsbranche zu einem nice-to-have-Produkt, da sie einem belletristisch ausgeprägten Verlagsprogramm die künstlerische Note verleihen können und inhaltlich eher ein gehobenes Lesepublikum ansprechen. Ihr könnt deshalb versuchen, eure prozentuale Umsatzbeteiligung möglichst hoch zu verhandeln und auf mehr als die üblichen **8 bis 10 %** zu gehen. Wir haben in **Kapitel 1.1: Das freie Werk** auf **Seite 119** das Thema Angebotswerk, Absatzhonorar und Tantiemen im Übrigen ausführlich behandelt, so dass wir auf eine weitere Darstellung an dieser Stelle verzichten.

ARTSERVICE FÜR COMIC- UND BUCHVERLAGE

Unsere Kategorie des Artservice ist nicht nur für die Buchbranche denkbar und kann selbstverständlich auch bei Aufträgen aus Werbung und Marketing angewandt werden, wobei wir im Fall eines besonders großen Nutzungsumfangs eine Anhebung der Beträge nahelegen. Wir gliedern nach einzelnen Aufgabenbereichen auf, die jeweils für sich in Rechnung gestellt werden. Kreativteams können die einzelnen Arbeiten nach dieser

Liste ebenfalls für sich bewerten und untereinander abrechnen. Die angegebenen Preise sind **Minimalwerte** und definieren die Bezahlungsgrenze nach unten hin, nach oben hin ist die Skala offen. Dabei kommt es natürlich auf die Komplexität der Aufgabe an. aufwendige Seiten sind entsprechend höher zu bewerten. Da es sich um Pauschalpreise handelt, enthalten sie das Nutzungshonorar, so weit es erforderlich ist.

Artservice	Seitenpauschale
Text*	50 €
Lettering	10 €
Übersetzung*	15 €
Handlettering	20 €
Layout/Scribble	60 €
Flatting (Vorstufe der Kolorierung)	25 €
Pencil	95 €
Kolorierung (digital)	110 €
Ink/Tusche	80 €
Kolorierung (analog)	180 €

*Bei Arbeiten wie Text und Übersetzung gehen wir von einer reinen Textseite[38] aus, die inhaltlich mehrere Comicseiten umfassen kann.

COMISSIONED ART

In dieser Kategorie haben die Fans das Sagen. *Comissioned Art* wird in dem von uns verwendeten Sinne von Fans in Auftrag gegeben. Dabei wird die Höhe der Artwork-Preise an die Bekanntheit der Künstlerinnen und Künstler geknüpft. Wer zu den Stars gehört, kann aufgrund der belebten Nachfrage entsprechend hohe Honorare verlangen. Das künstlerische Fußvolk backt eher kleine Brötchen. Verlässliche Aussagen über die Preise lassen sich nur sehr grob umreißen. Umfragewerte liegen uns nicht vor, doch es gibt Richtwerte, die wir auf dem Markt ermitteln konnten.

Die Konditionen sollten vorher vereinbart worden sein: Ob ein handwerkliches Original, wenn es in einer analogen Technik erstellt wurde, oder „nur" ein (hochwertiger) Ausdruck Bestandteil des Auftrags ist, darüber sollte von Anfang an Klarheit walten. Der Wunsch eines Fans nach einer Zeichnung sollte mit einer gründlichen Abfrage von dessen persönlichen Vorlieben, des Motivwunschs, der Ausführung etc. vor Erstellung abgeklärt werden. Im Vorfeld geäußerte Preisangaben sind dabei wichtig. Wir empfehlen außerdem dringend, auf Vorkasse zu gehen. Nach der Erfüllung des Fanwunschs kann es sonst nervig werden, dem Geld hinterherzurennen.

Alle Beträge gelten für ein niedriges bis mittleres Preissegment und sind netto zu verstehen. Außerdem kommen noch Material- und Versandkosten hinzu. **Wichtig:** Mit der Bezahlung der Arbeit werden keine (kommerziellen) Nutzungsrechte erworben. Gegen das Posten in die sozialen Medien ist jedoch an sich nichts einzuwenden, solange keine Erlöse dadurch erzielt werden und es eurer Eigenwerbung dienen kann. Und noch ein Tipp: Die Nachfrage redet hier ein Wörtchen mit bei der Preisgestaltung. Wer sich nicht mehr retten kann vor Aufträgen, soll

[38] *Die Normseite wird von der VG Wort beispielsweise als „30 Zeilen à 50 Anschläge = 1.500 Zeichen" festgelegt.*

Format	Bleistiftzeichnung	Tusche/Lineart	mit Kolorierung
Porträt	5–8 €	15–30 €	30–60 €
Ganze Figur	15–30 €	30–60 €	60–120 €
komplette Illustration (DIN A5 bis DIN A4)	30–60 €	60–120 €	120–240 €

ruhig dann und wann eine moderate Preiserhöhung vornehmen.

EVENTORIENTIERTES ZEICHNEN

Rund um das live Zeichnen auf Veranstaltungen haben sich einige Disziplinen entwickelt, die Comic- und Cartoonschaffende ausfüllen können. *Graphic Recording*, *Visual Facilitation*, *Live-* und *Schnellzeichnen* – es gibt einige Möglichkeiten, das Zeichnen während eines Events beruflich auszuüben. Das kann ganz instrumentell eingesetzt werden, um beispielsweise die Worte von Vortragenden in einprägsame Bilder umzusetzen, oder als unterhaltsame Gaudi auf Partys, wo karikierende Porträts der Teilnehmenden in Minutenschnelle erstellt werden.

Die **IO** nutzt die Kategorien „Eventzeichnen" und „Graphic Recording" um diese Rubrik zu beschreiben. Beim Eventzeichnen wird betont, dass es hohe Konzentration erfordert, unter der Einwirkung eines Publikums zu arbeiten, so dass die dargestellten durchschnittlichen Sätze von **155 Euro pro Stunde** und **1.220 Euro pro Tag** als gerechtfertigt angesehen werden. Nutzungsrechte sind dabei in den Sätzen pauschal inbegriffen. Für das Graphic Recording nennt die **IO** mittlere Sätze von **90 Euro pro Stunde** und **1.415 Euro pro Tag**. Die **AGD** macht hingegen keine Angaben dazu.

RAT DES ICOM

Grundlage für die Honorarberechnung ist der Tagessatz, der acht Stundensätzen entspricht. Wenn wir von einem minimalen **Stundensatz von 60 Euro** ausgehen, dann sollte beispielsweise ein Wochenend-Workshop als zwei Arbeitstage zu jeweils acht Stunden abgerechnet werden, auch wenn dann nicht volle acht Stunden lang durchgezeichnet wird. Ein **Tagessatz von 480 Euro** stellt das unterste Minimum dar und gilt für Neulinge in diesen Disziplinen. Erfahrene und nachgefragte Livezeichnerinnen und Livezeichner

können **Tagessätze von 2.000 Euro** und mehr verlangen. Sind die Einsätze zeitlich relativ klar auf wenige Stunden begrenzt und gestaltet sich die Anreise dabei knapp und unkompliziert, dann könnt ihr dem Auftraggeber entgegenkommen und nach Stundensätzen abrechnen.

Zu den Tagessätzen kommen noch weitere Kosten hinzu: Fahrtkosten, Spesen und Übernachtungskosten. Sind analoge Originale entstandenen, die in den Besitz der Auftraggeber übergehen, kann noch eine Pauschale für das Material (Papier und Stifte) abgerechnet werden. Die Bereitstellung (und damit das Mitbringen) eines Whiteboards, einer Tafel, einer Staffelei oder einer ausgeklügelten Zeichenwand etc. ist dagegen eure Sache, sollte sich aber beispielsweise über die Betriebskostenrechnung (siehe **Teil 4: Betriebskosten**) in den Tagessätzen widerspiegeln. Schließlich muss die Investition in das möglicherweise etliche hundert Euro teure Equipment binnen absehbarer Zeit wieder eingespielt werden.

Verbreitet der Auftraggeber die Arbeit in gedruckter Form zur Eigenwerbung (z.B. im Kunden-/Firmenmagazin) oder lädt sie ins Internet hoch – beispielsweise in Social-Media-Kanäle, findet eine Veröffentlichung statt, für die ihr exklusive Nutzungsrechte einräumen müsst und ein Honorar verlangen könnt. Dabei könnt ihr beispielsweise gegenüber gemeinnützigen Organisationen kulant sein und auf eine Berechnung verzichten oder euch bei besonders exklusiven Kunden an den Bildhonoraren der **MFM** orientieren, die hierzu die Kategorie „Werbung/PR/Corporate Publishing" bereitstellen. Hier finden sich Angaben zu Nutzungshonoraren für Bildwerke in den unterschiedlichsten Verwendungszwecken. So bringen die Nutzungsrechte für eine Veröffentlichung im Internet (gute Auflösung mit les- und erkennbaren Details) auf einer Unterseite für eine Nutzungsdauer von einem Jahr beispielsweise **310 Euro**. Ist keine Nutzung im Rahmen von Werbung beabsichtigt, sollte dem Auftraggeber dennoch ein eingeschränktes Nutzungsrecht am Bild eingeräumt werden, ähnlich wie es für den Verkauf von Originalen gilt: keine kommerzielle Nutzung, keine Verwertung in der Eigenwerbung des Unternehmens. Auch eine Darstellung des Werks in der firmeninternen Berichterstattung (Mitarbeitermagazin, Intranet) sollte nur gegen Vergütung eines Nutzungshonorars gestattet werden. Lediglich die Ausstellung des Originals kann unserer Ansicht nach als einziges kostenfrei gestattet werden. Im Übrigen gilt sogar hier das sogenannte *Folgerecht* (siehe **Seite 78**), das den Weiterverkauf der Originale an Dritte regelt. Dazu müsstet ihr der VG Bild-Kunst den Verkauf des erstellten Werks melden. Ob sich der Aufwand allerdings lohnt, ist fraglich, da die Regelungen des Folgerechts erst ab einem Verkaufswert von **400 Euro** netto greifen. Über alle Zusatzkosten solltet ihr den Auftraggeber natürlich vorher informieren.

SIGNIERSTUNDEN UND LESUNGEN

Auf Messen, Cons oder in Buchläden einer Comiclesung zu lauschen, wirkt auf den ersten Blick etwas ungewöhnlich. Wer aber einmal eine gelungene Veranstaltung miterlebt hat, schätzt die Live-Atmosphäre, die Begeisterung im Publikum, die Gelöstheit der Akteure und die Größe der Zeichnungen auf breiten Projektionsflächen. Eine Darbietung dieser Art erfordert von euch Vorbereitungszeit, Reisebereitschaft, Redegewandtheit und natürlich ein bereits vorher erarbeitetes Comic-Opus, das es wert ist, der Öffentlichkeit vorgetragen zu werden.

Der *Verband deutscher Schriftstellerinnen und Schriftsteller* (VS) legt Autorinnen und Autoren nahe, eine Tagespauschale von **300 Euro** für Lesungen zu verlangen. Im Comicbereich sollte davon nicht abgewichen werden, denn Einnahmen durch Live-Events wie Lesungen und Signierstunden können für euch eine wichtige Einkommensquelle darstellen. Es kommt noch hinzu, dass zu-

vor Präsentationen des Comics entwickelt werden müssen, die dann auf der Lesung gezeigt werden. Alles zusammengerechnet ein Aufwand, der am Ende angemessen honoriert werden muss. Der *Deutsche Comicverein e.V.* aus Berlin empfiehlt deshalb ein Honorar von **400 Euro** für Einzellesungen und ein Honorar von **300 Euro** (pro Person) für Gruppenlesungen. Weitere Empfehlungen dazu können auf der Website des Vereins[39] nachgelesen werden.

Viele Kolleginnen und Kollegen rechnen die investierte Zeit nach Stundensätzen ab, was aus Sicht des **ICOM** als Minimum zu gelten hat. Beim Honorar ist außerdem zu berücksichtigen, dass eine interessierte Öffentlichkeit anwesend ist, deren Zuspruch eine besondere Erhöhung der Vergütung wert ist. Nicht zu vergessen sind Spesen, Reise- und Übernachtungskosten. Nutzungshonorare werden dann interessant, wenn Aufzeichnungen der Veranstaltung beispielsweise im Internet veröffentlicht werden. In diesem Fall müssen gesondert Nutzungsrechte eingeräumt und honoriert werden.

Der Verkauf eurer eigenen Werke ist euch bei Lesungen nicht immer gestattet. Und im Gegensatz zu Literaturlesungen, bei denen etliche Unterschriften recht schnell in die Bücher geschrieben worden sind, ist das Signieren von Comics zeitaufwendiger und sollte deshalb, wenn der Verkauf allein auf Kappe des Veranstalters geht, vergütet werden. Umgekehrt könnte der Zeichner den Veranstalter an eigenen Verkäufen beteiligen (wobei das kaum lukrative Höhen erreichen kann).

STORYBOARD

Ob Filme, Werbung oder Games: Storyboards erlauben die visuelle Planung eines szenischen Ablaufs und sind im Vorfeld der Medienproduktion ein wichtiger Leitfaden für

---

[39] Link (abgerufen im Mai 2019): **deutscher-comicverein. de/honoraruntergrenzen-comic**

die Umsetzung. In ihrer comicartigen Aufmachung bilden sie deshalb ein interessantes Geschäftsfeld für Comicschaffende. In der Umfrage unter **ICOM**-Mitgliedern konnten wir keine Honorarwerte ermitteln.

Die **IO** geht detailliert auf das Thema ein. Am besten bezahlt sind laut **IO** wie zu erwarten Storyboards für Werbespots, in der Filmproduktion werden dagegen niedrigere Honorare gezahlt. Die **IO** unterscheidet deshalb zwischen „Shootingboards" für Filmproduktionen und Storyboards für die Werbung und trifft in der Ausführung weitere Unterscheidungen für unterschiedliche Qualitäten wie „rough", „Strich", „einfaches Motiv" und „normales Motiv" sowie „grau" und „farbig". Dabei reichen die durchschnittlichen Pauschalbeträge von **26 Euro** bis hin zu **146 Euro** und gelten für jeweils ein Bild bzw. einen Frame.

Die **AGD** geht in „VTV-Design" unter der Disziplin „Digital Media Design", zu der sie u.a. das Motion Design zählt, von einer Seite mit vier „Szenen" aus, für die bei **2 bis 3 Stunden** und somit **180** bis **270 Euro** pro Seite umgerechnet Preise von **45 Euro** bis **68 Euro** pro Szene gelten. Inklusive Nutzungsvergütung (niedriger Faktor 0,9) ergäben dies zwischen **86 Euro** und **130 Euro** pro Szene. Zusätzlich führt die **AGD** noch die Leistungen „Storyboard Konzept" (**4–16 Stunden**) und „Entwurf" (**4–24 Stunden**) auf.

RAT DES ICOM

Die **IO** behandelt das Thema kompetent und ausführlich, deshalb sei hier auf deren „Honorarwerk Illustration" verwiesen.

ANIMATION

Pauschalhonorar	8.363 €
Arbeitszeit	70 h
Länge (durchschnittlich)	2:20'
Stundensatz	84 €

In unserer **ICOM**-Umfrage erhielten wir Honorarangaben für Image- und Werbefilmproduktionen mit einer Länge von 1 bis 5 Minuten, die zumeist von einzelnen Filmschaffenden oder kleinen Teams erstellt wurden. In der Filmbranche arbeiten dagegen oft sehr viele Leute – bei großen Kinoproduktionen mehrere hundert – am einem einzigen Projekt. Dabei werden üblicherweise die bereits erwähnten Total-Buyout-Verträge gemacht. Dass hier aus ökonomischen und technischen Gründen individuelle Nutzungshonorare nur schwer vereinbart werden können, dürfte zwar für sich selbst sprechen, doch ist diese Situation aus unserer Sicht nicht befriedigend.

Die **IO** kennt zwei Kategorien für Animationsfilme: „Trickfilm" und „Erklärfilm". Beim Trickfilm nennt sie einen als „extrem niedrig" einzustufenden Stundensatz von **37 Euro** bzw. einen Tagessatz von **295 Euro**, die beide als Pauschalen zu verstehen sind (d.h. als Werk- sowie Nutzungshonorar). Die **IO** geht jedoch von einer langfristigen Buchung aus, so dass wir bei den genannten Sätzen einen Monatsumsatz (**20 Tagessätze**) von immerhin **5.900 Euro** errechnen. Besser schaut es beim Erklärfilm aus. Die **IO** führt ein mittleres Pauschalhonorar von **5.617 Euro** für eine Filmdauer von 60 Sekunden an.

Die **AGD** trennt den Bereich Animation auf in „gezeichnet", „Vektor-Animation, Cutout …", „3D-Animation" und „3D-Modelling Environment" sowie in die Branchen „Feature Kino", „Werbung", „TV" und „Web". Zusammengefasst fällt unter „Film (Minutenpreis)" dann eine Animation für Werbung mit **60 bis 90 Arbeitsstunden** oder **5.400** bis **8.100 Euro** je Filmminute an und bringt von uns errechnet bei einem relativ niedrigen

Nutzungsfaktor von 1,3 (exklusiv, regionale Verbreitung, 1 Jahr) somit Nutzungshonorare zwischen **7.020 Euro** und **10.530 Euro** ein. Bei TV kommt die **AGD** auf **Stundenzahlen von 30 bis 38** und auf Werkhonorare von **2.700 Euro** bis **3.420 Euro**, für die wir dann Nutzungshonorare von **3.510 Euro** bis **4.446 Euro** (Nutzungsfaktor 1,3) errechnen. Für „Web" fällt der Aufwand an Arbeitszeit laut **AGD** am geringsten aus. Hier werden **12 bis 22 Stunden** pro Filmminute mit Werkhonoraren von **1.080 Euro** bis **1.980 Euro** angesetzt. Als Nutzungshonorare errechnen wir bei einem fürs Internet relativ niedrig angesetzten Faktor von 1,5 (exklusiv, deutschsprachig, für ein Jahr) **1.620 Euro** bis **2.970 Euro**.

RAT DES ICOM

Im Animationsbereich verbindliche Honorarempfehlungen zu geben, ist schwer bis unmöglich. Die Budgets in den unterschiedlichen Verwertungssektoren wie Kino, Fernsehen und Werbung unterscheiden sich enorm und reichen bei den Minutenpreisen von wenigen Tausend Euro bis zu weit über einer Million bei Filmen wie „Ralph reichts 2". Dem gegenüber steht ein nur im konkreten Einzelfall zu benennender Zeitaufwand für die Animation, abhängig von Stil, Anzahl der Phasen pro Sekunde und natürlich Motiv (Gesicht oder ganze Person, Anzahl der zu animierenden Charaktere und zu malenden Hintergründe). Deshalb können sich für einzelne Bereiche wie Hauptphasen, Zwischenphasen, Modelsheets, Reinzeichnungen oder Kolorierung Stundenlöhne ergeben, die um den Faktor 100 differieren – also **10 Euro** oder **1.000 Euro**. Am Ende müssen der Animator und der Produzent immer eine individuelle Einigung finden, die für beide tragbar ist.

Die Nutzungsrechte werden von Produktion zu Produktion unterschiedlich gehandhabt. Total-Buyouts bei Filmproduktionen sind die Regel, in der Werbung solltet ihr dann eher exklusive Nutzungsrechte einräumen. Die Ermittlung des Nutzungshonorars ist von vielen Umständen abhängig, die ihr über die Nutzungsfaktoren der **IO** oder der **AGD** berechnen könnt.

Für freiberufliche Comic- und Cartoonschaffende sind Aufträge mit handwerklichen Teilaspekten einer Trickfilmproduktion interessant. Dabei kommt es auf den Auftrag, die Technik, die Routine und etliches mehr an, die Einfluss auf die Geschwindigkeit der Arbeit haben. Ihr solltet für euch selbst ermitteln, wieviele Stundensätze ihr für jeweils eine Sekunde Film berechnen müsstet, damit sich die Arbeit für euch rentiert.

Ansonsten schließen wir uns der Auffassung der **IO** an, dass ihr euch bei einer langfristigen Beauftragung in der Filmbranche großzügige Rabatte auf den Tagessatz erlauben könnt. Wir empfehlen euch maximal **30 %** nachzulassen. Das Nutzungshonorar kann ebenfalls in den Tagessatz eingeschlossen werden. Trotzdem sind die eingeräumten Nutzungsrechte wie immer klar zu benennen.

GAMEDESIGN

Die Computerspielbranche hat Ähnlichkeit mit der Filmbranche. Hier arbeiten ebenfalls große Teams in den Bereichen Design, Animation und Programmierung an einzelnen Projekten. Dadurch und durch die Ähnlichkeit der Berufsbilder haben sich in etwa ähnliche Nutzungsmodelle für kreative Leistungen etabliert. Die erstellten Artworks werden in der Regel nicht direkt verwertet, sondern als Models für die Gameworld oder die Game-Characters benutzt. Bei Teams mit manchmal mehreren hundert kreativen Mitwirkenden sind individuelle Nutzungshonorare eine komplizierte Aufgabe, weshalb wir hier vor allem den Total-Buyout antreffen. Obwohl auf die Geschäfte der Computerspiele-Branche in Deutschland selbstverständlich das deutsche Urheberrecht anzuwenden ist, haben sich international übliche Verfahren eingebürgert, die mit der künstlerischen Urheberschaft eher unbekümmert umgehen.

Tätigkeit	Arbeitsstunden	Werkhonorar	Nutzungshonorar[40]
Concept Art (pro Einzelbild) *Scribble*	1 h	60 €	80 €
Concept Art (pro Einzelbild) *Ausführung*	12 h	720 €	960 €
Character-Design (pro Character) *Scribble*	1,5 h	90 €	120 €
Character-Design (pro Character) *Ausführung (Model sheet)*	16 h	960 €	1.280 €
Turn-around[41] (vier Posen) *Scribble*	1 h	60 €	80 €
Turn-around (vier Posen) *Ausführung*	8 h	480 €	640 €

Da der Markt international ausgeprägt ist, lassen sich immer wieder weltweit gute Künstlerinnen und Künstler finden, die mit diesen Bedingungen und einer für unsere Verhältnisse relativ niedrigen Vergütung einverstanden sind. Es kommt zudem leider ziemlich oft vor, dass viele Projekte über ein Anfangsstadium nicht hinausgelangen. Damit entfällt dann zumeist eine genaue Überlegung zur Abgeltung der Nutzungsrechte.

Wie im Filmgeschäft ist es ebenso in der Games-Industrie oft üblich, projektbezogen auf angestellte Designerinnen und Designer sowie Illustratorinnen und Illustratoren zurückzugreifen. In speziellen, aber durchaus nicht seltenen Fällen fungieren Designer in Personalunion als Unternehmer und Geschäftsinhaber. Doch in dieser privilegierten Position sollten sie die guten Regeln des Kreativgeschäfts und des Urheberrechts nicht vergessen.

Weder die **IO** noch die **AGD** gehen auf die Thematik Games ein.

RAT DES ICOM

Uns stehen an dieser Stelle leider keine Informationen über in der Games-Branche eingenommene Honorare seitens der **ICOM**-Mitglieder zur Verfügung. Aufgrund eigener Berechnungen kommen wir jedoch zu Empfehlungen, die unserer Ansicht nach als Minimum zu gelten haben. Dabei gehen wir von dem von uns empfohlenen Mindestsatz von **60 Euro/Stunde** aus.

SCHLUSSBEMERKUNG

Mit der Kategorie *Gamedesign* schließen wir die Behandlung der Preismodelle für Comicschaffende ab. Es könnten zwar noch weitere mögliche Leistungsarten genannt werden wie das Modellieren von **3D-Sammelfiguren** (es scheint im deutschsprachigen Raum jedoch keine Modelleure zu geben) oder das Entwerfen von **Merchandise** (Kappen, T-Shirts, Tassen, Plüschfiguren usw.), **Postkarten**, **CD-/DVD-Cover**, **Plakaten** etc. Da vor allem die letztgenannten Leistungsarten nicht spezifisch von Cartoon- und Comicschaffenden ausgefüllt werden können, sondern ganz allgemein in den Bereich der Kunst, der Illustration und des Grafikdesigns gehören, verweisen wir in diesen Fällen auf die bereits genannten Tarifwerke der **AGD**, der **IO** und der **MFM**, die dazu ausführliche Angaben machen. Legt euch deshalb am besten alle Honorarführer zu, aus denen wir oben zitieren. Bei Jobs für Presse- und Comicverlage verwendet die „Bildhonorare" der **MFM**, bei Jobs für Buchmarkt, Film und Werbung verwendet das „Honorarwerk" der **IO**. Wenn ihr direkt für Auftraggeber aus der Industrie arbeitet (auch wenn eine Agentur dazwischengeschaltet ist), könnt ihr auf „VTV-Design" der **AGD** zurückgreifen. Nur für Aufträge aus der Games-Branche gibt es unseres Wissens nach leider kein passendes Tarifwerk.

[40] *Nutzungsrechte im Bereich Game sind hier exklusiv (mit einer Einschränkung zur eigenen Verwendung in der Eigenwerbung), aber befristet. Wir gehen in unserem Preisvorschlag von einer Nutzungszeit von 3 Jahren aus.*

[41] *Für ein Turn-around muss ein Character-Design bereits vorliegen. Ein Turn-around soll nur die 3D-Darstellung genauer definieren.*

[42] *fairpagerates.com*

[43] *youtu.be/-qUQzy1k948*

WIEVIEL VERDIENT MAN MIT COMICS IN DEN USA?

Laut der Internetseite **Fair-Page-Rates**[42] wurden im Jahr 2016 sehr unterschiedliche Preise für eine Comic-Seite in den USA gezahlt. Die Angaben hier wurden aus Befragungen und freiwilligen Angaben von entsprechend beauftragten Comicschaffenden zusammengetragen. Grob lässt sich sagen, dass die Größe des Verlags (ähnlich wie in Deutschland) verantwortlich ist für die Höhe der Bezahlung, wobei sicherlich im Einzelfall noch die Bedeutung des Künstlers mit zu gewichten ist. Alle Beträge gelten pro Seite.

	Script	Covers	Line art	Colour art	Lettering
Mainstream	80–100 $	600–700 $	200–300 $	80–135 $	20–25 $
Indie	25–50 $	200–500 $	100–250 $	20–80 $	10–20 $

Original Art ist ein wesentliches Element des Zuverdiensts und kann das Einkommen insbesondere dann nahezu verdoppeln, wenn man noch auf Papier zeichnet. Die **$**-Angaben richten sich nach ganzen Seiten. Dabei sind die Ränge der einzelnen Künstlerinnen und Künstler ausschlaggebend. Die hochrangigen Zeichner/-innen (hier „top tier artists" genannt) können mehr verlangen als die weniger bedeutenden („low tier artist"). Die Angaben beruhen auf dem Vlog-Video[43] von Concept Artist James Raiz.

Auf Conventions:

Headshot (0,5 h)	40–50 $	Halfbody	35–100 $	Fullbody
				low tier artist 100 $
				top tier artist 500–600 $

Auftragsarbeiten

low tier artist 30–50 $ top tier artist 200–1.000 $ Covers 5.000–10.000 $

ANHANG

DANKE!

Um die neue Ausgabe des **ICOM**-Ratgebers zu verwirklichen, haben sich viele Leute Zeit genommen und das Projekt mit Rat und Tat unterstützt. Herzlich danken möchte ich meinen beiden juristischen Mitautoren **Martin Boden** und **André Stämmler** für ihren kompetenten Einsatz sowie die Bereitschaft, sich rasch in die Materie Comic, Cartoon und Animationsfilm einzuarbeiten. Ebenso danke ich **Christof Ruoss**, der als Autor des letzten **ICOM**-Ratgebers nicht nur seine bisherigen Texte frei zur Verfügung gestellt, sondern ein weiteres Mal wertvollen Rat zum Business erteilt hat. Ich danke **Tobias Funk** für seine Mitwirkung und kritischen Anmerkungen als erster Leser und Lektor. Inbesondere hat mich **Burkhard Ihme** als Cheflektor und Verleger mit fachlicher Kompetenz und sprachlichem Schliff unterstützt und meinen Dank verdient. Als meine Berater haben die **ICOM**-Vorstände **Reinhard „FeliX" Horst** und **Peter Krüger** gewirkt — auch euch mein Dank! Einen lieben Dank möchte ich dem Illustrator des **ICOM**-Ratgebers **Hartmut Haggi Klotzbücher** ausrichten für seine treffenden Schlaglichter auf das Freelancer-Business. Ich danke **Werner P. Berres** und **Nikolaus Gatter** für die sprachliche Unterstützung sowie **Martin Jurgeit** für seinen Beitrag zum Comicmarkt und seine umfassende Kritik anhand der Vorabveröffentlichung des **ICOM**-Ratgebers. Aus organisatorischen Gründen werden wir Martins Vorschläge leider erst in der nächsten Ausgabe berücksichtigen können. Ein herzlicher Dank auch an **Matthias Bender** von der Illustratoren Organisation e.V. für kollegialen Rat und die freundliche Erlaubnis, aus dem Honorarwerk Illustration der **IO** zitieren zu dürfen. Im Weiteren danke ich allen **Teilnehmerinnen und Teilnehmern der ICOM-Honorar-Umfrage** für eure freimütigen Angaben. Ohne eure Daten hätte diesem Ratgeber ein Stück Fundament gefehlt. Last but not least bedanke ich mich bei allen, die seit Jahren auf den neuen **ICOM**-Ratgeber warten, für ihre Geduld.

In großer Dankbarkeit verbunden bin ich den Podcasts von **Yay-Comics** (Carlos und Lara), **Telestammtisch** (Andi), **kreative Rockstars** (Johanna Fritz) und den **Comic Cookies** (Steffen Liebschner), die in ihren Interviews mit Comicschaffenden und -bewegten wie Sarah Burrini, Stefan Dinter, Horst Gotta, Eve Jay, Ines Korth, Daniel Lieske, Johannes Lott, Ulli Lust, Isabel Kreitz, Dirk Rehm, Carolin Reich, Bela Sobottke, Olivia Vieweg und vielen anderen wertvolle Informationen über den Alltag im deutschsprachigen Comicgeschäft der Allgemeinheit zugänglich gemacht haben. Einige der zusammengetragenen Informationen konnte ich in den **ICOM**-Ratgeber einfließen lassen. Ein Abo dieser Podcasts wird von mir empfohlen.

Ein letzter Dank und Hinweis in eigener Sache zugleich: Das COMIC!-Jahrbuch liefert mir regelmäßig hochgeschätzte Informationen zu Business und Szene. Auch dieses Werk sei allen Leserinnen und Lesern ans Herz gelegt.

Frank Pfeifer (Herausgeber)

BERATUNGSANGEBOT

Die Juristen Martin Boden und André Stämmler haben als Autoren und Korrektoren am **ICOM**-Ratgeber mitgewirkt und bearbeiten als Fachanwälte Fälle u.a. zu Themen des Urheber- und Medienrechts. Martin Boden hat die Vertragsmuster-Vorlagen sowie die Kommentare dazu verfasst, André Stämmler sorgte für die rechtliche Klarheit des **ICOM**-Ratgebers. Außerdem ist der Rechtsbeistand des **ICOM**, Dr. Martin Bahr, auf Rechtsfragen der neuen Medien spezialisiert. Hier sind ihre Adressen:

Martin Boden, LL.M.
Rechtsanwalt und Fachanwalt für Urheber- und Medienrecht, Fachanwalt für gewerblichen Rechtsschutz
Hansaallee 201
40549 Düsseldorf
Tel (0211) 30 26 34-0
Fax (0211) 30 26 34-19
E-Mail: **m.boden@boden-rechtsanwaelte.de**
Internet: **www.boden-rechtsanwaelte.de**
Martin Boden hat sich freundlicherweise bereit erklärt, die Erstberatung – exklusiv für ICOM-Mitglieder – kostenlos anzubieten.

André Stämmler
Rechtsanwalt und Fachanwalt für Urheber- und Medienrecht
Markt 22
07743 Jena
Tel (03641) 316 11 80
E-Mail: andre@staemmler.pro
Internet: **www.staemmler.pro**

Dr. Martin Bahr
Rechtsanwalt für Recht der Neuen Medien (u.a.)
Mittelweg 41a
20148 Hamburg
Tel (040) 35 01 77 60
Fax (040) 35 01 77 61
E-Mail: **Bahr@Dr-Bahr.com**
Internet: **www.Dr-Bahr.com**
Der Rechtsbeistand des ICOM, Martin Bahr, gewährt allen ICOM-Mitgliedern die Erstberatung im Rechtsfall kostenfrei.

Frank Pfeifer
Kommunikationsdesign und Illustration
Am Niddatal 33
60488 Frankfurt am Main
E-Mail: **fp@frank-pfeifer.de**
Internet: **www.frank-pfeifer.de**
Als ICOM-Projektleiter Honorare steht der Herausgeber des Ratgebers, Frank Pfeifer, ICOM-Mitgliedern als Ansprechpartner für Fragen zu verschiedenen Themen ebenfalls zur Verfügung. Korrekturen und Nachträge zum Ratgeber postet er in seinem Blog auf **www.comicratgeber.de**.

LITERATURTIPPS

Allianz Deutscher Designer e.V. (AGD): „Vergütungstarifvertrag Design (VTV)", 178 Seiten, 39,00 €, ISBN 978-3-945572-00-9
Umfasst Honorarempfehlungslisten für sämtliche Design-Bereiche – eine der Grundlagen für die Angaben in Kapitel 4.2.

Allianz Deutscher Designer e.V. (AGD), „Der Grafik-Design-Auftrag", Braunschweig 1995, 22 Seiten, ISBN 3-925812-00-8
Informationen im Pocketformat zum Urheber- und Nutzungsrecht, zu Eigentum und Änderung an Entwürfen u.v.a.m.

Buchholz, Goetz: „Der Ratgeber Selbstständige", mediafon, ver.di, Berlin 2011, 220 Seiten, (vergriffen, antiquarisch aber billig zu bekommen), ISBN 978-3-9814091-0-9
*Hilfreiche und klar verständliche Tipps und Begriffsklärungen zu den Themen Steuerpflicht, Urheberrecht, Berufsstatus, Verträge etc. Die Buchreihe wurde zugunsten des Online-Ratgebers auf dem **ver.di**-mediafon-Internetportals selbststaendigen.info eingestellt. Der Zugang zum Online-Ratgeber ist für **ver.di**-Mitglieder kostenlos, Nichtmitglieder können einen Zugangscode erwerben (1 Monat für 7,50 €, 1 Jahr für 30,00 €).*

Bund Deutscher Grafiker (BDG): Stundensatz-Rechner des BDG: **www.bdg-kalkulator.de**

Bundesverband professioneller Bildanbieter (BVPA): „Bildhonorare 2019", Berlin 2019, 114 Seiten, 28,00 Euro zzgl. Versandkosten, E-Paper-Variante 38,00 €.
*Auf die Preislisten der Mittelstandsgemeinschaft Foto-Marketing (MFM) haben wir bereits im Ratgeber ausführlich hingewiesen. Sie sind für euch vor allem dann empfehlenswert, wenn ihr Cartoons und Karikaturen an Pressemedien lizenziert. Erhältlich sind sie online bei **www.bvpa.org/shop.***

Gehrmann, Kristina: „Zeichnen als Beruf – Erfolgreich durchstarten mit Manga, Illustration und Comic", Eigenverlag 2016, 136 Seiten, 10,00 €, Bezug über Freibeutershop, Kwimbi, Boesner, Gerstäcker
Ausgabe als E-Book, BookRix München 2016, 145 Seiten, 6,49 €, ISBN 978-3-7396-7376-9
Als Illustratoren und Comiczeichner haben wir es nicht leicht: Fast so schwierig wie das Zeichnenlernen sind in unserem Beruf eine Menge Dinge, die mit dem Zeichnen wenig zu tun haben.

- *Was sind die Startformalitäten?*
- *Was habe ich vom Urheberrecht?*
- *Wie komme ich an Aufträge?*
- *Wie können Konflikte bei Auftragsarbeiten vermieden werden?*
- *Wie verhandle ich einen Verlagsvertrag für meinen Comic oder Manga?*
- *Wie finde ich einen angemessenen Preis für meine Arbeit?*

Von diesen und noch vielen weitere Themen handelt dieser Ratgeber, der sich an Berufseinsteiger im Bereich Comic, Manga und Illustration richtet.

Graphic Artists Guild Handbook: „Pricing & Ethical Guidelines", 15. Auflage 2018, 448 Seiten, ca. 18,00 €, ISBN 978-1-5072-0668-3
Die in diesem periodisch seit 1982 herausgegebenen Werk selbstverständlich in Dollar aufgeführten Honorare lassen sich 1:1 in Euro auf den deutschen Markt übertragen.

Hillig, Hans-Peter (Hrsg): „Urheber- und Verlagsrecht", Beck-Texte in der dtv Verlagsgesellschaft, München, 18. Auflage 2019, 752 Seiten, 15,90 €, ISBN 978-3-423-05538-3

Illustratoren Organisation e.V. (IO): „Honorarwerk Illustration", Frankfurt 2018, 120 Seiten, 29,00 €
Illustratoren Organisation e.V. (IO): „Nutzungsrecht-Kalkulator" auf **www.io-home.org**
Das Honorarwerk basiert auf den Ergebnisse einer Mitgliederbefragung der Illustratoren Organisation e.V. und stellt Honorarempfehlungen für Illustratorinnen und Illustratoren in diversen Auftragskategorien dar. Dabei werden auch einige Berechnungsbeispiele aus den Bereichen Comic, Cartoon und Graphic Novel aufgeführt.

Jürgensen, Andri: „Ratgeber Künstlersozialversicherung für selbständige Künstler und Publizisten – Vorteile, Voraussetzungen, Verfahren", Verlag Kunst Medien Recht, Kiel 2018, 130 Seiten, 17,90 €, ISBN 978-3-937641-44-7

Kilian, Claudia: „Starthilfe für Freiberufler – erfolgreich durch das erste Jahr", C.H. Beck Verlag, München, 2. Auflage 2014, 128 Seiten, 6,90 €, ISBN 978-3-406-67188-3

Massow, Martin: „Freiberufler-Atlas – Schnell und erfolgreich selbständig werden", Ullstein Taschenbuch; überarbeitete Auflage 2019, 560 Seiten, 18,00 €, ISBN 978-3-548-06015-6

Schulze, Gernot: „Meine Rechte als Urheber – Urheber und Verlagsrechte schutzen und durchsetzen", dtv Verlagsgesellschaft München, 7. Auflage 2019, 400 Seiten, 24,90 €, ISBN 978-3-423-51241-1
In verständlicher Form wird hier über das aktuelle Urheber- und Verlagsrecht informiert, mit vielen Hinweisen und Tipps für eigene Verträge.

Selfpublisher-Verband e. V.: „Der Selfpublisher" erscheint viermal jährlich bei Selfpublisher-Verband e. V., Alte Samtweberei/Torhaus, Lewerentzstraße 104, 47798 Krefeld, 7,40 €, ISBN 978-3-932522-27-7 (Heft 14)

ADRESSEN

VERWERTUNGSGESELLSCHAFTEN

VG Bild-Kunst
Weberstraße 61
53113 Bonn
Internet: www.bildkunst.de

VG Wort
Goethestraße 49
80336 München
Internet: www.vgwort.de
Unter 2.3 angesprochene Verwertungsgesellschaften. Hier gibt's Geld für Verwertungen, bei denen die Autoren die Honorare schwer selbst eintreiben können – etwa für Kopien aus Büchern im Copyshop. Die Mitgliedschaft ist für Freie kostenlos.

BERUFSVERBÄNDE UND INTERESSEN-GEMEINSCHAFTEN

AG Animationsfilm e.V.
Funkenburgstraße 16
04105 Leipzig
E-Mail: info(@)ag-animationsfilm.de
Internet: www.ag-animationsfilm.com

Allianz Deutscher Designer (AGD) e.V.
Wöhlertstraße 20
10115 Berlin
Tel (030) 35 52 32 53
E-Mail: info@agd.de
Internet: www.agd.de

Der Berufsverband Allianz Deutscher Designer e.V. setzt sich für das gesamte Spektrum der Design-Leistungen ein und gibt den VTV (Vergütungstarifvertrag) heraus: www.vtv-online.de.

BDG Berufsverband der Deutschen Kommunikationsdesigner e.V.
Bundesgeschäftsstelle
Mohrenstraße 63
10117 Berlin
Tel (030) 24 53 14 90
E-Mail: info@bdg-designer.de
Internet: bdg.de

Bundesverband Digitale Wirtschaft (BVDW) e.V.
Berliner Allee 57
40212 Düsseldorf
Tel (0211) 60 04 56–0
E-Mail: info@bvdw.org
Internet: www.bvdw.org
Der BVDW hieß früher Deutscher Multimedia Verband und enthält Angaben zu Gehältern, Arbeitszeiten etc. im Bereich Online- und Multimedia.

Comic Solidarity
by EVE JAY.DEsign
Die Zentrale Coworking Space
Berger Straße 175
60385 Frankfurt am Main
E-Mail: mail@evejay.de
Internet: www.comicsolidarity.de
Community der Webcomic-Schaffenden

Freier Deutscher Autorenverband e.V.
Schutzverband Deutscher Schriftsteller
c/o Oliver Guntner
Kefersteinstraße 10
07745 Jena
Internet: www.fda.de

game – Verband der deutschen Games-Branche e.V.
Charlottenstraße 62
10117 Berlin
Tel (030) 240 87 79–0
E-Mail: info@game.de

GroupementSuisseduFilmd'AnimationGSFA
Kanzleistraße 126
8004 Zürich
SCHWEIZ
Tel (0041–44) 240 19 09
E-Mail: info@swissanimation.ch
Internet: www.swissanimation.ch
Schweizer Berufsverband der Animationsfilm-schaffenden

Interessenverband Comic e.V. ICOM
Danneckerstraße 12
70182 Stuttgart
E-Mail: icomic@aol.com
Internet: www.comic-i.com
Internet: www.icom-blog.de

IO – Illustratoren Organisation e.V.
Martin-Luther-Straße 7
60316 Frankfurt am Main
Tel (069) 97 69 16 16
E-Mail: info@illustratoren-organisation.de
Internet: www.io-home.org
Berufsverband der Illustratoren

ver.di
Vereinte Dienstleistungsgewerkschaft
Fachgruppe Bildende Kunst
Paula-Thiede-Ufer 10
10179 Berlin
Tel (030) 69 56–0
E-Mail: info@verdi.de
Internet: www.verdi.de

VS – Verband deutscher Schriftstellerinnen und Schriftsteller
Verband deutschsprachiger Übersetzer e.V.
Internet: vs.verdi.de
Internet: www.literaturuebersetzer.de
Beide unter dem Dach von **ver.di**, wobei der VdÜ seit 1974 zum VS gehört.

AUSZEICHNUNGEN UND FÖRDERUNGEN

Atelierhaus Salzamt
Obere Donaulände 15
4020 Linz
ÖSTERREICH
Tel (0043–732) 70 70 19 59
E-Mail: salzamt@mag.linz.at
Internet: salzamt.linz.at
Das Atelierhaus Salzamt in Linz bietet einen mehrmonatigen Aufenthalt in seinem Künst-lerhaus allen interessierten Künstlerinnen und Künstlern (darunter auch Comicschaf-fenden) an, die sich dort ihren Arbeiten und einem gemeinschaftlichen Austausch widmen können.

Comicbuchpreis
Berthold Leibinger Stiftung GmbH
Johann-Maus-Straße 2
71254 Ditzingen
E-Mail: brigitte.diefenbacher@leibinger-stiftung.de
Der Comicbuchpreis war 2019 mit insgesamt 38.000 Euro dotiert. Der Preisträger erhält bei der Eröffnung einer Ausstellung mit Ar-beiten aus dem prämierten Werk im Stutt-garter Literaturhaus 25.000 Euro, jeweils 2.000 Euro erhalten alle Finalisten.

Comicstipendien der Deutschschweizer Städte
Fumetto Comic-Festival Luzern
Projekt Comic-Stipendien
Rössligasse 12
6004 Luzern
SCHWEIZ
Tel (0041–41) 4121122

E-Mail: comic@fumetto.ch
comicstipendien.ch
Die Städte Basel, Luzern, St. Gallen und Zürich schreiben gemeinsam ein Hauptstipendium (mit 25.000 Franken) und ein Förderstipendium (15.000 Franken) aus. Die Gewinner werden auf dem Fumetto Comicfestival in Luzern jeweils im April bekannt gegeben.

Comicstipendium der Stadt Berlin
Senatsverwaltung für Kultur und Europa
Abteilung Kultur
Brunnenstraße 188–190
10119 Berlin
Ansprechpartner: Wolfgang Meyer
Tel (030) 90 22 85 36
E-Mail: wolfgang.meyer@kultur.berlin.de
E-Mail: www.berlin.de/sen/kultur/foerderung/foerderprogramme/literatur
Die Stadt Berlin fördert seit 2018 in der Stadt lebende Comickünstlerinnen mit einem Hauptstipendium (insgesamt 16.000 Euro) über acht Monate sowie zwei weiteren Stipendien, die mit jeweils 2.000 Euro etwas knapp bemessen und deshalb mehr als Beihilfe für laufende Projekte zu verstehen sind. Anträge werden jeweils Anfang November ausschließlich elektronisch eingereicht.

CUNE Comics-in-Residence Programm (CUNE CiR)
E-Mail: cunecomics@gmail.com
Internet: cunecomics.net
CUNE ist eine nordeuropäische Initiative von Comic-Organisationen, -Festivals sowie -Künstlern und -Redakteuren und schreibt jährlich europaweit ein bis mehrere Stipendien aus, die dem Künstler einen Monat lang Aufenthalt und Einkommen in unterschiedlichen nordeuropäischen Locations bescheren.

GINCO. Der inklusive deutsche Comicpreis der Independent-Szene
Lisa Rau
Hauptstraße 17 a
53604 Bad Honnef
Tel (02224) 187 58 47

E-Mail: info@ginco-award.de
www.ginco-award.de
Der GINCO („German Inclusive / Independent Comic") Award wurde von der Comic Solidarity, dem Feministischen Comic Netzwerk u.a. zum ersten Mal im Juni 2019 verliehen.

Goethe-Institut e.V.
Dachauer Straße 122
80637 München
Tel (089) 159 21–0
E-Mail: info@goethe.de
Internet: www.goethe.de/de/kul/lit.html
Auf der Homepage des Goethe-Instituts finden sich unter dem Pulldown-Menu «Kultur/Literatur» viele Links auf Artikel zu Comic-Neuerscheinungen und Hinweise auf Künstlerförderungen. Das Goethe-Institut setzt auf deutsche Comics als Kulturträger und wirkungsvolle Instrumente zum Lernen der deutschen Sprache.

ICOM Independent Comic Preis
Jury-Preis des Interessenverbandes Comic e.V. **ICOM**
siehe unter **Berufsverbände und Interessengemeinschaften**

Max und Moritz Preis
Erlangen (Jury und Publikum)
Kulturamt der Stadt Erlangen
Abteilung Festivals und Programme
Gebbertstraße 1
91052 Erlangen
Tel (09131) 86–14 08
Fax (09131) 86–14 11
E-Mail: info@comic-salon.de
Internet: www.comic-salon.de

VERSICHERUNGEN

BG ETEM
Berufsgenossenschaft Energie Textil Elektro Medienerzeugnisse
Gustav-Heinemann-Ufer 130
50968 Köln

Tel (0221) 37 78-0
E-Mail: info@bgetem.de
Internet: www.bgetem.de

Künstlersozialkasse
Langeoogstraße 12
26384 Wilhelmshaven
Internet: www.kuenstlersozialkasse.de

Versorgungswerk der Presse GmbH
Wilhelmsplatz 8
70182 Stuttgart
Tel (0711) 20 56-244
Internet: www.presse-versorgung.de

INFORMATIONEN

akademie·de
asp GmbH & Co. Betriebs- und Service KG
Schlüterstraße 16
10625 Berlin
Tel (030) 616 55-0
E-Mail: info@akademie.de
Akademie.de ist ein teilweise kostenpflichtiger Blog mit Inhalten zu den Themen Selbstständigkeit, Freiberuflichkeit und Existenzgründung.

urheber.info
*Site der Initiative Urheberrecht, in der sich über 20 Urheberorganisationen – darunter mit **ver.di** auch die größte Gewerkschaft der Welt – zusammengeschlossen haben. Neben den gelaufenen Plakataktionen finden sich hier Argumente für eine umfassende Reform, Fallbeispiele aus verschiedenen Urheber-Bereichen und vieles mehr ...*

selbststaendigen.info (mediafon
mediafon GmbH
c/o **ver.di** – Referat Selbstständige
Paula-Thiede-Ufer 10
10179 Berlin
Tel (01805) 75 44 44
E-Mail: info@selbststaendigen.info
Callcenter-Service für Freiberufler aus der Medienbranche. Eingerichtet von der Medienge-

*werkschaft **ver.di**, mit Unterstützung des Ministeriums für Wissenschaft und Forschung. Auch für Nichtgewerkschaftsmitglieder! ExpertInnen geben Auskunft zu Urheber- und Nutzungsrecht, Vertragsgestaltung, Nutzung moderner Kommunikations- und Informationstechniken etc. – Der Anruf bei mediafon kostet derzeit 14 Cent pro Minute. Die Website ist ständig aktuell, fundiert und liefert kompetente Info zur Selbstständigkeit in Medienberufen: Versicherung, Steuern, Recht, Vergleichshonorare und Tipps für Selbstständige.*

www.kosteninfo.de
Ebenfalls ausschließlich für den Bereich Internet/Online: Beispielberechnungen, Vergleichshonorare und sonstige Entscheidungshilfen zur Planung und Bewertung kreativer Online-Projekte.

www.kunstrecht.de
Das Rechtsportal der Kunst- und Medienbranchen; informiert unabhängig zu allen rechtlichen Fragen der Kunst-, Kultur- und Medienbranchen, mit Urteilskopien, Anwalts-Datenbank, nützlichen Tipps und vielen weiterführenden Links.

www.projects.de
Informationen Rechts-, Vertrags-, Jobinformationen und Tipps für Selbstständige Kreative – ausschließlich für den Bereich Online und neue Medien.

www.steuer-sparbuch.de
Diese Site bietet neben News zu Steuerfragen, Urteilen und Gesetzestexten auch so praktische Dinge wie einen Online-Steuer- oder -AfA(Absetzung für Abnutzung)-Rechner.

www.steuernetz.de
Grundsätzliche Informationen zu Steuerrecht, Abschreibungsmöglichkeiten etc.

Podcasts
*siehe **Linkliste zum ICOM-Ratgeber** auf www.comicratgeber.de*

STICHWORTVERZEICHNIS

Bei der Suche nach den alphabetisch sortierten Stichwörtern bitte folgende Darstellungsweisen beachten:

Eine **Fettstellung** der Seitenziffer zeigt an, dass an der genannten Stelle grundlegende Aussagen und Erläuterungen zum entsprechenden Begriff getroffen werden.

(auch: NN) – Weitere, in Klammern genannte verwandte Begriffe zu diesem Stichwort sind auffindbar.

f – Der Begriff wird auf einer weiteren Folgeseite erläutert.

ff – Der Begriff wird auf mehreren Folgeseiten erläutert.